AF523080

Praxis-Grammatik
FRANZÖSISCH

von
Michael Deneux

PONS
Praxis-Grammatik
FRANZÖSISCH

von
Michael Deneux

Autorin Aussprachetraining: Fabienne Schmaus

Basiert auf ISBN 978-3-12-562215-9

Der digitale Zugang zu den online angebotenen Zusatzmaterialien ist für drei Jahre ab dem Jahr der aktuellen Auflage dieses Buches gewährleistet.

2. Auflage 2024

© PONS Langenscheidt GmbH, Stöckachstr. 11, 70190 Stuttgart, 2024
www.pons.de
Alle Rechte vorbehalten.

Redaktion: Annika Tschöbe
Redaktionelle Mitarbeit: Isabelle Langenbach
Online-Übungen: Isabelle Langenbach
Logoentwurf: Erwin Poell, Heidelberg
Logoüberarbeitung: Sabine Redlin, Ludwigsburg
Innenlayout: BÜRO CAÏRO, Stuttgart
Layoutüberarbeitung: one pm, Petra Michel, Stuttgart
Satz: digraf.pl - dtp services
Druck und Bindung: Multiprint Ltd., Kostinbrod

ISBN: 978-3-12-566001-4

So benutzen Sie dieses Buch

Sie möchten Ihre französischen Grammatikkenntnisse verbessern oder bereits Gelerntes wiederholen, trainieren und vertiefen? Oder auch nur schnell etwas nachschlagen? Die Praxis-Grammatik Französisch hilft Ihnen dabei: mit **einfachen Erklärungen**, einem übersichtlichen Aufbau und vielen Übungen.

Mit dieser ausführlichen Grammatik können Sie sich die Grammatikkenntnisse bis Niveau C1 des Europäischen Referenzrahmens aneignen, d. h. alle wesentlichen Themen der französischen Grammatik kommen hier zur Sprache.

Zusätzlich finden Sie zu allen Grammatikthemen, die in diesem Buch behandelt werden, unter **www.pons.de/grammatik** 120 Online-Übungen, mit denen Sie noch sicherer in der Sprache werden. Auf der Innenseite des vorderen Buchdeckels wird Ihnen Schritt für Schritt erklärt, wie Sie zum PONS-Grammatikportal gelangen.

Das Aussprachetraining

Diese Grammatik bietet Ihnen ein spezielles Aussprachetraining zum Hören und Mitsprechen für die französische Sprache. Hierbei trainieren Sie insbesondere die typischen Laute des Französischen, aber auch die Satzmelodie.

Die MP3-Hördateien finden Sie zum Downloaden unter
www.pons.de/praxisgrammatik-fr

Der Aufbau eines Kapitels

In **Mini-Dialogen** oder kurzen Sätzen wird Ihnen zunächst das grammatische Phänomen in einem alltäglichen Zusammenhang vorgestellt.

Leicht verständliche Regeln, übersichtliche Tabellen und **ausführliche Infokästen zum Gebrauch** vermitteln Ihnen schnell sichere Kenntnisse.

Viele **praktische, realitätsnahe Beispiele** zeigen Ihnen, wie das grammatische Phänomen richtig angewendet wird.

In den zahlreichen **Übungen** können Sie das Erlernte selbst anwenden. Dabei ist der Schwierigkeitsgrad einer Übung jeweils durch Punkte gekennzeichnet:

● = einfache Übung;
●● = mittelschwere Übung;
●●● = schwierige Übung;
●●●● = Experten-Übung.

So können Sie selbst auf einfache Weise Ihren Lernfortschritt überprüfen.

In den Randspalten finden Sie jede Menge nützlicher **Tipps und Informationen** zum richtigen Sprachgebrauch:

- einführende Erklärungen zum grammatischen Phänomen
- Lerntipps und ergänzende Hinweise
- wichtige Ausnahmen und Stolpersteine
- Verweise zu anderen Grammatik-Kapiteln
- Wortschatz- und Übersetzungshilfen

Alle in diesem Buch benutzten **Grammatikbegriffe** finden Sie in der Übersicht am Ende des Buches auf Seite 250 zusammengestellt und erklärt.

Der Anhang

Zu allen Übungen im Buch finden Sie ab Seite 252 die **Lösungen**.

In der **alphabetischen Wortliste** können Sie sämtliche französischen Wörter nachschlagen, sofern sie nicht direkt im Kapitel übersetzt werden. Ganz nebenbei können Sie so auch Ihren Wortschatz ein wenig erweitern.

Das **Sach- und Stichwortverzeichnis** am Ende des Buches erleichtert Ihnen das Auffinden bestimmter Begriffe in der Grammatik. Wichtige Themen sind zur schnelleren Orientierung farbig hervorgehoben.

Viel Erfolg beim Nachschlagen, Lernen und Üben wünscht Ihnen die PONS-Redaktion!

INHALT

AUSSPRACHETRAINING

Die französische Sprache gilt einerseits als eine sehr schöne und melodische Sprache. Andererseits hat sie auch den Ruf eine sehr schwierige Aussprache zu haben. Dabei gibt es nur wenige Laute, die für den deutschen Lernenden ungewohnt sind. Hauptsächlich sind das die Nasalvokale. Die Herausforderung liegt oft darin, dass die Aussprache eines Buchstabens bzw. einer Buchstabenkombination vom unmittelbaren Umfeld im Wort abhängt. Außerdem entsteht durch das typische Zusammenziehen von Wörtern oft der Eindruck, dass sich im Französischen ein Satz wie ein langes Wort anhört. Mit diesem Aussprachetraining erlernen, üben und meistern Sie die französische Aussprache, angefangen von den einzelnen Lauten bis hin zu Wortbetonungen und der Sprachmelodie.

Wo finde ich das Aussprachetraining?

Die MP3-Hördateien zum Aussprachetraining finden Sie zum Downloaden unter
www.pons.de/praxisgrammatik-fr
Dort finden Sie auch das dazugehörige PDF.

Wie lerne ich mit dem Aussprachetraining?

Das Aussprachetraining können Sie komplett durch Anhören der Audioaufnahmen machen. Sie bekommen in den Aufnahmen alles zur Aussprache erklärt und werden immer wieder aufgefordert nachzusprechen. So erlernen und verbessern Sie schnell Ihre französische Aussprache.
Sie finden das gesamte Aussprachetraining aber auch als PDF zum Herunterladen und Mitlesen. Das Lesen hilft vor allem dabei, sich die Unterschiede zwischen Schreibung und Aussprache einzuprägen.

Was enthält das Aussprachetraining?

Im Folgenden finden Sie die Inhaltsangabe des Aussprachetrainings, so dass Sie sich auch gezielt einzelne Themen heraussuchen können. Die Angaben in Klammern weisen auf den entsprechenden Audiotrack hin, unter dem Sie das Thema finden.

1. Einstieg (Tr. 1 - 2)

2. Schritt für Schritt - die einzelnen Laute

2.1 Die Vokale (Tr. 4 - 14)

1 WORTBILDUNG

Wörter bestehen vielfach aus Wortstämmen und Affixen (vorangestellten und angehängten Wortbausteinen). Letztere unterteilen sich in Präfixe (Vorsilben) und Suffixe (Nachsilben).

Suffixe

Mit Suffixen können wichtige Wortarten wie Substantive, Adjektive und Verben gebildet werden. Sie werden jeweils an einen Verbstamm, an ein Adjektiv oder an ein Substantiv angeschlossen.

Verbstamm = Verb ohne Infinitivendung -er / -ir / -re

1. Suffixe zur Bildung von Substantiven (nominale Ableitung)

Verbstamm + Suffix

-ade	baigner rigoler	la baignade la rigolade
-aison, -ison	cueillir trahir	la cueillaison la trahison
-ance	allier gérer	une alliance la gérance
-ateur, -atrice	ventiler calculer	le ventilateur la calculatrice
-ement	loger agrandir	le logement un agrandissement
-et, -ette	jouer sonner	le jouet la sonnette
-eur, -euse	chanter coiffer	le chanteur la coiffeuse

la rigolade - *Scherz*

la calculatrice - *Taschenrechner*

le chanteur - *Sänger*

-oir, -oire	arroser baigner	un arrosoir la baignoire
-tion	attribuer finir	une attribution la finition
-ure	brûler piquer	la brûlure la piqûre

Adjektiv + Suffix

la bêtise – *Dummheit*
la franchise – *Freimut*

-esse	fin/e riche	la finesse la richesse
-ie	économe normand/e	une économie la Normandie
-ise	bête franc/franche	la bêtise la franchise
-té	beau/bel/belle fier/fière	la beauté la fierté

Substantiv oder Zahlwort + Suffix

une dizaine – *ungefähr zehn*
une centaine – *ungefähr hundert*
le pommier – *Apfelbaum*

-aine	dix cent	une dizaine une centaine
-aire	la fonction une action	le fonctionnaire un actionnaire
-eau, elle	un drap une rue	un drapeau une ruelle
-et, -ette	un livre une maison	un livret une maisonnette
-ie	un boulanger le boucher	la boulangerie la boucherie
-ien, -ienne	l'Italie Paris	un Italien une Parisienne
-ier, -ière	la pomme la soupe	le pommier la soupière
-iste	la dent le journal	le dentiste le journaliste
-on	une croûte une veste	un croûton un veston

2. Suffixe zur Bildung von Adjektiven (adjektivische Ableitung)

Verbstamm + Suffix

-able	habiter blâmer	habitable blâmable
-eur, -euse	chercher se moquer	chercheur/-euse moqueur/-euse
-ible	lire corriger	lisible corrigible

lisible – *lesbar*

Substantiv + Suffix

-ien, -ienne	la Norvège l'Autriche	norvégien/ne autrichien/ne
-in, -ine	l'enfant les Alpes	enfantin/e alpin/e
-ais, -aise	le Franc Lyon	français/e lyonnais/e
-ois, -oise	la Chine le Luxembourg	chinois/e luxembourgeois/e
-ain, -aine	l'Amérique l'Afrique	américain/e africain/e
-al, -ale	l'origine la commune	original/e communal/e
-el, -elle	la fonction la forme	fonctionnel/le formel/le
-if, -ive	l'instinct le combat	instinctif/-ive combatif/-ive
-u, -ue	la bosse le poil	bossu/e poilu/e

combatif/-ive – *kämpferisch*

bossu/e – *buckelig*

3. Suffixe, die zur Bildung von Verben angehängt werden (verbale Ableitung)

Substantiv + Suffix

-er, -ter	le numéro la loge	numéroter loger
-iser	l'alcool le monopole	alcooliser monopoliser

Adjektiv + Suffix

-er	bavard/e gris/e	bavarder se griser
-ifier	fort/e simple	fortifier simplifier
-ir	maigre rouge	maigrir rougir
-iser	américain/e légal/e	américaniser légaliser

Entlehnungen aus dem Griechischen und Lateinischen

Viele französische Affixe sind Entlehnungen aus dem Lateinischen und Griechischen.

Kennt man die Prä- oder Suffixe, so lässt sich häufig die Bedeutung der jeweiligen Vokabel erschließen!

1. Lateinische Präfixe

Präfix	dt. Bedeutung	Beispiel
a-, ad-	*Richtung*	allonger, adjoindre
anté-	*vor*	antéposer, antécédent
dé-, dés-	*Gegenteil*	décharger, désavouer
dis-	*entgegen, Miss-*	une dissonance, la disgrâce
é-, ex-	*heraus*	émigration, extraire
en-, em-	*in, ein-*	enterrer, emprisonner
in-, im-, il-, ir	*un-, an-*	un illettré, inconscient
inter-	*zwischen*	l'intermédiaire, interdire
mal-	*un-*	malhonnête, un malaise
mi-	*halb*	à mi-temps, à mi-chemin
omni-	*all-, alles*	omniprésent
plus-	*mehr*	plusieurs, le plus-que-parfait
pré-	*vor, davor*	un prénom, un prétexte
re-, ré-	*wieder*	reprendre, réagir
sou-, sous-	*unter*	souligner, le sous-sol
sur-	*über*	le surlendemain, le survol

allonger – *verlängern*

un illettré – *Analphabet*

le surlendemain – *der übernächste Tag*

2. Griechische Präfixe

Präfix	dt. Bedeutung	Beispiel
a-, an-	*Gegenteil*	anormal/e, amoral/e
aéro-	*Luft*	un aéroport, un aérodrome
dactylo-	*Finger*	la dactylographie
hélio-	*Sonne*	une héliothérapie
hippo-	*Pferd*	un hippodrome
laryngo-	*Kehlkopf*	une laryngite
odont-	*Zahn*	une odontalgie
oto-	*Ohren*	un oto-rhino-laryngologiste
rhino-	*Nase*	une rhinoscopie

la dactylographie – *Maschinenschreiben, Steno*

une odontalgie – *Zahnschmerzen*

3. Lateinische Suffixe

un homicide - *Mord*

carnivore - *fleischfressend*

Suffix	dt. Bedeutung	Beispiel
-cide	*Vernichter/in*	un homicide, un insecticide
-cole	*züchten, anbauen*	viticole, horticole
-culteur	*Züchter/in*	un apiculteur, un agriculteur
-fère	*tragen*	pétrolifère, conifère
-vore	*Fresser/in*	carnivore

4. Griechische Suffixe

une gastralgie - *Magenschmerzen*

un toxicomane - *Drogenabhängiger*

la kinésithérapie - *Heilgymnastik*

Suffix	dt. Bedeutung	Beispiel
-algie	*Schmerzen*	une gastralgie
-cratie	*Macht, Herrschaft*	la démocratie
-graphe	*Schreiber/in, Macher/in*	un photographe, un télégraphe
-logie	*Wissenschaft*	la biologie, la psychologie,
-phie		la philosophie
-mane	*Abhängige/r*	un toxicomane
-phile	*Liebhaber/in*	un francophile
-phobe	*Feind*	un xénophobe
-thérapie	*Heilung*	la kinésithérapie

1. Füllen Sie die Lücken mit der jeweiligen nominalen Ableitung der angegebenen Verben.

a) se baigner la ____________________

b) calculer la ____________________

c) agrandir l' ____________________

d) brûler la ____________________

e) finir la ____________________

f) allier l' ____________________

g) sonner la ____________________

h) trahir la ____________________

i) jouer le ____________________

j) rigoler la ____________________

2. Sehen Sie sich die Länder an und tragen Sie deren entsprechende Adjektive in die Tabelle ein, je nachdem ob sie auf **-ien** oder **-ais** gebildet werden.

France	Italie	Irlande	Islande	Japon	Algérie	Pologne	Canada
Irak	Iran	Pays-Bas	Égypte	Thaïlande	Australie	Népal	Autriche

Adjektiv auf -ien	Adjektiv auf -ais

3. Was passt zusammen? Verbinden Sie.

a) dactylo-	___	A	le soleil
b) hélio-	___	B	l'air
c) odont-	___	C	le nez
d) rhino-	___	D	le doigt
e) oto-	___	E	le cheval
f) aéro-	___	F	la gorge
g) hippo-	___	G	la dent
h) laryngo-	___	H	l'oreille

4. Ergänzen Sie die Lücken mit dem passenden Wort, das Sie mit einem der folgenden lateinischen Suffixe bilden können.

-cide	-cole	-culteur	-vore

a) Dans leurs champs, les agriculteurs emploient souvent des ________________ pour combattre les insectes.

b) J'adore regarder les ________________ quand ils récoltent le miel des ruches.

c) Je me suis acheté une plante ________________, elle a gobé une mouche !

d) Les pays de la Loire sont une région très ________________, on peut y acheter du bon Muscadet !

5. Übersetzen Sie die Sätze ins Französische. In jedem Satz ist ein Wort mit einem lateinischen Präfix!

a) Nach dem Unfall war er zwanzig Minuten bewusstlos.

____

b) Ich verbiete Ihnen, dieses Grundstück zu betreten!

____

c) Sie arbeitet halbtags in einem großen Textilunternehmen.

____

d) Ich möchte unterstreichen, dass er mich bei dem ganzen Projekt hervorragend unterstützt hat.

____

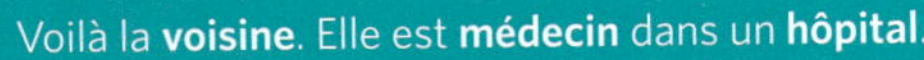

2 DAS SUBSTANTIV

1. la table

2. la chaise

3. l'assiette

4. le fromage

5. la souris

6. la fenêtre

7. le vase

8. les fleurs

9. le chat

Geschlecht

Im Französischen gibt es nur zwei Geschlechter: maskulin (männlich) und feminin (weiblich). Substantive im Neutrum, wie im Deutschen, gibt es nicht.

Substantive haben im Französischen oft ein anderes Geschlecht als im Deutschen. Dies gilt besonders für Substantive, die eine Sache bezeichnen. Sie sollten daher stets den Artikel mitlernen.

Grundregeln

Zahlreiche Substantive haben sowohl eine maskuline als auch eine feminine Form für Personen- und Tierbezeichnungen.

Da ist die Nachbarin. Sie ist Ärztin in einem Krankenhaus.

1. der Tisch – 2. der Stuhl – 3. der Teller – 4. der Käse – 5. die Maus – 6. das Fenster – 7. die Vase – 8. die Blumen – 9. die Katze

Personenbezeichnungen

un Français – une Française
un Italien – une Italienne
un Allemand – une Allemande

un ouvrier – une ouvrière
un instituteur – une institutrice
un voisin – une voisine
un directeur – une directrice
un vendeur – une vendeuse

Tierbezeichnungen

un chat – une chatte
un lion – une lionne
un chien – une chienne

Bei einigen Personen- und Tierbezeichnungen gibt es völlig verschiedene Wörter für die maskuline und feminine Bezeichnung.

un parrain – *Patenonkel*

une marraine – *Patentante*

un homme – une femme
un parrain – une marraine
un neveu – une nièce
un coq – une poule
un frère – une sœur
un garçon – une fille
un oncle – une tante

Einige Substantive haben zwei Geschlechter, die sich nur durch den Artikel unterscheiden.

un élève – une élève
un secrétaire – une secrétaire
un Belge – une Belge
un propriétaire – une propriétaire
un touriste – une touriste
un collègue – une collègue
un journaliste – une journaliste

Bei einigen Substantiven wird hauptsächlich die maskuline Form für beide Geschlechter benutzt.

!

Im Französischen ist auch eine Ärztin **un médecin**.

un écrivain
un auteur
un médecin
un pompier

Endungen

Bei etlichen Substantiven weist die Endung bereits auf das Geschlecht hin.

Maskuline Substantive

Immer maskulin sind Substantive mit den Endungen **-isme**, **-oir**, **-ail**, **-al**, **-ier**, **-et**, **-ège**.

le tourisme, le terrorisme
un travail, un détail
un cahier, un métier
un collège, un manège
un devoir, le pouvoir
un canal, un hôpital
un billet, un guichet

Meistens maskulin sind Substantive mit den Endungen **-age**, **-ment**, **-teur**, **-o/-ot**, **-on**, **-eau**, **-ent**. Aber es gibt hier auch Ausnahmen!

un voyage, un garage
un moteur, un ordinateur
un melon, un citron
le vent, le talent
un département, un logement
un vélo, un haricot
un bureau, un plateau

Ausnahmen: une image, une plage, une page, une jument, la hauteur, une photo, la météo, la peau, une dent

une jument - *Stute*

Feminine Substantive

Immer feminin sind Substantive mit den Endungen **-tié**, **-rie**, **-ance**, **-ence**, **-esse**, **-ette**, **-ise**, **-euse**.

une amitié, une moitié
une correspondance, une alliance
la jeunesse, la finesse
une crise, une bise
une charcuterie, une boucherie
une différence, une influence
une bicyclette, une allumette
une friteuse, une perceuse

Ausnahmen: un stade, un lycée, un musée, un incendie, un million, un camion, un avion, un comité

Meistens feminin sind Substantive mit den Endungen **-ade**, **-ée**, **-ie**, **-ion**, **ité**. Aber es gibt hier auch Ausnahmen!

une promenade, une salade
une maladie, une librairie
une identité, une activité
une journée, une idée
une décision, une révision

Bildung des Plurals

J'ai acheté des pommes, un fromage et une bouteille de vin.

Grundregel

Die meisten Substantive erhalten ihren Plural, indem man ein **-s** an den Singular anhängt.

un ami - des ami**s**
un homme - des homme**s**
un pain - des pain**s**
une chaise - des chaise**s**
une voiture - des voiture**s**
une pomme - des pomme**s**

Sonderregeln

Einige Substantive bilden einen unregelmäßigen Plural. Dazu gehören die Substantive mit den Endungen **-eu**, **-al**, **-eau**, **-ail** und sieben Substantive auf **-ou**.

un f**eu** - des f**eux**
un mant**eau** - des mant**eaux**
un ch**ou** - des ch**oux**
un anim**al** - des anim**aux**
un trav**ail** - des trav**aux**

Ich habe Äpfel, einen Käse und eine Flasche Wein gekauft.

Ausnahmen: Abweichend von dieser Regel bilden die folgenden Substantive den Plural durch Anhängen von **-s**:

un bal – des bal**s** | un détail – des détail**s**
un pneu – des pneu**s** | un fou – des fou**s**
le cou – les cou**s** | le clou – les clou**s**

Substantive auf **-s**, **-x** und **-z** werden im Plural nicht verändert.

un boi**s** – des boi**s** | un pri**x** – des pri**x**
un ne**z** – des ne**z**

Einige Substantive besitzen im Plural Sonderformen.

monsieur – **mes**sieur**s** | **ma**dame – **mes**dame**s**
mademoiselle – **mes**demoiselle**s** | un **œil** – des **yeux**

un œuf – des œufs
un bœuf – des bœufs
un os – des os

Bei **des œufs**, **des bœufs** und **des os** ist besonders die Lautung zu beachten: [dezø], [debø] und [dezo].

Einige Substantive gibt es nur in der Pluralform, oder sie haben im Singular eine andere Bedeutung.

les ciseaux	*Schere*	**le** ciseau	*Meißel*
les lunettes	*Brille*	**la** lunette	*Fernrohr*
les toilettes	*Toilette (WC)*	**la** toilette	*Toilette (Aufmachung)*
les environs, **les** épinards, **les** mathématiques			

Eigennamen sind unveränderlich, auch wenn sie hinter einem Artikel im Plural stehen.

les Dutour, **les** Renault, **les** Hohenzollern

Alle Nomen auf **-ou** bilden den Plural mit **-ous** bis auf sieben Ausnahmen, die den Plural mit **-oux** bilden.

Bilden Sie jeweils einen Satz mit jeder Ausnahme, um sich diese einzuprägen.

le bijou	*das Schmuckstück*
le caillou	*der Stein*
le chou	*der Kohl*
le genou	*das Knie*
le hibou	*der Uhu*
le joujou	*das Spielzeug*
le pou	*die Laus*

• **1.** Bilden Sie Paare: Ergänzen Sie die fehlenden maskulinen oder femininen Substantive.

a) un danseur — *une danseuse*
b) un neveu — ______
c) ______ — une reine
d) un instituteur — ______
e) ______ — une camarade
f) ______ — une criminelle
g) un peintre — ______
h) ______ — une duchesse
i) un invité — ______
j) ______ — une victime

• **2.** Übersetzen Sie die folgenden Substantive ins Deutsche.

a) le livre *das Buch* — la livre *das Pfund*
b) le critique ______ — la critique ______
c) le parti ______ — la partie ______
d) le poêle ______ — la poêle ______
e) le tour ______ — la tour ______
f) le moral ______ — la morale ______

•• **3.** Bilden Sie zu den Substantiven im Singular die Pluralform.

a) le cheval *les chevaux*
b) le détail ______
c) le mal ______
d) le bijou ______
e) le cours ______
f) l'œil ______
g) le cou ______
h) le canal ______
i) le bateau ______
j) le gaz ______
k) l'os ______

●● **4.** Unterscheiden Sie die folgenden Begriffe jeweils in maskuline und feminine Substantive. Tragen Sie sie zusammen mit dem bestimmten Artikel in die Tabelle ein, und bilden Sie den Plural.

monsieur	Espagnole	chienne	adolescente
ouvrier	actrice	Belge	secrétaire
médecin	romantisme	mouchoir	ordinateur
fusée	baguette	détail	cheval
prix	maladie	décision	nez
œil	bal	perceuse	révision
différence	soleil	crise	bois
faiblesse	hôtel	image	dent

maskuline Substantive		feminine Substantive	
Singular	Plural	Singular	Plural
le monsieur	les messieurs		

3 BEGLEITER DES SUBSTANTIVS

Begleiter sind Wörter, die nur in Verbindung mit Substantiven vorkommen. Davon zu unterscheiden sind die Pronomen, die anstelle eines Substantivs stehen.

Pronomen, S. 49

Der bestimmte Artikel

Formen

	maskulin	feminin
Singular	**le** monsieur **l'**hôtel	**la** dame **l'**histoire
Plural	**les** messieurs **les** hôtels	**les** dames **les** histoires

Vor Substantiven, die mit Vokal oder stummem **h** beginnen, wird der bestimmte Artikel **le** oder **la** zu **l'** verkürzt:

l'animal	**l'en**fant	**l'i**dée
l'or	**l'u**sine	**l'h**ôtel

1 *Du willst also wirklich Käse und eine Flasche Rotwein hier kaufen?*
2 *Ich mag dieses Lebensmittelgeschäft sehr.*
3 *All diese Produkte sind zu teuer.*

Vor Substantiven, die mit aspiriertem (gehauchten) **h** beginnen, steht hingegen der bestimmte Artikel **le** oder **la**.

In Wörterbüchern steht vor einem aspirierten **h** oft ein kleiner Strich: 'h.

le haricot	**le** Hollandais	**la** halte
le handicap	**le** hareng	**le** hold-up
le héros		

Verschmelzung des bestimmten Artikels

1 Ce soir, le président sera à la télévision.

2 Je pense aux prochaines vacances.

3 C'est le bureau du patron.

~~à~~ + ~~le~~	▸ au
~~à~~ + ~~les~~	▸ aux

Mit der Präposition **à** verschmilzt der bestimmte Artikel **le** immer zu **au**, der Artikel **les** immer zu **aux**.
À und **la** verschmelzen dagegen nicht.

Michel va **au** café.
Il va **aux** Pays-Bas.

Il va **à la** piscine.

~~de~~ + ~~le~~	▸ du
~~de~~ + ~~les~~	▸ des

Mit der Präposition **de** verschmilzt **le** immer zu **du** und **les** immer zu **des**.
De und **la** verschmelzen nicht.

Michel revient **du** café.
Il revient **des** Pays-Bas.
Il vient **de la** piscine.

1 *Heute Abend wird der Präsident im Fernsehen sein.*
2 *Ich denke an die nächsten Ferien.*
3 *Das ist das Büro vom Chef.*

Gebrauch

Substantive mit bestimmtem Artikel sind, wie im Deutschen, eindeutig bestimmbare Lebewesen oder Dinge. Der bestimmte Artikel steht:

Demain, nous irons chez **les** Dutour.
Le chancelier a fait un voyage officiel en France.
Ma fille a consulté **le** docteur Petit.
Bonsoir, Madame **le** Professeur.

Aber: Bonjour, docteur. Bonjour, professeur.

- vor Familiennamen und vor Titeln, wenn der Familienname folgt und bei der Anrede, wenn der Titel folgt.

J'aime **la** France, **la** Suisse, **le** Portugal, **l'**Australie, **l'**Alsace, **la** Corse et **les** Landes.

- vor geografischen Bezeichnungen (Länder, Kontinente, Provinzen, Departements und größere Inseln)

Le matin, je dors jusqu'à sept heures.
Mais demain matin, je peux dormir jusqu'à neuf heures.
Le lundi, les musées sont fermés.
Mais lundi prochain, ils seront ouverts.

- bei Tageszeiten und Wochentagen nur dann, wenn etwas immer geschieht (morgens, montags)

Aujourd'hui, nous sommes mardi.
Aujourd'hui, nous sommes **le** jeudi 10 mai.

- bei einem Wochentag auch dann, wenn eine Datumsangabe folgt.

Il **aime les** fruits et il **déteste les** légumes.
Et moi, j'**adore le** lait.
Mais je **n'aime pas les** pommes.

- nach **aimer**, **détester**, **adorer** und ähnlichen Verben der Gefühlsäußerung, auch bei verneinten Sätzen.

L'argent n'a pas d'odeur.
Les citrons sont riches en vitamine C.

- bei verallgemeinernden Aussagen.

Im Deutschen steht hier häufig kein Artikel.

Der unbestimmte Artikel

1 Va acheter des oranges et de la farine.

2 Combien en faut-il ?

Formen

	zählbare Substantive	
	maskulin	feminin
Singular	**un** monsieur **un** hôtel	**une** dame **une** histoire
Plural	**des** messieurs **des** hôtels	**des** dames **des** histoires

Der unbestimmte Artikel steht wie im Deutschen vor Substantiven, die nicht eindeutig bestimmt sind.

Achtung: Im Gegensatz zum Deutschen kennt das Französische auch im Plural einen unbestimmten Artikel.

Gebrauch

J'ai **un** bon copain.
On va regarder **des** photos et écouter **des** CD.

- **Un**, **une** und **des** stehen vor nicht näher bestimmten Personen oder zählbaren Dingen in der Einzahl oder Mehrzahl.

Im Deutschen gibt es im Plural keinen unbestimmten Artikel.

Er kauft Orangen. – *Il achète **des** oranges.*

On va boire **de l'**eau minérale et on va manger **du** pain avec **du** fromage.
Comme dessert il y aura **de la** tarte au citron.

Tu bois **un verre d'**eau ?
Tu prends **une tranche de** pain et **un peu de** fromage ?
Tu veux **un morceau de** tarte ? – Oui, je veux **beaucoup de** tarte !

- Nach den meisten Mengenangaben steht nur **de** + Substantiv, ohne Artikel.

1 *Geh Orangen und Mehl kaufen.*
2 *Wie viel brauchen wir?*

Tu prends encore un verre d'eau ? – Non, je ne veux **plus d'**eau.
Tu veux une pomme ? – Non, **pas de** pomme.

- Bei der Verneinung von Substantiven steht, wie bei Mengenangaben, nur **pas de** bzw. **plus de**.

Verneinung, S. 172

La plupart des gens ont dormi.
Une partie des gens ont chanté.
Il reste encore **la moitié de la** tarte et **la plus grande partie des** fruits.

- Bei den oben stehenden Mengenangaben folgt nach **de** immer der vollständige Artikel.

Feststehende Ausdrücke

Bei einigen feststehenden Ausdrücken steht kein Artikel.

Il a soif / faim / peur.	*Er hat Durst / Hunger / Angst.*
Elle a besoin de temps.	*Sie braucht Zeit.*
Il a raison / tort.	*Er hat recht / unrecht.*

Bei einigen Wendungen steht, im Gegensatz zum Deutschen, der bestimmte Artikel.

Elle a **le** téléphone.	*Sie verfügt über einen Telefonanschluss.*
Il regarde **la** télé.	*Er sieht fern.*
Elle apprend **l'**allemand.	*Sie lernt Deutsch.*

Der Teilungsartikel

Der Teilungsartikel ist manchmal für Deutsche etwas schwierig, weil es ihn im Deutschen nicht gibt!

Er besteht aus der Präposition **de** + dem bestimmten Artikel, wobei **de** + **le** = **du**:

Je mange **du** pain.	*Ich esse Brot.*
Il prend **de la** confiture.	*Er nimmt Marmelade.*
Nous désirerions **de l'**eau.	*Wir hätten gerne Wasser.*

Er wird verwendet, um unzählbare Dinge zu bezeichnen, bzw. eine unbestimmte Menge sowie bei festen Wendungen.

faire **du** foot	*Fußball spielen*
avoir **de la** chance	*Glück haben*

Man benutzt ihn dagegen nicht, wenn eine Sorte oder Gattung als solche bezeichnet wird, und auch nicht nach **sans** oder **de**.

J'aime beaucoup **le** miel.	*Ich mag gerne Honig.*
Je prends mon café **sans** sucre.	*Ich nehme meinen Kaffee ohne Zucker.*
J'ai besoin **d'**air.	*Ich brauche Luft.*

Bei Verneinungen wird der Teilungsartikel zu **ne pas de**.

Je **ne** prends **pas de** dessert.	*Ich nehme keinen Nachtisch.*

Mengenangaben

Viele Mengenangaben werden mit der Präposition **de** gebildet. Hier finden Sie die Übersicht der wichtigsten, die man am besten auswendig lernt:

un litre de lait	*ein Liter Milch*
un kilo de tomates	*ein Kilo Tomaten*
une bouteille de vin	*eine Flasche Wein*
une boîte de conserve	*eine Konservendose*
cent grammes de viande	*hundert Gramm Fleisch*
une tranche de jambon	*eine Scheibe Schinken*
beaucoup de problèmes	*viele Probleme*
un peu de fromage	*ein bisschen Käse*
assez de sel	*genug Salz*
...	...

1. Setzen Sie **un**, **une** oder **des** ein.

a) *une* chemise
b) _____ cravate
c) _____ pantalon
d) _____ chaussures
e) _____ tailleur
f) _____ slips
g) _____ T-shirts
h) _____ blouson
i) _____ veste
j) _____ gilet
k) _____ chaussettes
l) _____ pull

2. Bei Familie Dupont sind alle auf der Suche. Setzen Sie die fehlenden bestimmten Artikel und **est** oder **sont** ein.

a) Où *est* *la* voiture de ma femme ?
b) Où _____ _____ jouets de nos enfants ?
c) Où _____ _____ clé de _____ voiture ?
d) Où _____ _____ assiettes de _____ grand-mère ?
e) Où _____ _____ verres de _____ vitrine ?
f) Où _____ _____ ordinateur de _____ voisine ?
g) Où _____ _____ CD de _____ Michel ?

3. Welche Zutaten braucht man für Crêpes? Setzen Sie **le**, **la**, **les**, **un**, **une**, **du**, **de la**, **de**, **des** ein oder lassen Sie die Lücke gegebenenfalls leer.

a) Il faut mettre d'abord 500 grammes *de* farine.
b) Faites _____ trou au centre et versez _____ trois œufs.
c) Puis ajoutez 20 grammes _____ beurre et trois grammes _____ sel.
d) Versez _____ centilitre _____ bière et _____ quart _____ litre de lait.
e) Mélangez _____ pâte.
f) Puis versez 125 grammes _____ beurre fondu.
g) Laissez reposer la pâte environ 45 _____ minutes.
h) Ajoutez _____ lait si _____ pâte est trop épaisse.
i) Mettez _____ mince couche _____ pâte dans _____ poêle graissée.
j) Faites cuire _____ crêpe d'un côté puis retournez-la.

k) Mettez sur ______ crêpe ______ jambon, ______ fromage, ______ œuf ou ______ légumes.

l) On accompagne ______ crêpes bretonnes avec ______ bolée ______ cidre.

m) Je vous souhaite ______ bon appétit.

●● **4.** Entscheiden Sie, ob **le**, **la**, **les**, **un**, **une**, **des**, **du**, **de l'**, **de la**, **de** oder gar nichts einzusetzen ist.

a) ■ Bonjour, madame, je voudrais _du_ lait.
□ Combien ______ lait voulez-vous ?
■ Je voudrais trois bouteilles ______ lait.

b) ■ Et il me faut ______ fromage. Je prends trois tranches ______ gruyère et ______ peu ______ fromage râpé.
□ Je n'ai pas ______ fromage râpé aujourd'hui.
■ Ça ne fait rien, je prends ______ camembert.

Gebrauch des Artikels bei Verneinung, ab S. 173

c) ■ Qu'est-ce que vous avez comme ______ fruits aujourd'hui?
□ J'ai ______ pommes, ______ oranges, ______ kiwis et ______ ananas.
■ Ah, j'aime ______ kiwis. Mais je n'aime pas ______ ananas. Elles coûtent combien, ______ oranges ?
□ Deux euros trente.
■ Alors, donnez-moi ______ kilo ______ pommes et six ______ kiwis.

d) ■ Vous avez ______ fraises ?
□ Non, je n'ai pas ______ fraises. ______ plupart ______ gens n'achètent pas chez moi. Ils préfèrent ______ supermarché. Là, ______ plus grande partie ______ fruits est moins chère.

e) ■ Ça sera tout, madame. Vous me faites ______ addition !
□ Ça vous fera 18 euros quinze.
■ Voilà ______ billet ______ 20 euros.
□ Et voilà ______ monnaie.
■ Au revoir.
□ Au revoir et à ______ prochaine.

5. Ergänzen Sie die Lücken mit dem korrekten Artikel.

le	la	du	de l'	de la	de	un	une	des

a) Je bois toujours mon café avec ________ lait.

b) Je n'aime pas ________ beurre.

c) Tu veux ________ tranche ________ jambon ?

d) Je prendrai ________ kilo ________ pommes de terre.

e) Il ne veut pas ________ sucre dans son thé.

f) Je n'ai pas beaucoup ________ temps, dépêchez-vous !

g) Je prends ________ soupe ________ oignons, avec un peu ________ poivre, s'il vous plaît.

h) Est-ce qu'il reste ________ eau gazeuse ?

i) Non, il n'y a plus ________ eau du tout !

j) Elle n'a pas besoin ________ argent, ses parents lui en donnent.

k) Je prends ________ fruits ________ mer et ________ steak-frites.

6. Übersetzen Sie die Sätze ins Französische.

a) Gib mir bitte Wein.

____

b) Gib mir bitte ein Glas Wein.

____

c) Ich liebe Kohl.

____

d) Ich bin ohne Geld gekommen.

____

e) Ich nehme mein Brot mit Marmelade aber ohne Butter.

____

f) Es ist keine Milch mehr übrig.

____

Demonstrativbegleiter

1 Tu aimes cette chemise ?

2 Non, je préfère ce pull-là.

3 Et qu'est-ce que tu penses de cet anorak ?

4 Je n'aime pas trop, mais j'aime bien ce jean.

Ce, cet, cette, ces

Formen

	Substantiv im Singular	Substantiv im Plural
Maskulin	**ce** monsieur / **cet** hôtel	**ces** messieurs / **ces** hôtels
Feminin	**cette** dame / **cette** histoire	**ces** dames / **ces** histoires

Gebrauch

Der Demonstrativbegleiter **ces** (= diese) darf nicht mit dem Possessivbegleiter **ses** (= seine / ihre) verwechselt werden (vgl. Seite 37).

Tu as vu **cette** fille ?
Tu peux m'expliquer **cette** phrase ?
On va au cinéma **ce** soir ?

- Substantiven vorangestellte Demonstrativbegleiter weisen wie im Deutschen darauf hin, dass sich Lebewesen oder Dinge räumlich oder zeitlich in der Nähe der sprechenden Person befinden.

ce matin	*heute Morgen*	**cet** après-midi	*heute Nachmittag*
ce soir	*heute Abend*	**cette** nuit	*heute Nacht*

- Im Zusammenhang mit Tageszeiten wird der Demonstrativbegleiter mit *heute* ... übersetzt.

---

1 *Magst du dieses Hemd?*
2 *Nein, ich mag lieber diesen Pullover.*
3 *Und was hältst du von diesem Anorak?*
4 *Nichts. Aber diese Jeans gefällt mir.*

Der Demonstrativbegleiter **cet** steht nur bei maskulinen Substantiven, die mit Vokal oder stummem **h** beginnen.

cet hôtel, **cet** anorak, **cet** homme

Achtung: Bei männlichen Substantiven mit aspiriertem **h** hingegen bleibt **ce** erhalten.

ce haricot, **ce** Hollandais, **ce** handicap

Bei femininen Substantiven steht immer **cette**.

cette église, **cette** histoire, **cette** idée, **cette** femme

Bestimmter Artikel, S. 25

Ce ...-là, cet ...-là, cette ...-là

Vor allem in der gesprochenen Sprache kann an das Substantiv, das von **ce** / **cet** / **cette** / **ces** begleitet wird, ein **-là** angehängt werden, um mit Nachdruck auf das Gezeigte zu verweisen.

Tu connais **cet** homme**-là** ?
Cette robe**-là** me plaît.

Wenn in einem Satz auf zwei verschiedene Dinge hingewiesen wird, so wird das Substantiv mit den Anhängseln **-ci** oder **-là** verbunden. Dabei weist **-ci** auf das Erstgenannte oder näher Liegende, **-là** auf das Zuletztgenannte oder ferner Liegende hin.

Tu préfères **cette** photo**-ci** ou **cette** photo**-là** ?
Voulez-vous **ce** sandwich**-ci** ou **ce** sandwich**-là** ?

• **1.** Olivier will sich neu einkleiden. Seine Freundin fragt ihn: « Qu'est-ce que tu penses de ... ? » Setzen Sie die passenden Demonstrativbegleiter ein.

« Qu'est-ce que tu penses de ... »

a) ce blouson ?
b) ______ pantalon ?
c) ______ chemise ?
d) ______ slip ?
e) ______ chaussettes ?
f) ______ T-shirt ?
g) ______ pull-over ?
h) ______ cravate ?
i) ______ ceinture ?
j) ______ veste ?
k) ______ chaussures ?
l) ______ sweat ?

•• **2.** Verbinden Sie die zusammengehörenden Satzteile.

a) Je me suis levé tôt ce
b) N'écoute pas ces
c) Ils ont arrêté cet
d) C'est fini cette

__ A individu malhonnête hier.
__ B matin pour aller travailler.
__ C histoires à dormir debout !
__ D fois, j'en ai assez !

••• **3.** Ergänzen Sie die Lücken mit dem korrekten Demonstrativbegleiter, jeder kann mehrfach verwendet werden.

ces	cette	ce	cet

a) ______ été, nous allons retourner en France, mais ______ fois-ci pas en Bretagne, il a trop plu !

b) Je vous donne ______ exercices pour que vous puissiez réviser tous ______ thèmes difficiles que nous avons étudiés.

c) Est-ce ______ direction, tout droit, ou bien faut-il prendre ______ sortie là-bas ?

d) Il est arrivé ______ après-midi avec ______ nouveau chien.

Possessivbegleiter

1. Nur ein Besitzer

Formen der Substantive

	im Singular		im Plural
	maskulin	feminin	maskulin oder feminin
Je cherche	**mon** père **mon** ami	**ma** mère **mon** amie	**mes** parents **mes** amis / **mes** amies
Tu cherches	**ton** père **ton** ami	**ta** mère **ton** amie	**tes** parents **tes** amis / **tes** amies
Il cherche	**son** père **son** ami	**sa** mère **son** amie	**ses** parents **ses** amis / **ses** amies
Elle cherche	**son** père **son** ami	**sa** mère **son** amie	**ses** parents **ses** amis / **ses** amies

1 *Er sucht seinen Schlüssel.*
2 *Sie sucht ihren Schlüssel.*
3 *Sie suchen ihren Schlüssel.*
4 *Sie suchen ihre Schlüssel.*

2. Mehrere Besitzer

Formen

	Substantiv im Singular (maskulin oder feminin)	Substantiv im Plural (maskulin oder feminin)
Nous cherchons	**notre** père / **notre** mère **notre** ami / **notre** amie	**nos** parents **nos** amis / **nos** amies
Vous cherchez	**votre** père / **votre** mère **votre** ami / **votre** amie	**vos** parents **vos** amis / **vos** amies
Ils cherchent	**leur** père / **leur** mère **leur** ami / **leur** amie	**leurs** parents **leurs** amis / **leurs** amies

Ein Possessivbegleiter, der sich auf ein Substantiv im Singular bezieht, hat als Endung nie ein **-s**.

J'ai vu **mon** frère.
Ils ne trouvent pas **leur** voiture.
Il me montre **sa** nouvelle bicyclette.
Elle attend **son** amie.

Ein Possessivbegleiter, der sich auf ein Substantiv im Plural bezieht, trägt immer die Endung **-s**.

Je ne trouve plus **mes** photos.
Il joue avec **ses** enfants.
Ils lisent **leurs** livres.
Nous sortons avec **nos** copines.

Im Singular muss unterschieden werden, ob das Substantiv, das nach dem Possessivbegleiter steht, maskulin oder feminin ist. Vor maskulinen Substantiven steht **mon**, **ton**, **son**, vor femininen **ma**, **ta**, **sa**.

Elle parle avec **son** copain. — *Sie spricht mit **ihrem** Freund.*
Il sort avec **sa** copine. — *Er geht mit **seiner** Freundin aus.*

Bei femininen Substantiven oder Adjektiven, die mit Vokal oder stummem **h** beginnen, steht ebenfalls **mon**, **ton**, **son**.

Il embrasse **son** amie.
Elle a vu **son** ancienne voisine.

Bei der 3. Person muss man immer unterscheiden, ob es nur einen Besitzer (dann **son**, **sa**, **ses**) oder mehrere Besitzer (dann **leur**, **leurs**) gibt.

Il attend **sa** copine. Elle attend **sa** copine.	} nur ein Besitzer
Ils attendent **leur** copain. Ils attendent **leurs** copains.	} mehrere Besitzer

Anders als im Deutschen gibt es im Französischen keine Unterscheidung zwischen *seine Mutter* und *ihre Mutter*. Die Wahl der Possessivbegleiter hängt nur vom nachfolgenden Substantiv, sozusagen dem „Besitz", ab.

Il va voir **sa** mère.	Il va voir **son** père.
Elle va voir **sa** mère.	Elle va voir **son** père.

Votre und **vos** dienen auch als Höflichkeitsform für Personen, die man siezt.

Voilà **votre** thé, madame.
Votre attention, s'il vous plaît.
Je ne trouve pas **vos** lettres, Monsieur.

Leur und **leurs** als Possessivbegleiter dürfen nicht verwechselt werden mit **leur** als Pronomen, das für ein indirektes **à**-Objekt steht.

§ Vgl. S. 51

Est-ce que tu téléphones à tes parents ?
– Oui, je **leur** téléphone tout de suite. *(... ich rufe **sie** an ...)*

●● **1. Son, sa, ses, leur** oder **leurs**? Setzen Sie den richtigen Possessivbegleiter ein.

a) Yves est le frère d'Olivier.
C'est son frère.

b) Olivier est le frère de Barbara.
C'est ______ frère.

c) Michèle est la mère d'Olivier.
C'est ______ mère.

d) Pascal est le père de Barbara.
C'est ______ père.

e) Yves, Olivier et Barbara sont les enfants de Michèle.
Ce sont ______ enfants.

f) Olivier est le fils de Michèle et Pascal.
C'est ______ fils.

g) Barbara est la fille de Michèle et Pascal.
C'est ______ fille.

h) Yves, Olivier et Barbara sont les enfants de Michèle et Pascal.
Ce sont ______ enfants.

●●● **2.** Possessivbegleiter **sa/son** oder Adverb **ça** bzw. Verb **sont** ? Ergänzen Sie die Lücken.

a) ________ père et lui, ils se sont toujours bien entendu.

b) Attrape-________ , on va voir si tu es aussi doué que tu le dis !

c) ________ commence bien, si c'est comme ________, tout le monde retourne dans ________ chambre !

d) Ils ne ________ pas satisfaits du résultat de ________ examen.

Indefinite Begleiter

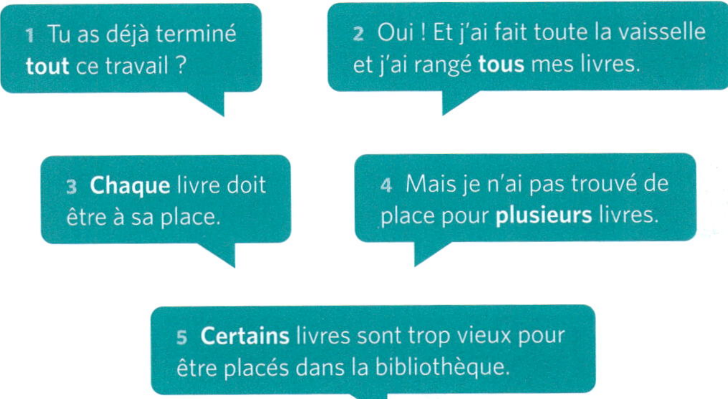

Tout, toute, tous, toutes

Formen

	Substantiv im Singular	Substantiv im Plural
maskulin	**tout l'**appartement	**tous les** appartements
feminin	**toute la** maison	**toutes les** maisons

Tout steht nie allein vor dem Substantiv!

Welche Form von **tout** verwendet wird, hängt von Geschlecht und Zahl des nachfolgenden Substantivs ab. Zwischen der jeweiligen Form von **tout** und dem Substantiv steht immer ein weiterer Begleiter: entweder der bestimmte Artikel, der Possessivbegleiter oder der Demonstrativbegleiter.

tous les livres
tous mes livres
tous ces livres

Tous als Pronomen, S. 70

Vor Zeitangaben und in der Umgangssprache steht nach den Formen von **tout** auch der unbestimmte Artikel.

toute une nuit
toute une histoire

1 *Hast du schon die ganze Arbeit fertig?*
2 *Ja! Und ich habe das ganze Geschirr gespült und alle meine Bücher aufgeräumt.*
3 *Jedes einzelne Buch muss am richtigen Platz sein.*
4 *Aber ich habe für mehrere Bücher keinen Platz gefunden.*
5 *Einige Bücher sind zu alt, um in die Bibliothek gestellt zu werden.*

Im Deutschen wird der Singular **tout** und **toute** + Begleiter mit *der/die/das ganze* ... übersetzt, der Plural **tous** und **toutes** + Begleiter mit *alle ...*

toute la maison	*das ganze Haus*
tous les livres	*alle Bücher*

Chaque

Chaque (jeder / jede / jedes) ist in Geschlecht und Zahl unveränderlich und steht nur vor Substantiven im Singular. Es steht anstelle eines Artikels.

chaque livre
chaque maison

Während **tous / toutes les** immer *alle* ohne Unterschied bezeichnet, wird mit **chaque** jeder Einzelne betont.

Tous les hommes sont égaux mais **chaque** homme est différent.

Plusieurs

Plusieurs (mehrere) ist in Geschlecht und Zahl unveränderlich und steht statt eines Artikels vor Substantiven im Plural.

Je t'ai téléphoné **plusieurs** fois.
Plusieurs personnes se sont réunies dans la rue.

Certain, certaine, certains, certaines

Formen

	Substantiv im Singular	Substantiv im Plural
maskulin	**un certain** M. Dutour	**certains** adultes
feminin	**une certaine** Mme Dutour	**certaines** personnes

Certain (gewisser / gewisse) ist veränderlich und passt sich dem Geschlecht und der Zahl des Substantivs an. Wie im Deutschen steht nur im Singular vor **certain / certaine** der unbestimmte Artikel.

Il restera **un certain** temps.
Une certaine Mme Dutour est à la porte.
Dans **certains pays**, les enfants travaillent toute la journée.
Certaines personnes ne disent pas la vérité.

Die indefiniten Begleiter tauchen in vielen festen Redewendungen auf, die man sich merken sollte, weil sie in der gesprochenen Sprache sehr häufig verwendet werden.

tout le, toute la, tout l', tous les, tout un

tout le temps	*die ganze Zeit*
tout le monde	*alle*
tout l'hiver	*den ganzen Winter*
tout un chacun	*jeder*
toute la journée	*den ganzen Tag*
toute la nuit	*die ganze Nacht*
tous les jours	*jeden Tag*
tous les ans	*jedes Jahr*

chaque

à **chaque** fois	*jedes Mal*
chaque jour	*jeden Tag*

plusieurs

plusieurs fois	*mehrere Male*
à **plusieurs** reprises	*wiederholt, erneut*
être à **plusieurs**	*zu mehreren sein*

certain, certaine, certains, certaines

un **certain** temps	*eine gewisse Zeit*
une **certaine** personne	*eine gewisse Person*
certains jours	*an einigen Tagen*
certaines fois	*einige Male, ab und zu*
d'une **certaine** façon	*auf eine bestimmte Art und Weise*

• **1.** Fanny und Emma essen gerne viel.
Antworten Sie mit **tout le / toute la / tous les** oder **toutes les**.

a) Il y a encore des pommes ?
– Non, elles ont mangé *toutes les pommes.*

b) Il reste encore des kiwis ?
– Non, elles ont mangé ______

c) Et l'ananas ?
– Non, ______

d) Elles ont laissé des spaghetti ?
– Non, ______

e) Il y avait une bouteille de limonade.
– Mais ______

f) Il y avait aussi cinq bananes.
– Oui, mais ______

•• **2.** Bilden Sie Sätze mit der entsprechenden Form von **certain** und achten Sie auf die Verwendung des Artikels.

a) personnes – penser – être la faute des étrangers
Certaines personnes pensent que c'est la faute des étrangers.

b) Monsieur Gilles – dire – la musique être très importante
______.

c) enfants – ne pas dire la vérité
______.

d) nombre de personnes – avoir disparu
______.

e) Il restera – temps
______.

f) pays – les gens – ne pas avoir assez à manger
______.

3. Diese Sätze sind durcheinandergeraten. Bringen Sie die Wörter wieder in die richtige Reihenfolge.

a) gendarmes | passé | la | toute | ont | les | chercher | à | journée | du | traces | les | cambrioleur.

____

b) il | temps | un | pour | de | maladie | sa | lui | certain | faudra | se | remettre | médecin | après | d' | le.

____

c) elle | séjour | semaines | dans | passé | a | un | plusieurs | de | le | la | Floride | sud.

____

d) à | fois | qu' | ils | ils | se | se | retrouvent | chaque | souvenirs | d' | racontent | leurs | enfance.

____

4) Ergänzen Sie die Lücken mit dem korrekten Indefinitbegleiter, sodass es einen Sinn ergibt.

a) Il ronfle __________ la nuit.

b) Cela va prendre un __________ temps, je pense.

c) Elles devraient arriver à __________ instant.

d) __________ le monde en parle depuis que c'est passé à la télévision.

e) Ils ont planifié un voyage de __________ mois autour du monde.

f) Cette année, il a fait beau __________ l'été.

g) __________ les spectateurs sont installés dans leurs fauteuils et attendent avec impatience le début du spectacle.

Interrogativbegleiter

Formen

	Substantiv im Singular	Substantiv im Plural
maskulin	**quel** avion	**quels** avions
feminin	**quelle** ville	**quelles** villes

Die Formen von **quel** stehen immer direkt vor dem Substantiv und richten sich in Geschlecht und Zahl nach ihm.

Quel chauffeur conduira le car ?
Quels pays est-ce que vous connaissez ?

Die jeweilige Form von **quel** kann auch mit **être** verbunden werden. Auch in diesen Fällen richtet es sich in Geschlecht und Zahl nach dem folgenden Substantiv.

Quelle est votre ville préférée ?
Quels sont les livres de Pascale ?

1 *Was für ein Fußballspiel das gestern Abend war!*
2 *Wer sind eigentlich deine Lieblingsspieler?*
3 *Und welche Mannschaften magst du?*

Gebrauch

Tu as **quel** âge ?
Vous avez **quelle** heure ?
On est **quel** jour aujourd'hui ?
Vous avez visité **quelles** villes ?

- Besonders in der Umgangssprache stehen die Formen von **quel** nicht am Beginn des Satzes, sondern erst nach dem Verb.

Umgangssprache

Quel âge avez-vous ?
Quelle voiture préferez-vous ?

- Die Formen von **quel** werden als Interrogativbegleiter des Substantivs bei Fragen verwendet, die sich auf ein Substantiv beziehen.

Quelle jolie maison !
Quelles idées !
Quel menteur !

- Zudem können die Formen von **quel** auch als Ausdruck des Erstaunens oder der Überraschung verwendet werden.

Als Ausdruck des Erstaunens wird **quel**/**quelle** meistens mit *was für ein/eine* übersetzt.

Besondere Wendungen mit den Formen von quel

Quel âge avez-vous ?	*Wie alt sind Sie?*
Quelle heure est-il ?	*Wie spät ist es?*
Quel jour sommes-nous aujourd'hui ?	*Was für einen Tag haben wir heute?*
Quelle est votre taille ?	*Welche Größe haben Sie?*
Quelle est votre adresse ?	*Wie lautet Ihre Adresse?*

• **1.** Sie interviewen Madame Le Grand. Stellen Sie Fragen mit **quel / quelle / quels / quelles!**

a) Quel ______ âge avez-vous ?

b) ______ est votre adresse ?

c) ______ sont vos actrices préférées ?

d) ______ pays est-ce que vous connaissez ?

e) ______ est votre ville préférée ?

f) À Paris, dans ______ restaurant est-ce que vous allez manger ?

g) Votre mari, ______ sports pratique-t-il ?

h) ______ sont vos projets pour l'été prochain ?

•••• **2.** Übersetzen Sie die Sätze ins Deutsche.

a) Quel âge avez-vous ?

______

b) On est quel jour aujourd'hui ?

______

c) Quelle bavarde elle est !

______

d) Quelles sont vos coordonnées ?

______

e) Sur quel projet êtes-vous en ce moment ?

______

f) Avec quelle adresse les patineurs glissent-ils sur la glace !

______

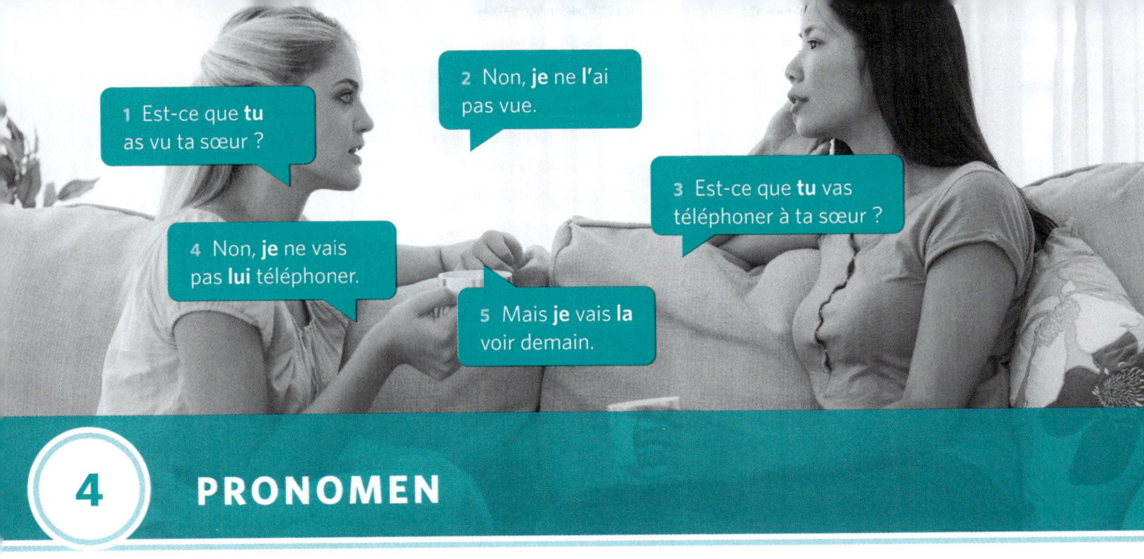

4 PRONOMEN

Unter Pronomen versteht man Wörter, die anstelle eines Substantivs stehen. Diese sind nicht mit den Begleitern des Substantivs zu verwechseln! Im Französischen gibt es verbundene (z. B. je, tu, le, la, lui, leur) und unverbundene Personalpronomen (moi, toi etc.).

§ **Begleiter**, S. 25

Verbundene Personalpronomen

Verbundene Personalpronomen werden nur in Verbindung mit einem Verb gebraucht.

Subjektpronomen	direkte Objektpronomen	indirekte Objektpronomen
Je n'aime plus Yves. **Je** vais lui parler.	Pourquoi est-ce que tu ne **m'**aimes plus ?	Pourquoi est-ce que tu veux **me** parler ?
Tu exagères.	Je **t'**invite au restaurant.	Je **te** raconterai toute l'histoire.
Voilà Yves. **Il** a faim. Voilà Yvette. **Elle** a faim aussi.	Il **la** trouve sympa. Elle **le** trouve sympa aussi.	Il **lui** dit bonjour. Elle **lui** fait une bise.
Nous irons au Cygne ?	D'accord ! J'aimerais que les voisins **nous** accompagnent.	Ils pourront **nous** montrer les photos du voyage.
Vous irez au Cygne ?	On va **vous** accompagner.	On va **vous** montrer les photos.
Voilà les voisins. **Ils** ont faim aussi.	Ils **les** accompagnent.	Ils **leur** montrent les photos.

Subjektpronomen = Pronomen im Nominativ;

direkte Objektpronomen = Pronomen im Akkusativ;

indirekte Objektpronomen = Pronomen im Dativ

1 *Hast du deine Schwester gesehen?*
2 *Nein, ich habe sie nicht gesehen.*
3 *Wirst du deine Schwester anrufen?*
4 *Nein, ich werde sie nicht anrufen.*
5 *Aber ich werde sie morgen sehen.*

Subjektpronomen

1 **J'**ai une sœur. **Elle** habite à Paris.

Subjektpronomen vertreten ein Substantiv, das im Satz als Subjekt steht.

Yves a faim. ▸ **Il** a faim. **Yvette** a faim. ▸ **Elle** a faim.

Formen

je / j'	**je** wird vor Vokal oder stummem ***h*** zu **j'** ▸ Je dors. J'aide mon frère.
tu	steht für *du*
il/elle	steht für *er/sie*
on	steht für ein deutsches *man* oder, v. a. in der Umgangssprache, für nous (*wir*)
nous	steht für *wir*
vous	steht für ein deutsches *ihr* (Plural von *du*) oder als Höflichkeitsform für ein *Sie*
ils	steht für ein maskulines Substantiv im Plural (**les cafés**), für mehrere Substantive maskulinen (**Yves et Michel**) oder gemischten Geschlechts (**Yves et Yvette**)
elles	steht für ein feminines Substantiv im Plural (**les voitures**) oder für mehrere Substantive femininen Geschlechts (**Yvette et Paulette**)

Direkte Objektpronomen (Personalpronomen im Akkusativ)

Im Deutschen fragt man nach direkten Objektpronomen meistens mit *wen?* oder *was?*.

2 **Il m'**a rendu visite hier soir.

Die direkten Objektpronomen stehen jeweils für ein direktes Objekt. Direkte Objekte erkennt man daran, dass vor dem jeweiligen Substantiv keine Präposition steht.

Elle n'aime plus Yves. ▸ Elle ne **l'**aime plus.
Ils accompagnent **Yves et Yvette**. ▸ Ils **les** accompagnent.

1 *Ich habe eine Schwester. Sie wohnt in Paris.*
2 *Er hat mich gestern Abend besucht.*

Formen

me / m'	Il **me** regarde. Il **m'**invite au restaurant.
te / t'	Il **te** regarde. Il **t'**invite au restaurant.
le / l'	Elle **le** regarde. Elle **l'**invite. ▸ **le** vertritt ein maskulines Substantiv.
la / l'	Il **la** regarde. Il **l'**invite. ▸ **la** vertritt ein feminines Substantiv.
nous	Ils **nous** regardent ? Ils **nous** accompagnent ?
vous	Oui, on **vous** regarde. On **vous** accompagne.
les	Ils **les** trouvent sympas. ▸ **les** vertritt ein Substantiv im Plural.

Vor Vokal und stummem **h** wird **me**, **te**, **le**, **la** zu **m'**, **t'**, **l'**, **l'**.

Stellung der Objektpronomen, S. 59

Veränderlichkeit des Partizip Perfekt durch vorangestellte direkte Objektpronomen, S. 99

Indirekte Objektpronomen (Personalpronomen im Dativ)

Il m'a écrit une lettre.

Die indirekten Objektpronomen stehen jeweils für ein indirektes Objekt (Dativobjekt). Indirekte Objekte erkennt man daran, dass vor dem jeweiligen Substantiv die Präposition **à** steht.

Im Deutschen fragt man nach indirekten Objekten meist mit *wem?*

Elle n'écrit plus **à Yves**.	▸ Elle ne **lui** écrit plus.
Il dit bonjour **à Yvette**.	▸ Il **lui** dit bonjour.

Formen

me / m'	Tu **me** racontes l'histoire ? Tu **m'**offres un café ?
te / t'	Oui, je **te** raconte l'histoire. Et je **t'**offre un café.
lui	Il **lui** raconte toute l'histoire. Elle **lui** fait un bisou. ▸ **lui** vertritt ein maskulines oder ein feminines Substantiv im Singular.
nous	Est-ce que les voisins vont **nous** montrer les photos ?
vous	Oui, on va **vous** montrer les photos.
leur	Ils **leur** montrent les photos. Ils **leur** offrent l'apéritif. ▸ **leur** vertritt ein maskulines oder feminines Substantiv im Plural.

Vor stummem **h** wird **me** bzw. **te** zu **m'** bzw. **t'**.

Er hat mir einen Brief geschrieben.

Possessivbegleiter, S. 38

Unverbundene Personalpronomen, S. 63

Achtung: Verwechseln Sie das indirekte Objektpronomen **leur** nicht mit den Possessivbegleitern **leur** und **leurs**!

Das indirekte Objektpronomen **lui** vertritt sowohl maskuline als auch feminine Substantive. Es darf nicht mit dem unverbundenen Personalpronomen **lui** verwechselt werden, das nur für maskuline Substantive steht.

Elle **lui** offre un café.	▸ indirektes Objektpronomen, *ihm / ihr*
Elle parle de **lui**.	▸ unverbundenes Objektpronomen, *über ihn*

Reflexivpronomen

Mon ami **s'**appelle Pierre.

Reflexive Verben sind Verben, die im Infinitiv durch das Pronomen *sich* ergänzt werden.

Reflexivpronomen benötigt man bei reflexiven Verben. Viele französische reflexive Verben sind auch im Deutschen reflexiv. Die Reflexivpronomen entsprechen in der 1. und 2. Person den Objektpronomen. Nur in der 3. Person haben sie eine andere Form.

Reflexive Verben, S. 163

me / m'	Je **me** marierai avec Yvette. Je **m'**excuserai de ma conduite.
te / t'	Tu ne **te** défends pas contre l'accusation ?
se / s'	Il **se** défend. Il **s'**adresse à Yvette.
nous	Nous **nous** marierons dans un mois.
vous	Vous **vous** connaissez depuis longtemps ?
se / s'	Ils **se** connaissent depuis un an seulement.

Mein Freund heißt Pierre.

•• **1.** Helfen Sie bei der Suche!
Beantworten Sie die Fragen, indem Sie **le**, **la**, **les** verwenden. Achten Sie dabei auf die Angleichung des Partizips!

a) Est-ce que tu as vu mes clés ?

Non, *je ne les ai pas vues* .

b) Est-ce que tu as vu mon porte-monnaie ?

_______________ .

c) Tu sais où sont mes cigarettes ?

Non, _______________ vues.

d) Mais où sont mes lunettes ?

Je _______________ .

e) Je ne trouve plus mon livre de français. Tu l'as vu ?

Non, _______________ .

f) Et mon dictionnaire ? Où est-ce qu'il est ?

Je ne sais pas. Je _______________ .

g) Mon Dieu ! Où est ma bouteille de cognac ?

Je ne sais pas. Je _______________ .

•• **2.** Ersetzen Sie das Fettgedruckte durch die passenden Personalpronomen.

a) Yvette dit **à Paulette** : « Moi et Yves, nous avons des problèmes.

Yvette lui dit :

b) Je n'aime plus **Yves**.

____

c) **Yves** admire trop **Claudine**.

____

d) Il trouve **Claudine** sympa.

____

e) Il téléphone **à Claudine** tous les jours.

____

f) **Claudine** a demandé **à Yves les clés de la maison**.

____

g) **Yves** attend **Claudine** à la maison.

____

h) Mais **la maison** appartient **à moi et à ma sœur**.

____

i) Nous avons acheté **cette maison**.

____

j) De toute façon, je n'accepte plus **cette situation**.

____

k) Je vais quitter **Yves**.

____

l) Je vais mettre **Yves et Claudine** à la porte.

____

m) La semaine prochaine, je vais raconter **toute l'histoire à ma sœur**.

____

n) **Yves** n'a jamais compris **ma situation personnelle**. »

____

●●●● **3.** Kreuzen Sie an, was für ein Pronomen jeweils angegeben wird.

	Subjekt-pronomen	direktes Objekt-pronomen	indirektes Objekt-pronomen	Reflexiv-pronomen
a) **je**	☐	☐	☐	☐
b) **le**	☐	☐	☐	☐
c) **lui**	☐	☐	☐	☐
d) **se**	☐	☐	☐	☐
e) **nous**	☐	☐	☐	☐

4. Wählen Sie die einzig korrekte Form.

a) Nous _______ marierons à l'église.

☐ **A** nous

☐ **B** se

☐ **C** leur

b) Ils _______ offrent l'apéritif au restaurant.

☐ **A** leurs

☐ **B** les

☐ **C** leur

c) Bon alors, _______ y va ou pas?

☐ **A** j'

☐ **B** on

☐ **C** t'

d) Tu ne _______ défends pas contre cette accusation ?

☐ **A** lui

☐ **B** se

☐ **C** te

5. Diese Sätze sind durcheinandergeraten. Bringen Sie die Wörter wieder in die richtige Reihenfolge.

a) j' | nous | aimerais | à | la | les | voisins | soirée | que | accompagnent | soir | demain

____

____

b) il | de | temps | je | leur | trouve | faut | qu' | beaucoup | pour | ce | travail | achever.

____

____

c) ils | se | pendant | sont | rencontrés | vacances | les | Toussaint | de | la | d' | un | équitation | dans | camp.

____

____

●●● **6.** Ergänzen Sie die Lücken mit dem passenden Pronomen. In Klammern finden Sie einen Hinweis dazu.

a) Je ________ interdis de me parler de cette manière ! *(dir)*

b) Nous ________ sommes séparés il y a deux mois. *(uns)*

c) Elle ne ________ a rien dit du tout de ce qui s'était passé. *(ihm)*

d) Je ________ ai trouvés très énervés quand ils sont revenus de l'école. *(sie)*

e) Il ________ a invitée à venir chez lui ce soir. *(sie)*

f) Ils ________ accordent beaucoup trop d'attention. *(ihnen)*

●●●● **7.** Übersetzen Sie die Sätze ins Französische.

a) Er hat ihn schon lange nicht mehr gesehen.

____

b) Wir werden uns nächste Woche treffen.

____

c) Man sagt, dass Französisch eine schwierige Sprache ist.

____

d) Sie spricht ständig von ihm.

____

e) Sie haben ihnen den Krieg erklärt.

____

f) Er fragte sie, ob sie den Film auch gesehen hätte.

____

g) Haben Sie sich verlaufen?

____

Adverbialpronomen y und en

Gebrauch

Est-ce que tu veux répondre **à la lettre de tes parents** ?
- Oui, j'**y** réponds tout de suite.

- **y** vertritt indirekte Objekte (Dativobjekte), die mit **à** an das Verb angeschlossen sind und Sachen bezeichnen …

Est-ce que tu vas **à Paris** ? - Oui, j'**y** vais.
Tu vas **chez le dentiste** ? - Non, je n'**y** vais pas.

- … und steht für Ortsangaben, die mit **à**, **en**, **dans**, **chez**, **sur**, **sous** etc. eingeleitet werden.

Est-ce qu'il parle **de son travail** ? - Non, il n'**en** parle jamais.

- **en** vertritt indirekte Objekte (Dativobjekte), die mit **de** an das Verb angeschlossen sind und Sachen bezeichnen …

Est-ce que tu viens **de Paris** ? - Oui, j'**en** viens.

- … sowie Ortsangaben, die mit **de** eingeleitet werden …

1 *Nehmen Sie Milch in Ihren Kaffee?*
2 *Nein danke, ich nehme keine.*
3 *Interessieren Sie sich für Sport?*
4 *Ja, ich interessiere mich sehr dafür.*

Je voudrais **des pommes**. - Combien **en** voulez-vous ?
J'**en** voudrais **un kilo**. - Et **du lait**.
Combien **de bouteilles** ? - Donnez-m'**en** deux.

- ... sowie Ergänzungen, die den unbestimmten Artikel, den Teilungsartikel oder eine Mengenangabe enthalten.

Personen werden in der Regel nicht durch **y** oder **en** ersetzt. Stattdessen steht:

Est-ce que tu réponds **à ta mère** ? - Non, je ne **lui** réponds jamais.

- \- ein indirektes Objektpronomen bei Objekten mit **à**.

Est-ce que tu penses souvent **à ton amie** ?
\- Oui, je pense souvent **à elle**.

- \- **à** + unverbundenes Personalpronomen bei einigen wenigen Verben, wie z. B. **penser**, **renoncer**, **songer**.

Verben mit Objekt, S. 160 §

Tu veux parler **de ta femme** ? - Non, je ne veux pas parler **d'elle**.

- \- **de** + unverbundenes Personalpronomen.

Feststehende Wendungen mit y und en

Ça **y** est. — *Es ist so weit. / Geschafft.*
Da haben wir die Bescherung.
Je n'**y** tiens plus. — *Ich halte es nicht mehr aus.*
Vous **y** êtes ? — *Sind Sie fertig?*
Je n'**y** peux rien. /
Je n'**y** suis pour rien. — *Ich kann nichts dafür.*
Vas-**y**. — *Los. / Geh hin.*
Il **y** a deux heures, ... — *Vor zwei Stunden ...*
Il **y** a des gens qui... — *Es gibt Leute, die ...*
Il **y** a des pommes ? — *Sind Äpfel da?*
Non, il n'**y** en a plus. — *Nein, es sind keine mehr da.*
J'**en** ai pour une seconde. — *Ich bin gleich wieder da.*
Où **en** étions-nous restés ? — *Wo sind wir stehen geblieben?*
J'**en** ai eu pour mille euros. — *Es hat mich 1000 Euro gekostet.*
J'**en** ai assez. — *Es reicht mir. /*
Ich habe genug davon.
Ne vous **en** faites pas. — *Machen Sie sich keine Sorgen.*
Je n'**en** peux plus. — *Ich kann nicht mehr.*

Stellung der Objekt- und Adverbialpronomen

Stellung im Aussage- oder Fragesatz

Die Objekt- und Adverbialpronomen stehen vor dem konjugierten Verb. Im verneinten Satz steht dabei der eine Verneinungsteil (**ne**) vor dem Pronomen, der andere Verneinungsteil (z. B. **pas**) nach dem konjugierten Verb.

Die Stellung der Pronomen ist im Französischen fest vorgeschrieben.

Tu connais Yves ? – Non, je ne **le** connais pas.
La semaine dernière, je **lui** ai prêté ma BMW mais il ne **me l'**a pas rendu**e**.
Tu veux dire que tu **la lui** as prêté**e** sans sécurité ?

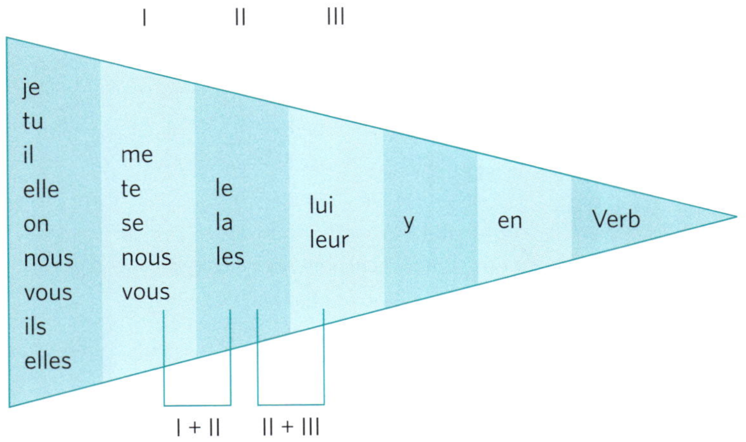

Zwei Objektpronomen können nur dann kombiniert werden, wenn eines davon **le**, **la**, **les** ist.

Mögliche Kombinationen sind also: I + II und II + III.

1 *Ich habe es ihm / ihr nicht gesagt.*
2 *Es sind keine mehr da.* Auch: *Es ist keins / keine mehr da.*
3 *Geben Sie sie ihm / ihr.*
4 *Gib mir eins (davon).*

Die Adverbialpronomen **y** und **en** können beliebig kombiniert werden, dabei steht **y** immer vor **en**.

me, **te**, **se**, **nous**, **vous** können nicht mit **lui** oder **leur** verbunden werden.

Anstelle von **lui** oder **leur** stehen die unverbundenen Personalpronomen **à lui**, **à elle**, **à eux** oder **à elles**.

> Ton chef t'a présenté **au ministre** ? - Oui, il m'a présenté **à lui**.
> Et il t'a présenté aussi **à sa femme** ? - Oui, il m'a présenté **à elle** aussi.

Stellung im Aussage- oder Fragesatz mit nachfolgendem Infinitiv

Beziehen sich Objekt- oder Adverbialpronomen auf einen Infinitiv, so stehen sie direkt vor dem Infinitiv.

> Est-ce qu'on va montrer **les photos à Yvette** ?
> - Oui, on va **les lui** montrer.

> Est-ce qu'il faut **lui** offrir **du café** ?
> - Oui, mais on ne va **lui en** offrir qu'une tasse.

Bei einigen Verben bezieht sich das Pronomen nicht auf den Infinitiv, sondern auf das vorangehende Hauptverb. Hierzu gehören: **voir**, **regarder**, **entendre**, **écouter**, **sentir**, **laisser**, **faire**, **envoyer**. Die Pronomen stehen dann vor dem konjugierten Verb.

> **Les enfants** ont crié très fort. - Tu **les** as entendus crier ?
> **La moto** de Jean était en panne. - Mais il **l'**a fait réparer.

Vor **en** werden **moi** und **toi** zu **m'** bzw. **t'** (m'en, t'en)

Stellung im Imperativsatz

Beim bejahten Imperativ werden die Pronomen mit Bindestrich an das Verb angeschlossen. Dabei steht das direkte Objektpronomen vor dem indirekten.

Y und **en** stehen immer an letzter Stelle. Beachten Sie: Anstelle von **me** und **te** stehen **moi** und **toi**.

> Tu prends du beurre ? - Oui, passe-**le-moi**.
> Tu veux du vin ? - Oui, donne-**m'en** un verre.

Beim verneinten Imperativ gelten die gleichen Regeln wie beim Aussagesatz.

> J'aimerais que tu restes ! Ne **t'en** va pas.
> Ne **me** regarde pas comme ça.

1. Antworten Sie Monsieur Dutour. Ersetzen Sie das Fettgedruckte durch **y** und **en**.

a) Quand est-ce que vous allez **à Marseille** ? (nous - dans quinze jours)

Nous y allons dans quinze jours.

b) À quelle heure est-ce que vous arriverez **à la gare** ? (nous - à 14 heures 25)

______

c) Vous avez déjà parlé **de ce voyage** au chef ? (je - la semaine dernière)

______

d) Vous pensez déjà **à ce voyage** ? (je)

______

e) Vous allez monter **sur la colline de la basilique Notre-Dame-de-la-Garde** ? (nous)

______

f) Pourriez-vous acheter **deux bouteilles de Pastis** ? (je)

______

2. Setzen Sie **y** oder **en** ein!

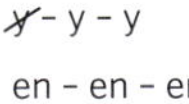

y - y - y
en - en - en

a) Philippe, vas- y .
b) Vous prenez du lait dans votre café ? - Non, je n' ____ prends pas.
c) Avez-vous encore du café ? - Oui, j' ____ ai.
d) Il ____ a encore quelques tartelettes.
e) J' ____ prends une, merci.
f) Il faut que je m'____ aille maintenant.

●● **3.** Antworten Sie auf die Fragen. Ersetzen Sie dabei die hervorgehobenen Satzteile durch die passenden Personalpronomen und durch **y** oder **en**.

a) Est-ce que tu as vu **ta sœur** ?

Non, *je ne l'ai pas vue* .

b) Et tu n'as pas vu **ton frère** non plus ?

Si, ______ .

c) Vous allez **en ville** demain ?

Oui, ______ .

d) Tu diras bonjour **à ton frère** ?

Oui, ______ .

e) Tu vas téléphoner **à ta sœur** prochainement ?

Oui, ______ .

f) Est-ce que tu penses souvent **à ta sœur** ?

Non, ______ .

g) Elle travaille toujours **chez Peugeot** ?

Non, ______ .

h) Et son mari, il s'intéresse toujours **aux voitures** ?

Non, ______ .

i) Il ne travaille plus **au garage** ?

Non, ______ .

j) La maison appartient toujours **à ta sœur et à ton beau-frère** ?

beau-frère – *Schwager*

Oui, ______ .

k) Ils ont changé **de voiture** ?

Non, ______ .

l) Ils n'ont pas besoin **de ta mère** ?

Non, ______ .

m) Et ta sœur, elle n'a pas aidé **votre mère** ?

Si, ______ .

Unverbundene Personalpronomen

Formen

	1. Person	2. Person	3. Person	
			maskulin	feminin
Singular	**moi**	**toi**	**lui**	**elle**
Plural	**nous**	**vous**	**eux**	**elles**

Gebrauch

Die unverbundenen Personalpronomen können immer nur für Personen stehen, und zwar:

Qui est-ce qui veut aller chez les Dutour ?
Michel : Pas **moi**.
Isabelle : **Moi** non plus.

- in Sätzen ohne Verb.

Dies gilt auch für Verbindungen mit **et**, **ou**, **ni... ni** etc.

Thierry : Je ne veux pas aller **chez eux**.
Florence : Michel, tu viens **avec moi** ?

- nach Präpositionen.

Voilà une photo des Dutour.
C'est elle qui crie sans arrêt.
Et **ce sont eux** que mon grand-père n'a jamais aimés.

- nach **c'est** und **ce sont**.

Et c'est lui qui est beaucoup plus intelligent **qu'elle**.

- nach **que** in Vergleichssätzen.

Toi, **tu** vas nous accompagner et **toi**, **tu** vas rester à la maison.

- zur Hervorhebung von Personen, v. a. in der Umgangssprache.

1 *Yvette geht ins Restaurant.*
2 *Und Yves?*
3 *Er auch.*
4 *Und die Nachbarn?*
5 *Sie auch.*

● **1.** Ersetzen Sie das Fettgedruckte durch die passenden unverbundenen Personalpronomen.

a) Thierry : Je ne veux pas aller **chez les Dutour**. *chez eux*
b) Florence : Tu peux venir **avec Michel**. ______
c) Thierry : Non, je ne vais pas **avec toi et Michel**. ______
d) Michel : Je suis d'accord **avec Florence**. ______
e) Florence : Je n'ai pas envie d'y aller **avec mes amies**. ______
f) Thierry : Alors, on va au cinéma **avec mes amis**. ______

●● **2.** Übersetzen Sie!

a) Thierry und ich fahren nicht zu den Dutours.
Thierry et moi, nous n'allons pas chez les Dutour.

b) Er will auch nicht mit ihm fahren.
______

c) Und Florence fährt auch nicht mit ihnen.
______

einverstanden sein – *être d'accord*

d) Und er ist mit ihr einverstanden.
______

streiten – *se disputer*

e) Und sie möchte nicht mit ihm streiten.
______

f) Alle wollen nicht zu ihnen fahren.
______

●●●● **3. Ergänzen Sie die Lücke mit dem passenden unverbundenen Pronomen, der die Gruppe in Klammern ersetzen muss.**

a) La directrice est plus tolérante que/qu' ______ (le sous-directeur).
b) Ce sont ______ (Sylvie et Christelle) qui sont arrivées les dernières.
c) Le sort s'est acharné contre ______ (Christine et moi).
d) Tu ne veux pas me dire que tu es pour ______ (les Bleus) ?

Demonstrativpronomen

Celui, celle ...

Formen

	maskulin	feminin
Singular	**celui**	**celle**
Plural	**ceux**	**celles**

Gebrauch

Celui, celle, ceux und celles werden nie alleinstehend gebraucht.

Quelle voiture est-ce que je prends pour aller en ville ?
– Prends **celle de** Michel.

- Entweder folgt ihnen eine Ergänzung mit Präposition (meist **de**, **à** oder **pour**) ...

Je voudrais un chou-fleur. – Prenez **celui que** vous préférez.

chou-fleur – *Blumenkohl*

- ... oder ein Relativsatz (mit **qui**, **que**, **dont** oder **où**).

Qu'est-ce que je mets comme verres ?
Ceux-ci ou **ceux-là** ? – Plutôt **ceux-là**.
Et comme serviettes ? – Prends **celles-ci**.

- Bei einer Auswahl zwischen zwei Dingen verweist **celui-ci** auf das Erstgenannte oder näher Liegende, **celui-là** auf das Letztgenannte oder ferner Liegende hin.

1 *Nimmst du diese Hose?*
2 *Nein, diese da.*
3 *Was hältst du von diesem Hemd?*
4 *Nein, ich bevorzuge eher dieses da.*

Für **ça** steht in der Schriftsprache **cela**.

cela, ça und ce

Gebrauch

Cela vous va à merveille !
Ça va ? - Oui, **ça** va mieux.
« Computer », **ça** ne se dit pas en français.

- **Ça** steht meist dann, wenn ein **il** zu einer Verwechslung mit einer Person führen könnte.

La Polynésie française, **c'est** magnifique.
Voilà mes livres. - Non, **ce sont** mes livres.

- **Ce** bzw. **c'** steht vor être.

 *Gefällt es dir?*
 *Ja, das ist super.*

• **1.** **Thierry und Florence sind im Kaufhaus. Setzen Sie die fehlenden Demonstrativpronomen ein.**

a) F. : Alors, tu veux acheter un pantalon? Prends celui-là.

b) T. : Moi, je préfère ________ qui se trouve à côté.

c) F. : Voilà les chemises. J'en ai trouvé une belle. Que penses-tu de ________ ?

d) T. : ________ aux manches courtes me plaît plus.

e) F. : Tu as vu les chaussures ? Lesquelles préfères-tu ? ________ ou ________ ?

f) T. : J'aimerais prendre ________ dont je t'ai parlé hier.

g) F. : On achète encore une cravate. Prends ________ où il y a toutes sortes de papillons.

h) T. : Il me faudrait encore un pull. ________ ou ________ ?

i) F. : J'adore ________ à col roulé.

j) T : Regarde ces slips. Tu préfères ________ ou ________ ?

k) F : ________ est plus sexy.

•• **2.** **Übersetzen Sie die Sätze ins Französische.**

a) Das steht Ihnen wunderbar!

____

b) Nein, leider geht's nicht viel besser!

____

c) Das ist nicht mein Problem!

____

d) Das sind interessante Neuigkeiten, das muss ich sofort notieren!

____

Possessivpronomen

Formen

	maskulin	feminin	maskulin	feminin
	À qui est ce bureau ?	Et cette chaise ?	Et à qui sont ces crayons ?	Et ces feuilles ?
Singular	C'est	C'est	Ce sont	Ce sont
1. Person	**le mien**	**la mienne**	**les miens**	**les miennes**
2. Person	**le tien**	**la tienne**	**les tiens**	**les tiennes**
3. Person	**le sien.**	**la sienne.**	**les siens.**	**les siennes.**
Plural	C'est	C'est	Ce sont	Ce sont
1. Person	**le nôtre**	**la nôtre**	**les nôtres**	**les nôtres**
2. Person	**le vôtre**	**la vôtre**	**les vôtres**	**les vôtres**
3. Person	**le leur.**	**la leur.**	**les leurs.**	**les leurs.**

Die Possessivpronomen richten sich – wie die Possessivbegleiter – in Geschlecht und Zahl nach dem dazugehörigen Substantiv.

Possessivbegleiter, S. 37

Sind zwei Besitzer angegeben, so tritt der eine als Possessivbegleiter vor das Substantiv, der andere als Possessivpronomen dahinter:

tes amis et **les miens**... *deine und meine Freunde ...*

1 *Ist das Ihr Schreibtisch/Arbeitszimmer? – Ja, das ist meiner/meins.*
2 *Und diese Blätter? Gehören die Ihnen? – Ja, das sind meine.*

1. Antworten Sie immer bejahend. Verwenden Sie die passenden Possessivpronomen.

a) C'est votre voiture?

Oui, c'est la mienne. .

b) Et ce vélo ?

C'est ______ .

c) Et ces meubles ?

Ce sont ______ .

d) Et ces photos ?

______ .

e) Ce sont les livres de votre fille ?

Oui, ______ .

f) Et ces CD ? Ils sont à votre fils ?

______ .

g) Cette maison est à votre femme et à vous ?

______ .

h) Et ces deux voitures ?

______ .

i) Ce sont les jouets de vos enfants ?

Oui, ______ .

j) Et ces guitares ?

______ .

k) Et cette moto ? Elle est à votre mère ?

Oui, ______ .

l) C'est la bicyclette de votre père ?

Oui, ______ .

2. Finden Sie die Possessivpronomen in der Buchstabenschlange und kreisen Sie das eine Pronomen ein, das nicht possessiv ist.

______

Indefinite Pronomen

Tous, toutes – chacun, chacune

Gebrauch

tout und seine Formen als Begleiter, S. 41

La semaine dernière, mes amis sont venus.
- Vous étiez nombreux ?
Oui, **tous** sont venus.
- Et les filles ?
Elles étaient **toutes** là.

- **Tous** und **toutes** richten sich im Geschlecht nach dem dazugehörigen Substantiv und bezeichnen alle Personen oder Sachen einer Gruppe. In den obigen Beispielen beziehen sich **tous** bzw. **toutes** auf das Subjekt.

Je t'ai déjà montré les films ? - Oui, tu me **les** avais **tous** montrés.
Et les photos ? Tu les connais déjà ? - Oui, je **les** connais **toutes**.

- Hier beziehen sich **tous** und **toutes** auf ein direktes Objekt. In diesen Fällen steht vor dem konjugierten Verb das Objektpronomen **les**.

1 *Letzte Woche feierte ich mit meinen Freunden Geburtstag.*
2 *Alle waren da.*
3 *Jeder Einzelne brachte ein kleines Geschenk mit.*
4 *Mehrere sind mit ihren Freundinnen gekommen.*
5 *Und einige blieben bis zum nächsten Morgen.*

Tous les films sont rangés dans le placard.
Chacun a sa place bien précise.
Et les photos, je vais les coller dans un album.
Chacune doit être commentée par un petit texte.

le placard - *Schrank*

- **Chacun** und **chacune** richten sich im Geschlecht nach dem dazugehörigen Substantiv und bezeichnen jede einzelne Person oder Sache einer Gruppe.

Chacun bzw. **chacune** hat keine Pluralform.

Chez moi, **tout** doit être correct.

- **Tout** ist unveränderlich und bezeichnet eine Gesamtheit.

Tout entspricht im Deutschen dem Pronomen *alles*.

Tout ce qui est à la mode me plaît.
Tout ce qu'on veut acheter se trouve dans ce centre commercial.
Tous ceux qui sont venus reviendront l'année prochaine.
Et **tous ceux que** j'ai rencontrés ont été bien contents.

- Nach den Pronomen **tout**, **tous** und **toutes** kann nicht wie im Deutschen direkt ein Relativsatz angeschlossen werden. Vor dem Relativsatz steht bei **tout** ein **ce**, bei **tous** oder **toutes** ein **ceux** oder **celles**.

Plusieurs - certains

Plusieurs de mes amis habitent à Paris.

Plusieurs und **certains** existieren nicht nur als Begleiter, sondern können auch als Pronomen dienen.

Gebrauch

Ce matin, j'ai acheté des bananes. **Plusieurs** sont déjà abîmées.

abîmé/e - *verdorben*

- **Plusieurs** kann sich auf Sachen und Personen beziehen und kann mit *mehrere* übersetzt werden.

En ce moment, les économistes discutent beaucoup de la situation actuelle. **Certains** ne pensent pas que l'économie reprenne.
Voilà des livres: **Certains** sont très intéressants !

- **Certains** kann sich ebenfalls auf Sachen und Personen beziehen und kann mit *einige*, *gewisse* übersetzt werden.

Einige meiner Freunde wohnen in Paris.

Weitere indefinite Pronomen: aucun, quelqu'un/quelque chose, personne/rien

Der Indefinitpronomen **aucun** wird von der Negation **ne** begleitet und mit *kein* übersetzt.

Les légumes ? Je **n'**en aime **aucun** !	*Gemüse? Ich mag kein einziges!*
Aucun des invités **n'**a osé parler.	*Keiner der Gäste wagte es zu sprechen.*

Die Indefinitpronomen **quelqu'un/quelque chose** werden mit *etwas/jemand* übersetzt.

Quelqu'un a sonné.	*Jemand hat geklingelt.*
Quelque chose doit s'être produit.	*Etwas muss passiert sein.*
Quelque chose ne va pas ?	*Ist etwas nicht in Ordnung?*

Um *nichts* oder *niemand* auszudrücken, verwendet man **ne... rien**/**ne... personne** oder **rien ne...** bzw. **personne ne...**

Je **n'**ai vu **personne**.	*Ich habe niemanden gesehen.*
Je **n'**ai **rien** acheté du tout.	*Ich habe gar nichts gekauft.*
Personne ne m'a parlé.	*Niemand hat mit mir gesprochen.*
Rien ne va plus !	*Nichts geht mehr!*

Vorsicht! Im Gegensatz zum Deutschen kann es zwei Negationen in einem Satz geben:

Personne ne m'a **rien** demandé.	*Niemand hat mich etwas gefragt.*
Il est venu **sans rien**.	*Er ist ohne irgendetwas gekommen.*
Il voyage toujours **sans personne**.	*Er reist immer allein (≈ ohne jemanden.)*

Hier finden Sie einige nützliche Redewendungen mit Indefinitpronomen:

avoir réponse à **tout**	*auf alles eine Antwort haben*
tous ensemble	*alle zusammen*
tout ce qu'il faut	*alles, was man braucht*
tout un chacun	*jeder*
ne rien prendre	*nichts verzehren*
n'aimer **personne**	*niemanden mögen*

1. Setzen Sie die passenden indefiniten Pronomen von **tout** ein.

a) La semaine dernière mes amis sont venus. Tous étaient là.

b) Il y avait aussi des filles. Tu les connais ________ ? - Non !

c) ________ celles qui sont venues reviendront la semaine prochaine.

d) J'ai préparé aussi un repas. Ils ont presque ________ mangé.

e) ________ ce qui est resté, je l'ai mangé le lendemain.

f) Et mes amis sont presque ________ contre le gaspillage de la nourriture.

le gaspillage – *Verschwendung*

la nourriture – *Nahrungsmittel*

2. Übersetzen Sie. Benutzen Sie dabei die indefiniten Begleiter und Pronomen von **tout** bzw. **chaque**.

a) Gehören all diese Schuhe dir? - Nein, sie gehören alle meiner Schwester.

Toutes ces chaussures sont à toi ?

b) Hast du die Hosen gewaschen? – Ja, ich habe sie alle gewaschen. Jede Hose muss separat gewaschen werden.

c) Für das Fest muss ich jeden einzelnen Teller spülen. Sie müssen alle glänzen. Und jeder muss an seinen bestimmten Platz geräumt werden.

spülen – **laver**

glänzen – **briller**

d) Sind alle Kinder nach Hause gegangen? - Nein, nicht alle. Aber jedes Kind hat um acht Uhr zu Hause zu sein.

e) Hast du alles gegessen? - Nein, nicht alles. Wir werden aber alle Reste morgen essen.

f) Er hat den ganzen Tag geschlafen. Er macht das jeden Tag so.

••• **3.** Verbinden Sie die zusammengehörenden Satzteile.

a) Tu prends quelque chose ?
b) Il y avait du monde au théâtre ?
c) Toutes tes copines étaient là ?
d) Qu'est-ce que vous buvez ?
e) Avez-vous plusieurs voitures ?
f) Combien en voulez-vous ?

___ **A** Non, seulement certaines.
___ **B** Non, merci, rien du tout.
___ **C** Non, presque personne !
___ **D** Deux chacun.
___ **E** Quelque chose de chaud, merci.
___ **F** Non, je n'en ai qu'une.

•••• **4.** Diese Sätze sind durcheinandergeraten. Bringen Sie die Wörter wieder in die richtige Reihenfolge.

a) ces | enfants | les | ces | bien | sont | miens | trois | effet | en

___

b) chacun | chargé | faire | son | est | de | faire | au | dortoir | lit

___

c) il | rien | mangé | depuis | matin | n' | encore | ce | a | faute | temps | de

___

d) il | faire | à | personne | ne | dans | affaire | faut | confiance | cette

___

•••• **5.** Wie sagen Sie, dass ...

a) Sie immer allein reisen?

___

b) Sie ohne alles gekommen sind?

___

c) Sie keinen (der Kekse) wollen?

___

d) niemand Sie etwas gefragt hat?

___

Relativpronomen

Gebrauch

qui

La ville, c'est Marseille. **Cette ville** me plaît le plus.
▸ La ville **qui** me plaît le plus est Marseille.
Monique a parlé d'une fille. **Cette fille** est Suisse.
▸ Monique a parlé d'une fille **qui** est Suisse.

- **qui** ist immer das Subjekt eines Satzes und kann sich auf Sachen wie auf Personen beziehen. Auf **qui** im Relativsatz folgt nie ein Subjekt, sondern ein Objektpronomen oder ein Verb.

qui steht unterschiedslos für *der, die, das, die [Plural]*.

La fille s'appelle Monique. Je pense **à cette fille**.
▸ La fille **à qui** je pense s'appelle Monique.

- Die Konstruktion Präposition + **qui** steht für Personen, denen eine Präposition vorausgeht.

Bei Sachen muss in diesen Fällen Präposition + Form von **lequel** stehen. Vgl. S. 76

1 *Die Stadt, die mir am meisten gefällt, ist Marseille.*
2 *Die Stadt, die ich bevorzuge, ist Marseille.*
3 *Die Stadt, von der ich dir erzählt habe, ist Marseille.*
4 *Die Stadt, an die ich denke, ist Marseille.*
5 *Die Stadt, in der ich wohne, gefällt mir sehr.*

que

La ville, c'est Marseille. Je préfère **Marseille**.
▸ La ville **que** je préfère, c'est Marseille. *(Die Stadt, die ...)*

▸ **que** steht immer für das direkte Objekt (Akkusativobjekt) eines Satzes und kann sich auf Sachen wie auf Personen beziehen. Nach einem **que** folgt immer ein Subjekt.

dont

La ville, c'est Marseille. Je t'ai parlé **de Marseille**.
▸ La ville **dont** je t'ai parlé, c'est Marseille. *(Die Stadt, von der ...)*

Le monsieur s'appelle Dutour. J'ai vu la fille **de ce monsieur**.
▸ Le monsieur **dont** j'ai vu la fille s'appelle Dutour. *(Der Herr, dessen ...)*

▸ **dont** steht für eine Ergänzung mit **de** und kann sich ebenfalls auf Sachen und Personen beziehen. Im Unterschied zum Deutschen steht nach **dont** immer die normale Satzstellung.

lequel, laquelle, lesquels, lesquelles

La ville, c'est Marseille. Je pense **à cette ville**.
▸ La ville **à laquelle** je pense, c'est Marseille. *(... an die ...)*

Nous avons vu des touristes. **Parmi les touristes** se trouvaient deux Japonais.
▸ Nous avons vu des touristes **parmi lesquels** se trouvaient deux Japonais. *(... unter denen ...)*

Ausnahme: Nach **parmi** und **entre** werden ausschließlich **lequel** und seine Formen verwendet!

▸ Präposition + Form von **lequel** steht für Ergänzungen mit einer Präposition (**à**, **de**, **pour**, **avec**, **dans** ...). Bei Sachen ist diese Konstruktion vorgeschrieben. Bei Personen steht sie nur in der Schriftsprache, ansonsten wird die Struktur Präposition + **qui** verwendet. Anstelle von **de** + Form von **lequel** kann in den meisten Fällen auch **dont** stehen.

où

Ce pays me plaît beaucoup. Je suis allée **dans ce pays**.
▸ Le pays **où** je suis allée me plaît beaucoup. *(Das Land, in das …)*

Je me rappelle bien de ce soir-là. **Le soir** nous sommes allés au cinéma.
▸ Je me rappelle bien du soir **où** nous sommes allés au cinéma. *(… an den Abend, an dem …)*

Das Pronomen **où** hat die Funktion einer Ortsbestimmung. Es kann auch als zeitliches Pronomen stehen, wenn ihm Ausdrücke wie **le jour**, **le soir**, **le mois** etc. vorausgehen. Nach **à l'époque** und **au moment** steht ebenfalls **où**.

ce qui, ce que

Je ne sais pas **ce qui** lui plaît. *(Ich weiß nicht, was …)*
Dis-moi **ce que** tu veux faire demain ?

ce qui (als Subjekt) und **ce que** (als direktes Objekt) entsprechen dem deutschen neutralen *was*.

Tout / tous in Verbindung mit Relativsätzen, S. 71

● **1.** Entscheiden Sie zwischen **qui** und **que**.

a) La ville *qui* me plaît le plus, c'est Marseille.

b) C'est la ville ______ je préfère.

c) Les enfants de Monsieur Dutour, c'est Nicole ______ a treize ans, Benjamin ______ a onze ans et Olivier ______ a cinq ans.

d) Benjamin ______ je connais bien est un garçon très sage.

e) Jean a parlé d'une fille ______ est Suisse.

f) Et la fille ______ j'aime est Portugaise.

●● **2.** Verbinden Sie jeweils die beiden Sätze mit **dont**.

a) Les Dutour ont trois enfants. Deux de ces enfants sont des garçons.

Les Dutour ont trois enfants dont deux sont des garçons.

b) La fille est Suisse. Jean a parlé de cette fille.

______

c) La ville s'appelle Marseille. Nous avons vu un film sur cette ville.

______

d) Voilà Emma et Fanny. La passion de ces deux filles est la nourriture.

______

______

e) J'ai vu une fille. Ses parents habitent au Portugal.

______

●●● **3.** Setzen Sie die passenden Relativpronomen ein.

a) Je ne connais personne *qui* sache parler le japonais.

b) La femme ______ je t'ai parlé la semaine dernière est morte dans un accident.

le metteur en scène – *Regisseur*
l'amant – *Liebhaber*

c) Connaissez-vous le metteur en scène ______ a fait le film « L' Amant » ?

d) C'est un livre ______ personne ne peut résister.

les jumelles – *Fernglas*

e) Je ne trouve plus les jumelles ______ s'est servi mon grand-père.

f) La ville ______ je rêve s'appelle Marseille.

g) La personne ____________ je tiens beaucoup est ma mère.

h) L'arc-en-ciel ____________ je regarde est en train de disparaître.

i) La personne ____________ je crois le plus est mon patron.

j) Le pays ____________ j'aimerais vivre, c'est la France.

k) Voilà la raison pour ____________ elle est partie.

l) Les personnes parmi ____________ se trouve M. Dutour jouent toutes d'un instrument de musique.

m) Ce sont des événements ____________ les Allemands penseront encore dans 20 ans.

l'arc-en-ciel – *Regenbogen*

4. Übersetzen Sie. Verwenden Sie die Relativpronomen.

a) Die Stadt, in der ich wohne, heißt Metz.

La ville où j'habite s'appelle Metz.

b) Gibt es eine Stadt, die du lieber magst?

____

c) Nein, Metz ist die Stadt, die ich am meisten mag.

____

d) Meine Frau, die 38 Jahre alt ist, kommt aus Nancy.

____

e) Nancy, das berühmter ist als Metz, ist die Stadt, die meiner Frau am besten gefällt.

____

____

f) Der Sohn meiner Frau, den alle Dodo nennen, ist in Forbach geboren.

____

____

g) Die Tochter meiner Freundin, die 25 Jahre alt ist, studiert in Straßburg.

____

____

5 DAS VERB

Tempus

1. Zeitpunkt des Sprechens

Ein Verb bringt nicht nur zum Ausdruck, wann und wie lange etwas geschieht, es setzt dieses Geschehen auch in eine zeitliche Beziehung zur jeweils sprechenden oder erzählenden Person.

So kann ein bestimmtes Geschehen schon vorher, zur gleichen Zeit oder erst nach dem Zeitpunkt stattfinden, zu dem eine Person darüber spricht. Jeder der drei Stufen sind bestimmte Zeitformen zugeordnet.

Zeitpunkt des Sprechens		
Geschehen		
vorher	**gleichzeitig**	**nachher**
Passé composé **Imparfait**	**Présent**	**Futur simple** **Futur composé**

Ma femme **est** dans la cuisine. Elle **prépare** le repas.

gleichzeitig zum Sprechen: **Présent**

Pendant que je **travaillais** à l'ordinateur, quelqu'un **a frappé** à la porte.

vorzeitig zum Sprechen: **Imparfait**, **Passé composé**

Nos enfants sont partis. Ils **vont revenir** tout de suite.
Demain, ils **iront** en ville.

nachzeitig zum Sprechen: **Futur composé** oder **Futur simple**

2. Zeitpunkt des Erzählens

Erzählt jemand eine Geschichte, so versetzt sich die erzählende Person in die Vergangenheit. Auch hierbei kann ein erzähltes Geschehen vor, zur gleichen Zeit wie oder nach dem Zeitpunkt stattfinden, in den sich die erzählende Person hineinversetzt.

Ausgangspunkt der Erzählung		
	Geschehen	
vorher	**gleichzeitig**	**nachher**
Plus-que-parfait	**Imparfait** **Passé composé**	**Conditionnel**

Il **avait** faim. Il **savait** qu'il n'**avait** plus d'argent.
Tout à coup, quelqu'un **a frappé** à la porte.

gleichzeitig zum Erzählen: **Imparfait** oder **Passé composé**

Imparfait, S. 105

Il **avait dépensé** tout son argent.
Il n'**avait** pas **arrêté** d'acheter des livres et des CD.

vorzeitig zum Erzählen: **Plus-que-parfait**

Passé composé, S. 96

Et il savait que la faim **serait** encore plus grande et qu'il ne **changerait** jamais.

nachzeitig zum Erzählen: **Conditionnel**

Plus-que-parfait, S. 111

Conditionnel, S. 129

Modus

Je **souhaite qu'il apprenne** le français.

Eine Verbform kann nicht nur Aufschluss über den Zeitpunkt des Sprechens oder des Erzählens geben, sondern auch eine persönliche Haltung gegenüber einem Geschehen ausdrücken. Dafür gibt es den lateinischen Ausdruck Modus.

Wird eine Tatsache ausgedrückt, so steht der **Indikativ**.

Ma femme dit que nos amis **viendront**.
Meine Frau sagt, dass unsere Freunde kommen (werden).

Wird ein Wunsch ausgedrückt, so verwendet man den **Subjonctif**.

Ma femme voudrait que nos amis **viennent**.
Meine Frau möchte, dass unsere Freunde kommen (sollen).

Handelt es sich um eine Tatsache, so steht der **Indikativ**.

Vous avez fait votre choix ? — Oui, je **prends** le menu à cent euros. (*„Ich nehme…“*)

Zum Ausdruck einer höflichen Bitte wird das **Conditionnel** verwendet.

Vous avez fait votre choix ? — Oui, je **voudrais** le menu à 15 euros. (*„Ich hätte gerne…“*)

Pourriez-vous m'aider s.v.p. ? — *Könnten Sie mir bitte helfen?*

Bei Aufforderungen steht der **Imperativ**.

Asseyez-vous, s'il vous plaît. — *Setzt euch bitte!*
Attends-moi. — *Warte auf mich!*

Ich möchte, dass er französisch lernt.

Présent

Bildung des Présent

Im Présent haben die Verben je nach Gruppenzugehörigkeit unterschiedliche Endungen:

	1. Gruppe: Verben auf	2. Gruppe: Verben auf **-ir** (Typ: finir)	3. Gruppe: unregelmäßige Verben! Verben auf ...		
	-er	**-ir**	**-ir**	**-oir**	**-re**
Singular					
je	-e	-is	-s / -e	-s / -x	-s / -s
tu	-es	-is	-s / -es	-s / -x	-s / -s
il / elle / on	-e	-it	-t / -e	-t / -d	-t / -d
Plural					
nous	-ons	-issons	-ons	-ons	-ons
vous	-ez	-issez	-ez	-ez	-ez
ils / elles	-ent	-issent	-ent	-ent	-ent

Die wichtigsten unregelmäßigen Verben finden Sie in der Liste auf Seite 86 bis Seite 91.

1 *Was macht er sonntags? – Er spült ab.*
2 *Was macht er normalerweise? – Er sieht fern.*

Die Endung des Présent bei **vous** ist die regelmäßigste Form. Bis auf drei Ausnahmen enden hier alle Verben auf **-ez**.

Diese Ausnahmen sind:

être - vous êtes	**dire** - vous dites	**faire** - vous faites

Gebrauch

Elle **travaille** dans le jardin.
En ce moment, les enfants **jouent** dans leur chambre.

- Das Présent verwendet man für im Moment stattfindende Ereignisse,

Je **joue** au tennis le samedi soir.
Une fois par semaine, on **va** au restaurant.

- gewohnheitsmäßige Ereignisse,

La lune **tourne** autour de la terre.
Trois et trois **font** six.

- allgemeine Wahrheiten,

La télé **marche** depuis ce matin.
Cela fait cinq ans que je ne **fume** plus.

- in der Vergangenheit begonnene und noch andauernde Ereignisse,

Il **sort** du supermarché.
Le train **part**.

- Ereignisse, die soeben stattfanden (anstelle der Konstruktion « Il vient de sortir du supermarché »).

Nous **partons** en voyage demain.
On **mange** quelque chose à midi ?

- Das Présent kann auch bei beabsichtigten, zukünftigen Ereignissen stehen. In solchen Sätzen dürfen Zeitangaben wie z. B. **demain**, **à midi** nicht fehlen. Meistens handelt es sich dabei um eine nahe Zukunft.

si-Sätze, S. 154 §

S'il **vient** demain, je serai content.
Si vous **mangez** trop, vous aurez mal au ventre.

- Kann eine Bedingung möglicherweise erfüllt werden, steht im **si**-Satz das Présent.

Übersicht der Verben im Présent

Ein Verb setzt sich immer aus Stamm und Endung zusammen. Jedes Verb hat mindestens einen Verbstamm.

Beispiel:	**vous aimez**	
Stamm:	**aim-**	Endung: **-ez**.

Lerntipp:
Prägen Sie sich die Stämme der Verben im Présent gut ein, denn sie werden auch zur Bildung anderer Zeiten benötigt.

1. Verben auf -er (1. Gruppe):

Ungefähr 90 % der französischen Verben enden auf **-er**.

Verben auf **-er**: aimer	
j'aim**e**	nous aim**ons**
tu aim**es**	vous aim**ez**
il aim**e**	ils aim**ent**

Eine Reihe von Verben auf **-er** ändert ihren Verbstamm. Sie lassen sich in verschiedene Untergruppen einteilen:

Verben auf **-eler** oder **-eter**: appeler	
j'appe**ll**e	nous appelons
tu appe**ll**es	vous appelez
il appe**ll**e	ils appe**ll**ent
ebenso: épeler, étiqueter, jeter, renouveler, se rappeler	
Verben auf -e(...)er: acheter	
j'ach**è**te	nous achetons
tu ach**è**tes	vous achetez
il ach**è**te	ils ach**è**tent
ebenso: amener, emmener, enlever, geler, lever, modeler, peler, peser, se promener, semer	
Verben auf -é(...)er: espérer	
j'esp**è**re	nous espérons
tu esp**è**res	vous espérez
il esp**è**re	ils esp**è**rent
ebenso: céder, exagérer, posséder, préférer, protéger, répéter, s'inquiéter	

Verben auf **-ger**: manger	
je mange	nous mang**e**ons
tu manges	vous mangez
il mange	ils mangent
ebenso: changer, corriger, déranger, diriger, interroger, ranger, s'allonger	

Verben auf **-cer**: commencer	
je commence	nous commen**ç**ons
tu commences	vous commencez
il commence	ils commencent
ebenso: annoncer, avancer, lancer, prononcer, remplacer	

!

Bei den Verben auf **-ayer** sind zwei Schreibweisen möglich: je **paie** oder je **paye**

Verben auf **-oyer**, **-uyer**, **-ayer**: nettoyer	
je nettoie	nous nettoyons
tu nettoies	vous nettoyez
il nettoie	ils nettoient
ebenso: employer, essayer, essuyer, payer, s'ennuyer, se noyer, tutoyer	

2. Verben auf -ir: Typ « finir » (2. Gruppe):

Verben auf **-ir**: finir	
je finis	nous fini**ss**ons
tu finis	vous fini**ss**ez
il finit	ils fini**ss**ent
ebenso: agir, choisir, nourrir, punir, ralentir, réagir, réfléchir, réussir, saisir	

3. Unregelmäßige Verben (3. Gruppe):

Lerntipp: Diese drei Verben sind besonders wichtig, da sie zur Bildung einiger anderer Zeiten benötigt werden.

avoir	**être**	**aller**
j'**ai**	je **suis**	je **vais**
tu **as**	tu es	tu **vas**
il / elle / on **a**	il / elle / on est	il / elle / on **va**
nous avons	nous **sommes**	nous allons
vous avez	vous êtes	vous allez
ils / elles **ont**	ils / elles **sont**	ils / elles **vont**

Ca. 200 französische Verben werden unregelmäßig konjugiert. Viele davon gehören zum Grundwortschatz!

acquérir		
j'acqu**iers** il acqu**iert**	nous acquérons ils acqu**ièrent**	ebenso: (re)conquérir, requérir
s'asseoir		
je m'assois il s'assoit	ns ns asse**yons** ils s'assoient	Impératif: assieds-toi, asseyez-vous
battre		
je ba**ts** il ba**t**	nous battons ils battent	ebenso: abattre, combattre
boire		
je bois il boit	nous **buvons** ils boi**vent**	
conclure		
je conclus il conclut	nous concluons ils concluent	ebenso: exclure, inclure
conduire		
je conduis il conduit	nous condui**sons** ils condui**sent**	ebenso: construire, cuire, déduire, détruire, instruire, luire, nuire, produire, réduire, traduire
connaître		
je connais il connaît	nous connai**ss**ons ils connai**ss**ent	ebenso: apparaître, disparaître, paraître, reconnaître
courir		
je cours il court	nous courons ils courent	ebenso: concourir, parcourir
craindre		
je crains il craint	nous crai**gn**ons ils crai**gn**ent	ebenso: contraindre, plaindre, atteindre, éteindre, peindre, joindre, rejoindre

Aber: vous contredisez, vous interdisez

croire		
je crois il croit	nous cro**y**ons ils croient	
devoir		
je **dois** il **doit**	nous devons ils **doivent**	
dire		
je dis tu dis il dit	nous di**sons** vous **dites** ils di**sent**	ebenso: contredire, interdire
dormir		
je **dors** il **dort**	nous dormons ils dorment	ebenso: endormir
écrire		
j'écris il écrit	nous écri**v**ons ils écri**v**ent	ebenso: décrire, inscrire, prescrire, souscrire, transcrire
faire		
je fais tu fais il fait	nous **faisons** vous **faites** ils **font**	ebenso: défaire, satisfaire
falloir		
il **faut**		
lire		
je lis il lit	nous li**sons** ils li**sent**	ebenso: élire, réélire, relire
mentir		
je **mens** il ment	nous mentons ils mentent	ebenso: (res)sentir, (re)partir, sortir

mettre		
je **mets** il **met**	nous mettons ils mettent	ebenso: admettre, émettre, permettre, promettre, remettre, transmettre
mourir		
je **meurs** il **meurt**	nous mourons ils **meurent**	
mouvoir		
je meus il meut	nous mouvons ils **meuvent**	ebenso: émouvoir
naître		
je nais il naît	nous nai**ss**ons ils nai**ss**ent	ebenso: renaître
ouvrir		
j'ouvre il ouvre	nous ouvrons ils ouvrent	ebenso: couvrir, découvrir, offrir, souffrir
plaire		
je plais il plaît	nous plai**s**ons ils plai**s**ent	ebenso: déplaire
pleuvoir		
il **pleut**		
pouvoir		
je **peux** tu **peux** il **peut**	nous pouvons vous pouvez ils **peuvent**	
prendre		
je prends il prend	nous **prenons** ils **prennent**	ebenso: apprendre, comprendre, entreprendre, reprendre, surprendre

recevoir		
je **reçois** il **reçoit**	nous recevons ils **reçoivent**	ebenso: apercevoir, concevoir, décevoir, percevoir
rendre		
je rends il rend	nous rendons ils rendent	ebenso: attendre, défendre, dépendre, descendre, détendre, entendre, étendre, pendre, prétendre, suspendre, vendre, répandre, confondre, correspondre, fondre, répondre, perdre, mordre, tordre, corrompre, interrompre, rompre
résoudre		
je résous il résout	nous **résolvons** ils **résolvent**	ebenso: dissoudre
rire		
je ris il rit	nous rions ils rient	ebenso: sourire
savoir		
je **sais** il **sait**	nous savons ils savent	
servir		
je **sers** il **sert**	nous servons ils servent	ebenso: desservir
suivre		
je **suis** il **suit**	nous suivons ils suivent	ebenso: poursuivre
se taire		
je me tais il se tait	nous nous **taisons** ils se **taisent**	

tenir		
je **tiens** il **tient**	nous tenons ils **tiennent**	ebenso: s'abstenir, appartenir, contenir, entretenir, maintenir, obtenir, convenir, devenir, intervenir, parvenir, prévenir, redevenir, retenir, revenir, soutenir, se souvenir, survenir, venir
vaincre		
je vaincs il vainc	nous **vainquons** ils **vainquent**	ebenso: convaincre
valoir		
je **vaux** il **vaut**	nous valons ils valent	ebenso: équivaloir
vivre		
je **vis** il **vit**	nous vivons ils vivent	ebenso: survivre
voir		
je vois il voit	nous **voyons** ils voient	ebenso: prévoir, revoir
vouloir		
je **veux** il **veut**	nous voulons ils **veulent**	

● **1.** Setzen Sie die fehlenden Formen des Présent und des Infinitivs ein.

a) tirer	je *tire*	nous *tirons*	ils *tirent*
b) ______	tu ______	nous épelons	elles ______
c) ______	je gèle	vous ______	ils ______
d) mener	elle ______	nous ______	ils ______
e) ______	je préfère	vous ______	elles ______
f) ______	je ______	tu places	nous ______
g) ______	on nage	nous ______	ils ______
h) envoyer	j' ______	nous ______	ils ______
i) ______	je réussis	vous ______	elles ______
j) ______	tu vends	nous ______	ils ______
k) croire	tu ______	nous ______	ils ______
l) ______	tu ______	nous sommes	ils ______
m) ______	tu ______	nous ______	ils ont

●● **2.** Ergänzen Sie die Sätze mit der fehlenden Form des Présent.

a) Comme ils *ont* faim, ils *mangent* des fruits. (avoir | manger)

b) Quel jour ______-nous ? – On ______ le deux mars. (être | être)

feu d'artifice – *Feuerwerk*

c) Les gens, où est-ce qu'ils ______ ? – Ils ______ le parc pour mieux voir le feu d'artifice. (aller | traverser)

d) ______-vous. (s'asseoir)

e) ______-moi ces blancs d'œufs en neige. (battre)

f) M. Dutour ______ un homme qui ______. (être | boire)

g) Vous ______ les légumes à feu doux. (cuire)

h) La maison ______ sous la verdure. (disparaître)

i) Il ______ un journal en cinq minutes. (parcourir)

j) Nous ______ la lumière à 22 heures. (éteindre)

k) Ils ne ______ pas en Dieu. (croire)

l) Vous ______ faire attention. (devoir)

m) Normalement nous ______ déjà à 10 heures. (dormir)

n) « falloir » ______ avec deux « l ». (s'écrire)

o) Il ______________ les enfants en leur donnant ce qu'ils ______________.
(satisfaire | vouloir)

p) La commune ______________ les conseillers municipaux. (élire)

q) Elle ne ______________ plus ses jambes. (sentir)

r) Je ne ______________ pas qu'ils lisent toute la nuit. (permettre)

s) Elle ______________ de rhumatismes. (souffrir)

t) Mon voisin ______________ quand sa femme parle. (se taire)

3. Verbinden Sie die angegebenen Wörter zu einem Satz. Konjugieren Sie das Verb im Présent.

a) vous | apprendre | le français | depuis longtemps

Vous apprenez le français depuis longtemps.

b) tous les jours | je | recevoir | une lettre de mon oncle

____

c) le magasin | vendre | tous les vêtements en solde

____

d) je | se souvenir | de madame Dutour

____

e) nous | vivre | une époque difficile

____

4. Setzen Sie die fehlenden Wörter ein.

Un groupe de jeunes *est* ______________ en train de discuter. (être)

Michel : Tu ______________ cette phrase en allemand ? (me traduire)

Ahmed : Non, je ______________. Cette traduction ______________ me ______________. Je ______________ un roman et je vous ______________ de me parler tout le temps. (ne pas vouloir | ne pas plaire | lire | interdire)

Sabine : On ______________ les autres pour boire un coup ? (rejoindre)

Ahmed: Je ______________ mais je ______________ de faim.
Peut-être que les autres ______________ préparer un repas.
(ne pas avoir soif | mourir | vouloir)

Sabine: Je ______________. Il ______________ sans arrêt et
ils ______________ sûrement pas sortir maintenant.
______________ maintenant. (ne pas croire | pleuvoir | ne pas vouloir)

Michel: Alors, qu'est-ce qu'on ______________ maintenant ? (faire)

Sabine: Nous ______________. Nous ______________ au bar du coin
et là, nous ______________ des sandwichs. (descendre | aller | manger)

Ahmed: Voilà, pour une fois, tu ______________ une bonne idée. Mais
j' ______________ seulement à une condition : Je
______________ ton problème de traduction ! (avoir | accepter | ne pas résoudre)

●● **5.** Was mache ich im Moment? Übersetzen Sie folgenden Text.

a) Ich schreibe einen Brief an meinen Freund.

J'écris une lettre à mon ami.

b) Er ist 25 Jahre alt.

____

c) Er studiert in Paris.

____

d) Er trinkt oft Rotwein.

____

e) Er lebt alleine.

____

f) Er ist ledig.

____

6. Ergänzen Sie die Lücken mit der korrekten Form des Verbs in Klammern.

a) Vous ____________ -vous les événements de l'été dernier ? (rappeler)

se rappeler qc – *sich an etw. erinnern*

b) J' ____________ mon manteau, j' ____________ beaucoup trop chaud. (enlever, avoir)

c) Ils ____________ toujours la même chose, c' ____________ lassant ! (répéter, être)

d) Nous nous ____________, d'accord ? (tutoyer)

e) Elle ____________ sa chance, elle ____________ raison. (saisir, avoir)

f) Il ____________ prendre son temps pour ne pas faire d'erreurs. (falloir)

g) Je ____________ de soif, je ____________ un diabolo menthe ! (mourir, prendre)

h) Nous ____________ ce problème ensemble. (résoudre)

7. Übersetzen Sie die Sätze ins Französische.

a) Es ist es wert.

valoir la peine de – *etw. wert sein*

____

b) Sie schweigen, denn sie wissen, dass sie unrecht haben.

____

c) Der Präsident unterbricht seine Reise wegen der Ereignisse.

____

d) Die Polizei greift regelmäßig bei Demonstrationen ein.

____

e) Sie führen ihr Gespräch woanders fort.

____

f) Sie enttäuschen mich heute!

____

g) Diese Situation missfällt mir sehr.

____

Passé composé und Partizip Perfekt

Bildung

Das Passé composé setzt sich aus dem Présent von **avoir** oder **être** und dem Partizip Perfekt des Verbs zusammen.

j'	ai	dormi	je	suis	venu(e)
tu	as	dormi	tu	es	venu(e)
il	a	dormi	il	est	venu
elle	a	dormi	elle	est	venue
on	a	dormi	on	est	venu(e)(s)
nous	avons	dormi	nous	sommes	venu(e)s
vous	avez	dormi	vous	êtes	venu(e)s
ils	ont	dormi	ils	sont	venus
elles	ont	dormi	elles	sont	venues

1. Partizip Perfekt

Regelmäßige Formen:

Verben auf **-er**: ▸ **-é**

aim**é**, jet**é**, appel**é**, achet**é**, pel**é**, pes**é**, espér**é**, commenc**é**, mang**é**, appuy**é**, nettoy**é**, pay**é**, all**é**

Verben auf **-ir**: ▸ **-i**

fin**i**, dorm**i**, part**i**, ment**i**, serv**i**, sort**i**

1 *Pascal hat Paris vor zehn Jahren verlassen.*
2 *Heute Morgen aber habe ich ihn auf der Straße wiedergesehen.*
3 *Er ist gekommen, um seine Schwester zu sehen.*

Verben auf **-re**: ▸ **-u**

attend**u**, batt**u**, descend**u**, interromp**u**, perd**u**, rend**u**, vainc**u**

Wichtige unregelmäßige Formen

eu	(avoir)	assis	(s'asseoir)
acquis	(acquérir)	conclu	(conclure)
bu	(boire)	connu	(connaître)
conduit	(conduire)	craint	(craindre)
couru	(courir)	dû	(devoir)
cru	(croire)	écrit	(écrire)
dit	(dire)	fallu	(falloir)
fait	(faire)	mis	(mettre)
lu	(lire)	mû	(mouvoir)
mort	(mourir)	ouvert	(ouvrir)
né	(naître)	plu	(pleuvoir)
plu	(plaire)	pu	(pouvoir)
pris	(prendre)	résolu	(résoudre)
reçu	(recevoir)	su	(savoir)
ri	(rire)	suffi	(suffire)
suivi	(suivre)	tu	(se taire)
tenu	(tenir)	valu	(valoir)
vécu	(vivre)	venu	(venir)
vu	(voir)	voulu	(vouloir)
été	(être)		

Diese unregelmäßigen Partizipien gehören zum Grundwortschatz. Sie sollten sie deshalb gut anschauen!

2. avoir oder être?

Das Passé composé wird entweder mit **avoir** oder mit **être** gebildet. Die meisten Verben bilden das Passé composé mit **avoir**. Dies gilt auch für die Verben **avoir** und **être** selbst.

Hier, on **a dormi** jusqu'à neuf heures.
Vers dix heures, on **a pris** le petit déjeuner.
On **a** beaucoup **discuté**.
Tout à coup, mon mari **a eu** peur.
Ma fille **a été** à Paris et elle n'**a** pas **téléphoné** depuis trois jours.

Verben der Bewegungsart bilden, im Gegensatz zum Deutschen, das Passé composé mit **avoir**.

courir, marcher, nager, rouler, sauter, voler, voyager

Nous **avons marché** toute la journée.
Michel **a nagé** le 200 mètres.
L'année dernière, j'**ai voyagé** beaucoup.

aller, arriver, entrer, partir, rester, rentrer, tomber, venir, revenir

Verben der Bewegungsrichtung bilden das Passé composé mit **être**.

Nous **sommes allés** en ville.
On **est restés** jusqu'à cinq heures.
Ensuite, on **est revenus** à l'hôtel.
À six heures, mon frère **est venu**.
Il **est entré** dans la chambre.
Puis il **est tombé** par terre.

descendre, monter rentrer, sortir

Einige Verben der Bewegungsrichtung werden je nach Bedeutung mit **avoir** oder **être** verbunden:

- mit **avoir**, wenn sie ein direktes Objekt haben (z. B. **les valises**, **le courrier**, **la voiture**).
- mit **être** in allen übrigen Fällen.

avoir	**être**
Elle **a descendu** les valises.	Elle **est descendue** dans la rue.
J'**ai monté** le courrier.	Je **suis monté** vers cinq heures.
Il **a rentré** la voiture au garage.	Il **est rentré** vers minuit.
Elle **a sorti** la voiture du garage.	Hier soir, ma fille **est sortie** avec un garçon.

Alle reflexiven Verben bilden das Passé composé mit **être**.

Elle s'**est lavé** les mains.
Elle s'**est adressée** à la vendeuse.

3. Veränderlichkeit des Partizips Perfekt

On bedeutet eigentlich *man*, wird aber in der Umgangssprache für **nous** verwendet, daher wird das Partizip angeglichen und im Plural gebildet.

Passé composé mit **être**:

Je suis arriv**é**(**e**) à sept heures.
Tu es arriv**é**(**e**) à sept heures.
Il est arriv**é** à sept heures.
Elle est arriv**ée** à sept heures.
On est arriv**é**(**e**)(**s**) à sept heures.
Nous sommes arriv**é**(**e**)**s** à sept heures.
Vous êtes arriv**é**(**e**)(**s**) à sept heures.
Ils sont arriv**és** à sept heures.
Elles sont arriv**ées** à sept heures.

Bei reflexiven Verben gelten abweichende Regeln.

Das mit **être** verbundene Partizip Perfekt richtet sich in Geschlecht und Zahl stets nach dem Subjekt.

Passé composé mit **avoir**:

J'ai passé **mes vacances** en France.
Pendant quinze jours, j'ai visité **des villes**.
J'ai pris **beaucoup de photos**.

Das Passé composé mit **avoir** bleibt unveränderlich in der männlichen Form Singular.

Es wird nur dann verändert, wenn dem Verb ein direktes Objekt vorausgeht (in Form von **que**, **la**, **les**, **combien de** etc.).

Direkte Objekte erkennt man daran, dass ihnen keine Präposition (à, de) voransteht.

Les vacances **que** j'ai pass**ées** ont été magnifiques.
Quand est-ce que tu as visité les villes de France ?
- Je **les** ai visit**ées** pendant les vacances.
Combien de photos est-ce que tu as pris**es** ?

Achtung, nach leur und lui wird das Partizip Perfekt nicht angepasst, weil leur und lui indirekte Objekte (wem?) sind.

Passé composé **reflexiver Verben**:

Nous **nous sommes lavé** les mains.
Elle **s'est acheté** une maison.

Das Partizip wird nicht verändert, wenn ihm ein direktes Objekt folgt (z. B. **les mains**, **une maison**). Das vorangestellte Reflexivpronomen ist dann automatisch indirektes Objekt.

Ist das Reflexivpronomen direktes Objekt, so wird das Partizip jedoch verändert. Ein Reflexivpronomen kann nur dann direktes Objekt sein, wenn dem Partizip Perfekt kein direktes Objekt folgt.

Ils se sont lavé**s**.
Elle s'est évanoui**e**.
Nous nous sommes levé**s** à sept heures.
Elles se sont rendue**s** à Marseille.

s'évanouir – *ohnmächtig werden*

se rendre à – *sich begeben nach*

Einige Verben, die ein indirektes Objekt mit **à** anschließen, können auch reflexiv mit **se** benutzt werden. Dann ist das Reflexivpronomen ein indirektes Objekt (wem?), und das Partizip Perfekt wird daher nicht verändert.

Le chancelier et le président de la République ne se sont pas parlé depuis longtemps.
Moi et mon frère, nous nous sommes écrit pendant toute notre vie.

se parler – *miteinander sprechen* **(parler à qn)**

s'écrire – *sich (gegenseitig) schreiben* **(écrire à qn)**

Gebrauch

Un jour, le facteur **est venu** avec une lettre.
Il **a donné** la lettre à mon père.
D'abord, mon père **a ouvert** la lettre, puis
il nous **a regardés** et il s'**est évanoui**.

- Das Passé composé beschreibt Ereignisse, die zeitlich begrenzt sind. Ein Ereignis folgt dem anderen. Man kann hier folgende Fragen stellen: „Was geschah damals?" - „Und dann?" - „Und dann?"

J'**ai passé** mon bac il y a deux mois.
J'**ai vu** Nicole mardi dernier.

- Das Passé composé beschreibt zeitlich begrenzte Ereignisse, deren Folgen bis in die Gegenwart reichen.

Achten Sie darauf, dass man in der gesprochenen Sprache oft das Verb **être** im Passé composé für das Verb **aller** verwendet:

J'**ai été** à la piscine. = Je **suis allé** à la piscine.
Ich bin ins Schwimmbad gegangen.

Merken Sie sich auch, dass das Partizip von **devoir** ein Accent circonflexe bekommt, damit man es vom Teilungsartikel unterscheidet:

Il a **dû** prendre le bus.	*Er hat den Bus nehmen müssen.*
Je voudrais **du** lait, s'il vous plaît.	*Ich möchte Milch, bitte.*

1. Ordnen Sie die Infinitive den beiden Gruppen zu: Passé composé mit **avoir** oder mit **être** und konjugieren Sie sie dann in der ersten Person Singular.

aller	venir	vendre	offrir	être	courir
se taire	pouvoir	pleuvoir	rire	tomber	devoir
voyager	arriver	se rendre	s'offrir	rentrer	se dire

Infinitiv	Passé composé mit **avoir**
	je…

Infinitiv	Passé composé mit **être**
	je…

●● **2.** Ein Mann ist nach Hause gekommen und geht seinem gewohnten Ablauf nach. Ersetzen Sie die Infinitive durch die richtigen Formen des Passé composé.

a) Un monsieur – rentrer à la maison.

Un monsieur est rentré à la maison.

b) D'abord, il – s'asseoir dans un fauteuil.

c) Il – prendre le journal et il le – lire.

d) Il – commencer à faire son ménage.

e) En faisant les vitres, il – tomber par terre. Mais il – se mettre debout.

f) Il – marcher un peu puis il – descendre sa valise du grenier.

g) Il – appeler un taxi. 20 minutes plus tard, il – venir.

h) Le monsieur – monter dans le taxi. Et la voiture – démarrer.

i) Devant un immeuble, il – ouvrir la porte de la voiture.

j) Puis le monsieur – descendre du taxi et – aller à l'hôpital.

k) Un médecin – arriver. Il – dire bonjour au monsieur.

l) Il l' – examiner.

m) Puis le monsieur – partir. Mais devant l'hôpital, il – retomber.

3. Setzen Sie die Geschichte in die Vergangenheit. Verwenden Sie dabei das Passé composé. Achten Sie auf die Endungen des Partizips.

a) Un monsieur fait un voyage avec sa femme.

Un monsieur a fait un voyage avec sa femme.

b) Dans un supermarché, il s'achète un paquet de biscuits. Il les mange.

c) Ensuite, il va à une station service et prend 50 litres de super sans plomb.

d) Puis le monsieur et sa femme se promènent dans le champ de maïs d'à côté.

e) Ils continuent le voyage. Le monsieur conduit sans arrêt.

f) Trois heures plus tard, il a faim. Puis, il lit sur une enseigne : « Chez les Belges ».

g) Le monsieur et sa femme entrent dans ce restaurant.

h) Une dame vient. Elle leur montre une table à deux.

i) Tous les deux prennent place.

j) La dame arrive avec la carte. Elle la leur donne.

k) Le monsieur ouvre la carte, mais rien ne lui plaît.

l) Il jette la carte par terre.

n) Tous les deux descendent l'escalier et quittent le restaurant sans dire au revoir.

o) La dame se tait. Puis elle rit.

p) Le monsieur et sa femme montent dans la voiture et partent sans avoir rien mangé.

●●● **4. Übersetzen Sie die Sätze ins Französische und beachten Sie dabei, dass das Hilfsverb manchmal anders ist als im Deutschen.**

a) Sie hat sehr gute Sprachkenntnisse während ihres Aufenthaltes in England erworben.

b) Die Polizei ist dem Einbrecher gefolgt und hat ihn dann festgenommen.

c) Sie haben lange geschwiegen.

d) Wir sind dieses Jahr sehr viel gereist.

Imparfait

Bildung

Das **Imparfait** wird aus dem Stamm der 1. Person Plural des **Présent** gebildet. An diesen Stamm hängt man die entsprechenden Endungen an:

nous **fais**ons ▸	je fais**ais** tu fais**ais** il / elle / on fais**ait** nous fais**ions** vous fais**iez** ils / elles fais**aient**

Alle Verben bilden das **Imparfait** nach dieser Regel.

Einzige Ausnahme: **être**. Es bildet das **Imparfait** mit dem Stamm **ét-**:

j'étais	nous étions
tu étais	vous étiez
il était	ils étaient

 *Es war einmal ein alter Mann.*

 *Er ging jeden Tag mit seinem Hund in einem Park spazieren.*

Gebrauch

Das Imparfait beschreibt eine frühere Gewohnheit oder einen früheren Zustand.

Autrefois, les gens **allaient** à l'église.
Les enfants **jouaient** dans la cour.
Tous les soirs, on se **mettait** au lit très tôt.

- Das Imparfait gibt Antwort auf die Fragen:
„Wie war es früher?" – „Was war die ganze Zeit schon?"
„Was machten die Menschen gewöhnlich?"

À six heures, il **faisait** jour.
Les oiseaux **chantaient**.

- Was war um 6 Uhr? Es war hell, und die Vögel sangen.
Das Imparfait bringt hier nicht zum Ausdruck, dass es um 6 Uhr hell wurde, sondern vielmehr, dass es bereits hell war. Die Vögel sangen schon. Sie begannen ihren Gesang vielleicht schon um 5 Uhr.

si-Sätze, S. 156

Si j'**étais** riche, je vivrais en Espagne.
Si je **gagnais** au loto, je m'achèterais une belle maison.

- Ist die Erfüllung einer Bedingung unwahrscheinlich, steht im **si**-Satz das Imparfait.

Passé composé oder Imparfait?

Quand **j'étais** à Paris, **j'ai visité** la tour Eiffel.

Während das **Passé composé** bei Ereignissen steht, die eine Handlungskette bilden (Szenen im Vordergrund), benützt man das **Imparfait** für die Darstellung der Begleitumstände einer Handlung (Hintergrund).

J'**étais** dans la rue quand la police **est venue**.

Was war die ganze Zeit schon?	*Ich war auf der Straße.*
Und was geschah dann?	*Die Polizei kam.*

Als ich in Paris war, habe ich den Eiffelturm besichtigt.

J'**étais** dans la rue et je **regardais** les gens. Tout à coup la police **est venue**.

Was war die ganze Zeit?	*Ich war auf der Straße und schaute die Leute an.*
Was geschah dann?	*Die Polizei kam.*

Quand la police **est venue**, un homme **s'est sauvé**.

se sauver - *abhauen*

Was geschah?	*Die Polizei kam.*
Und dann?	*Ein Mann rannte weg.*

J'**ai sorti** de mon sac à dos le plan de la ville parce que je **voulais** trouver la rue Gambetta.

Was geschah?	*Ich holte den Stadtplan aus meinem Rucksack.*
Was war die ganze Zeit schon?	*Ich wollte die rue Gambetta finden.*

J'**ai sorti** de mon sac à dos le plan de la ville que j'**ai montré** à un passant.

Was geschah?	*Ich holte den Stadtplan aus meinem Rucksack.*
Und was geschah dann?	*Ich zeigte ihn einem Passanten.*

Comme il **pleuvait** sans arrêt, nous **sommes allés** dans un café.

Was war die ganze Zeit schon?	*Es regnete andauernd.*
Und was geschah?	*Wir gingen in eine Kneipe.*

Comme j'**ai dit** «idiot» à ce passant, il m'**a donné** une gifle.

une gifle - *Ohrfeige*

Was geschah?	*Ich sagte „Idiot" zu ihm.*
Und was geschah dann?	*Er klebte mir eine.*

Quand j'**étais** à Paris, j'**allais** au cinéma.

Was machte ich gewöhnlich?	*Jedes Mal wenn ich in Paris war, ging ich ins Kino.*

Quand j'**étais** à Paris, je **suis allé** au cinéma.

Was war die ganze Zeit schon?	*Ich war in Paris.*
Und was geschah?	*Ich ging (einmal) ins Kino.*

Sowohl Passé composé als auch Imparfait werden in der deutschen Schriftsprache oft mit dem Präteritum oder Perfekt übersetzt.

Vgl. *Gestern war ich im Kino* bzw. *Gestern bin ich im Kino gewesen.*

1. Setzen Sie die passenden Formen des Imparfait ein.

a) À six heures du matin, il *faisait* jour. Les oiseaux ______ déjà. (faire | chanter)

luire - *glänzen*

b) La maison d'en face ______ au soleil. (luire)

c) Comme il ne ______ pas en cette période d'été, les arbres ______ soif. Les feuilles se ______ à la chaleur. (pleuvoir | avoir | recroqueviller)

recroqueviller - *welken*

d) Le vent chaud du sud ______ toute la végétation. Elle ______ grise. (dessécher | être)

dessécher - *austrocknen*

puits - *Brunnen*

e) Les paysans ne ______ plus d'eau des puits. (tirer)

f) Tout le monde ______ la même question : Si la pluie ne ______ pas bientôt, la végétation mourrait. (se poser | revenir)

g) Les gens ne ______ plus dormir la nuit, tellement il ______ chaud. (pouvoir | faire)

h) Dans la journée, on n' ______ pas de cris d'enfants. Ils ne ______ plus. (entendre | jouer)

estival/e - *sommerlich*

i) Mais moi, j' ______ cette période estivale. Je ne ______ pas. (aimer | se plaindre)

bouquiner - *schmökern*

j) Ma femme et moi, nous ______ de ce temps splendide. Nous ______ à l'ombre pour bouquiner toute la journée. On ______ jusqu'à la rentrée. (profiter | s'installer | se reposer)

2. Entscheiden Sie, ob das Passé composé oder das Imparfait einzusetzen ist.

a) Chaque matin, Nathalie *se levait* à six heures. Lundi dernier, elle ________ à dix heures seulement. (se lever | se lever)

b) À Paris, il ________ très chaud. On ________ dans un café pour boire quelque chose. (faire | aller)

c) D'abord, Monsieur Dutour ________ une bière, puis il ________ le menu à 25 euros et une carafe de vin rouge, il ________ et ensuite, il ________ .
(boire | commander | manger | payer)

d) Monsieur Rocher ________ dans la rue de l'Eglise quand il ________ sa femme. (faire des achats | voir)

e) Pendant toute sa vie, Yvonne ________ au bois de Vincennes. Un jour, elle y ________ un accident grave.
(se promener | voir)

f) Toute la famille ________ très soif. Ils ________ une heure pour les boissons. (avoir | attendre)

g) Pendant qu'il ________ le repas, quelqu'un ________ à la porte. (préparer | frapper)

h) D'abord les copains ________ au cinéma, puis ils ________ un verre dans un café. (aller | prendre)

i) J' ________ dans la maison et je ________ le ménage quand les invités ________ . (être | faire | venir)

j) Tous les jours, elle se ________ les dents mais ce jour-là, elle ________ de le faire. (brosser | oublier)

se brosser les dents – *Zähne putzen*

3. Übersetzen Sie die Sätze ins Deutsche.

a) Tous les dimanches, elle déjeunait dans son restaurant préféré.

b) Cela faisait des heures déjà qu'il ne cessait de pleuvoir.

c) Cette enquête regardait de plus près les chiffres du chômage chez les jeunes.

d) Cette fête se déroulait tous les ans à la même date sur la place Royale.

e) Je n'en avais encore jamais entendu parler.

4. Wählen Sie die richtige Verbform.

a) Lorsque je suis entré/j'entrais dans la pièce, il a fait/faisait vraiment noir.

b) J'ai aimé/aimais beaucoup mon frère, mais souvent, il m'a énervé/énervait.

c) Hier, elle a regardé/regardait la télé quand il est rentré/rentrait du travail.

d) Autrefois, nous avons passé/passions toutes nos vacances en Italie.

les ennuis – *hier: die Probleme*

e) Comme elle a cherché/cherchait toujours des ennuis, il a décidé/décidait de la quitter.

f) Quand j'ai été/étais jeune, j'ai fait/je faisais du sport de compétition.

g) Aujourd'hui, les cours des actions ont augmenté/augmentaient.

h) Il n'a obéi/obéissait jamais à sa mère.

i) Avez-vous pris/Preniez-vous le train pour venir ici ?

l'incident – *der Zwischenfall*

la mobylette – *das Moped*

le tiercé – *die Pferderennen-Wette*

j) L'incident s'est produit/se produisait dimanche dernier à Vincennes.

k) Souvent, mon grand-père m'a emmené/m'emmenait sur sa mobylette quand il est allé/allait jouer au tiercé.

Plus-que-parfait

Bildung

Das Plus-que-parfait setzt sich aus dem Imparfait von **avoir** oder **être** und dem Partizip Perfekt zusammen.

Zur Bildung mit avoir oder être s. Passé composé, S. 97

j'	**avais**	**travaillé**	nous	**avions**	**travaillé**
tu	**avais**	**travaillé**	vous	**aviez**	**travaillé**
il	**avait**	**travaillé**	ils	**avaient**	**travaillé**
elle	**avait**	**travaillé**	elles	**avaient**	**travaillé**
on	**avait**	**travaillé**			

Gebrauch

Hier, j'ai vu un oiseau que je n'**avais** jamais **vu** avant.
J'étais content quand le travail **était fini**.

- Das Plus-que-parfait steht für Ereignisse, die noch vor einem anderen Geschehen in der Vergangenheit lagen.

Das Plus-que-parfait wird häufig durch **quand** oder **après que** eingeleitet.

Quand elle **était rentrée** de son travail, elle préparait le dîner.

- In Verbindung mit einem Hauptsatz im Imparfait steht das Plus-que-parfait für sich wiederholende Ereignisse der Vergangenheit.

Si j'**avais voulu**, j'aurais terminé le travail.

- Kann eine Bedingung nicht mehr erfüllt werden, steht im **si**-Satz immer das Plus-que-parfait.

si-Sätze, S. 156

1 *Konntest du mit Romain reden?*
2 *Nein, als ich ankam, war er schon gegangen.*

● **1.** Bilden Sie das Plus-que-parfait aus folgenden Infinitiven.

a) avoir (je) j'avais eu ______
b) vivre (il) ______
c) rire (nous) ______
d) voir (elles) ______
e) mettre (tu) ______
f) vouloir (je) ______
g) aller (elle) ______
h) prendre (ils) ______
i) venir (elles) ______
j) savoir (vous) ______
k) faire (je) ______
l) dire (vous) ______
m) tomber (tu) ______
n) vaincre (je) ______
o) dormir (ils) ______
p) vivre (elle) ______
q) naître (il) ______
r) recevoir (je) ______
s) pouvoir (tu) ______
t) tomber (ils) ______
u) arriver (elle) ______
v) être (elles) ______
w) avoir (je) ______
x) rester (elle) ______

● **2.** Setzen Sie das Plus-que-parfait ein.

la veille – *Vortag*

a) Mon amie était partie ______ la veille. (partir)
b) Elle ______ la voiture. (prendre)
c) Elle ______ une lettre de son patron. (recevoir)
d) Il l' ______ dehors. (jeter)

3. Setzen Sie die entsprechenden Formen des Passé composé, Imparfait oder Plus-que-parfait ein.

a) Dimanche dernier, nous _avons pris_ le train pour rentrer des vacances (prendre).

b) Dans le train, nous ______ la connaissance d'un couple suisse. (faire).

c) Nous ______ épuisés et fatigués mais ils nous ______ tous les détails (être | raconter).

d) Ils ______ leurs vacances en Italie (passer).

e) D'abord, ils ______ la capitale (visiter).

f) Le Colisée et les musées vaticans les ______ le plus (impressionner).

g) Puis, ils ______ à Venise (aller).

h) Là, ils ______ une promenade en gondole (faire).

i) Quand le gondolier ______, ils ______ peur (tourner | avoir).

j) L'après-midi, ils ______ pour Vérone (partir).

k) Aux arènes, ils ______ à l'opéra Aida (assister).

l) Pendant tout le voyage en train, ils ______ de nous expliquer les détails (ne pas arrêter).

m) Puis, nous ______ au revoir et nous nous ______ dans un autre compartiment (dire | s'installer).

n) Là, nous ______ le calme (trouver).

o) Mais les Suisses nous ______ et les explications ______ (retrouver | continuer).

Passé simple

Endungen des Passé simple

	Verben auf **-er**	Verben auf **-ir**	Verben auf **-dre**
je	regard**ai**	fin**is**	rend**is**
tu	regard**as**	fin**is**	rend**is**
il / elle / on	regard**a**	fin**it**	rend**it**
nous	regard**âmes**	fin**îmes**	rend**îmes**
vous	regard**âtes**	fin**îtes**	rend**îtes**
ils / elles	regard**èrent**	fin**irent**	rend**irent**

Die 3. Person Singular und Plural sind die am häufigsten verwendeten Formen des Passé simple.

Wichtige unregelmäßige Formen in der 3. Person

être	**il fut**	**ils furent**
avoir	**il eut**	**ils eurent**
boire	**il but**	**ils burent**
croire	**il crut**	**ils crurent**
devoir	**il dut**	**ils durent**
dire	**il dit**	**ils dirent**
écrire	**il écrivit**	**ils écrivirent**
faire	**il fit**	**ils firent**
lire	**il lut**	**ils lurent**
mettre	**il mit**	**ils mirent**
pouvoir	**il put**	**ils purent**
rire	**il rit**	**ils rirent**

1 *Es wurde Tag.*
2 *Die Tiere bekamen Durst.*
3 *Dann machten sie Lärm.*

savoir	**il sut**	**ils surent**
venir	**il vint**	**ils vinrent**
voir	**il vit**	**ils virent**
vouloir	**il voulut**	**ils voulurent**

Gebrauch

Das Passé simple gehört fast ausschließlich der Schriftsprache an. Man findet es in erzählenden und historischen Texten. Dabei sind die Formen der 3. Person Singular und Plural am häufigsten anzutreffen. Ansonsten besitzt das Passé simple die gleiche Funktion wie das Passé composé.

In der Journalistensprache trifft man gelegentlich auf die Passé-simple-Formen von **avoir** (**il eut / ils eurent**) und **être** (**il fut / ils furent**).

Passé antérieur

In der gehobenen Sprache bzw. in der geschriebenen Sprache (Literatur oder Zeitungsartikel) findet man eine zusätzliche Zeit der Vergangenheit, die man in der gesprochenen Sprache überhaupt nicht hört: Das Passé antérieur.

Sie steht oft in Nebensätzen, die mit Konjunktionen wie **après que**, **dès que**, **lorsque** oder **quand** eingeleitet werden, im Hauptsatz steht das Passé simple.

Das Passé antérieur bildet man wie folgt:
Avoir/être im Passé simple + Partizip Perfekt

Dès qu'il **eut fini**, il se prépara à partir.
Sobald er fertig geworden war, machte er sich auf den Weg.

Après qu'elle **fut partie**, je m'étendis sur le divan.
Nachdem sie gegangen war, legte ich mich auf das Sofa hin.

1. Ersetzen Sie die Formen des Passé simple durch das Passé composé.

Passé composé und Imparfait, S. 100 und 106

a) Ce jour-là, un cheval **sortit** de l'étable.
Ce jour-là, un cheval est sorti de l'étable.

b) Il **but** de l'eau dans un abreuvoir.
Il ______ de l'eau dans un abreuvoir.

c) Il se **mit** à hennir et **fit** un saut.
Il ______ à hennir et ______ un saut.

d) Il **dit** bonjour à une vache, mais la vache ne lui **répondit** pas.
Il ______ bonjour à une vache, mais la vache ______.

l'abreuvoir – *Wassertrog*
hennir – *wiehern*
se fâcher – *wütend werden*

e) Le cheval **se fâcha** et la vache **eut** peur.
Le cheval ______ et la vache ______ peur.

f) Puis ils **lurent** sur un panneau : « Il est interdit de parler. »
Puis ils ______ sur un panneau : « Il est interdit de parler. »

g) Les deux se **regardèrent** et **rirent**.
Les deux ______ et ______.

h) À partir de ce moment-là, ils **surent** qu'il y avait des hommes.
À partir de ce moment-là, ils ______ qu'il y a des hommes.

i) Puis, les deux **s'en allèrent** et **s'installèrent** dans un pré lointain.
Puis, les deux ______ et ______ dans un pré lointain.

j) Un jour, un homme **vint** et **vit** les deux animaux dans le pré.
Un homme ______ et ______ les deux animaux dans le pré.

k) Il **voulut** savoir pourquoi les deux animaux étaient devenus des amis.
Il ______ savoir pourquoi les deux animaux étaient devenus des amis.

2. Finden Sie die Verben im Passé simple in der Buchstabenschlange.

fustritlieutxdvoulûmesiditpritwebusozallâtesicsurentuchantèrentasécrivîterdutfurfirentitnupûmesodûtesregardasjurenditkvintkvirentkuvoulusuz

______
______
______
______
______
______
______

●● **3. Ergänzen Sie die Lücken mit der korrekten Form des in Klammern angegebenen Verbs im Passé simple.**

a) Il ____________ toute la journée sans interruption. (pleuvoir)

b) Elle ne ____________ rien savoir, elle n'en ____________ qu'à sa tête. (vouloir | faire)

c) Il ____________ partout mais il ne ____________ rien du tout. (regarder | voir)

d) Je ne ____________ pas un mot de ce qu'ils me ____________. (croire, dire)

e) Le train ____________ avec cinq minutes de retard. (arriver)

f) Elle ____________ la dernière à rendre sa copie. (être)

la copie – *hier: die Klassenarbeit*

g) Heureusement que ma mère n'en ____________ rien ! (savoir)

●● **4. Übersetzen Sie die Sätze ins Französische und verwenden Sie dabei das Passé simple.**

a) Das Flugzeug konnte wegen des Wetters nicht landen.

____

b) Sie schaute aus dem Fenster während der ganzen Autofahrt.

____

c) Sie brauchten lange, um fertig zu werden.

lange brauchen – *mettre longtemps à*

____

d) Er las das dicke Buch in weniger als einer Stunde.

____

e) Sie hüpften vor Freude, als ihre Eltern ankamen.

vor Freude hüpfen – *sauter de joie*

____

f) Der Regen hörte plötzlich auf.

____

g) Sie nahmen den Dieb fest, als er aus dem Laden kam.

____

h) Sie beendeten die Konferenz viel früher als erwartet.

beenden – *terminer*

____

Futur simple

Bildung

1. Endungen

Die Endungen des Futur simple sind bei allen Verben regelmäßig.

Je chercher**ai**	nous chercher**ons**
tu chercher**as**	vous chercher**ez**
il chercher**a**	ils chercher**ont**
elle chercher**a**	elles chercher**ont**
on chercher**a**	

2. Ableitungen

– regelmäßige Ableitung bei Verben auf **-er**:

Der größte Teil der Verbgruppen auf **-er** bildet das Futur simple so:

Man hängt an die 1. Person Singular des Présent die entsprechenden Futur-Endungen an.

j'achète	▸ j'achète**rai**	je jette	▸ je jette**rai**
j'aime	▸ j'aime**rai**	je mange	▸ je mange**rai**
j'appelle	▸ j'appelle**rai**	je nettoie	▸ je nettoie**rai**
j'appuie	▸ j'appuie**rai**	je paie	▸ je paie**rai**
j'épelle	▸ j'épelle**rai**	je pèse	▸ je pèse**rai**
j'essaie	▸ j'essaie**rai**	je place	▸ je place**rai**
je change	▸ je change**rai**	je prononce	▸ je prononce**rai**
je commence	▸ je commence**rai**		

1 *In vierzehn Tagen werde ich nach Spanien fahren.*
2 *Ich werde mich in der Sonne erholen.*

- unregelmäßige Ableitung bei Verben auf **-er**:

Bei den Verben der Gruppe **-é**(...)**er** hängt man die entsprechenden Endungen des Futur simple an den Infinitivstamm, also an den Infinitiv ohne **-r-** (espére-rai) an.

assiéger	▸ j'assiége**rai**	exagérer	▸ j'exagére**rai**
céder	▸ je céde**rai**	posséder	▸ je posséde**rai**
compléter	▸ je compléte**rai**	préférer	▸ je préfére**rai**
espérer	▸ j'espére**rai**	répéter	▸ je répéte**rai**

Die Verben **aller** und **envoyer** besitzen unregelmäßige Futurstämme.

aller	▸ j'i**rai**
envoyer	▸ j'enver**rai**

Beachten Sie die beiden Ausnahmen!

- regelmäßige Ableitung bei Verben auf **-ir** und **-re**:

Bei den meisten Verbgruppen auf **-ir** und **-re** hängt man die entsprechenden Endungen des Futur simple an den Infinitivstamm an (fini-rai, rend-rai).

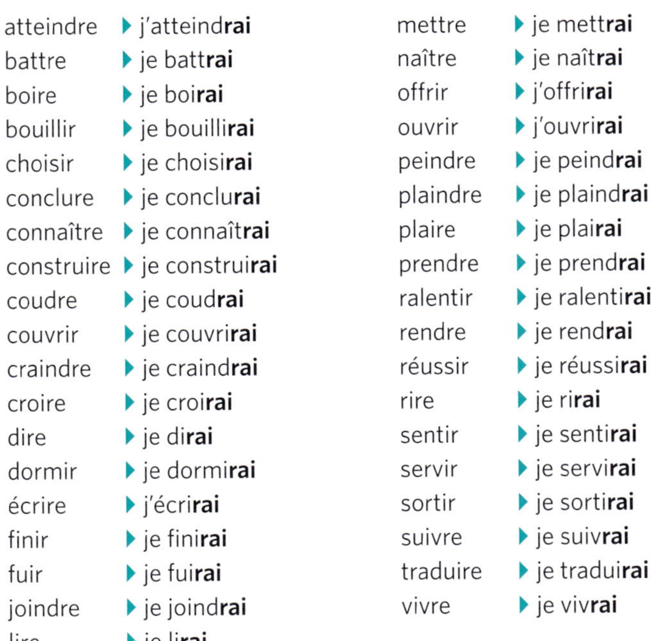

atteindre	▸ j'atteind**rai**	mettre	▸ je mett**rai**
battre	▸ je batt**rai**	naître	▸ je naît**rai**
boire	▸ je boi**rai**	offrir	▸ j'offri**rai**
bouillir	▸ je bouilli**rai**	ouvrir	▸ j'ouvri**rai**
choisir	▸ je choisi**rai**	peindre	▸ je peind**rai**
conclure	▸ je conclu**rai**	plaindre	▸ je plaind**rai**
connaître	▸ je connaît**rai**	plaire	▸ je plai**rai**
construire	▸ je construi**rai**	prendre	▸ je prend**rai**
coudre	▸ je coud**rai**	ralentir	▸ je ralenti**rai**
couvrir	▸ je couvri**rai**	rendre	▸ je rend**rai**
craindre	▸ je craind**rai**	réussir	▸ je réussi**rai**
croire	▸ je croi**rai**	rire	▸ je ri**rai**
dire	▸ je di**rai**	sentir	▸ je senti**rai**
dormir	▸ je dormi**rai**	servir	▸ je servi**rai**
écrire	▸ j'écri**rai**	sortir	▸ je sorti**rai**
finir	▸ je fini**rai**	suivre	▸ je suiv**rai**
fuir	▸ je fui**rai**	traduire	▸ je tradui**rai**
joindre	▸ je joind**rai**	vivre	▸ je viv**rai**
lire	▸ je li**rai**		

– unregelmäßige Futurstämme:

acquérir	▸ j'acquer**rai**	falloir	▸ il fau**dra**
aller	▸ j'i**rai**	mourir	▸ je mour**rai**
apercevoir	▸ j'apercev**rai**	mouvoir	▸ je mouv**rai**
asseoir	▸ j'assié**rai**	pleuvoir	▸ il pleuv**ra**
avoir	▸ j'au**rai**	pouvoir	▸ je pour**rai**
conquérir	▸ je conquer**rai**	recevoir	▸ je recev**rai**
courir	▸ je cour**rai**	savoir	▸ je sau**rai**
décevoir	▸ je décev**rai**	se souvenir	▸ je me souvien**drai**
devenir	▸ je devien**drai**	tenir	▸ je tien**drai**
devoir	▸ je dev**rai**	valoir	▸ je vau**drai** / il vaudra
envoyer	▸ j'enver**rai**	venir	▸ je vien**drai**
être	▸ je se**rai**	voir	▸ je ver**rai**
faire	▸ je fe**rai**	vouloir	▸ je vou**drai**

Gebrauch

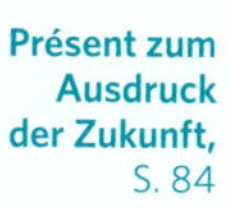
Présent zum Ausdruck der Zukunft, S. 84

Je vous **rendrai** votre argent la semaine prochaine.
Votre mari **sera** un avocat réputé.

- Das Futur simple steht für zukünftige Ereignisse.
Im Deutschen steht hier häufig auch das Präsens.
(Ich werde Ihnen das Geld nächste Woche zurückgeben. – Ich gebe Ihnen das Geld nächste Woche zurück.)

Nous espérons que vous **trouverez** notre hôtel facilement.

- Nach Ausdrücken, die in die Zukunft weisen, wie z. B. nach **espérer**, steht im Französischen das Futur simple häufiger als im Deutschen.

si-Sätze, S. 156

Si tu vas en Bretagne l'année prochaine, tu **diras** bonjour à madame Legrand.

- Kann die Bedingung eines **si**-Satzes möglicherweise erfüllt werden, steht im Hauptsatz entweder das Présent oder das Futur simple.

Futur composé

Bildung

Das Futur composé wird gebildet aus dem Präsens des Verbs **aller** und einem entsprechenden Infinitiv.

je	**vais**	**partir**	nous	**allons**	**partir**
tu	**vas**	**partir**	vous	**allez**	**partir**
il / elle / on	**va**	**partir**	ils / elles	**vont**	**partir**

Gebrauch

Qu'est-ce que tu **vas faire** à Paris ? – Je **vais** me **promener** toute la journée.

- Das Futur composé steht für zukünftige Ereignisse. Meistens kann es durch eine Form des Futur simple ersetzt werden.

1 *Morgen kaufe ich ein Auto.*
2 *Du wirst doch nicht unser ganzes Geld ausgeben?*

Futur simple und Futur composé

Im Deutschen steht für zukünftige Ereignisse oft das Präsens, im Französischen jedoch seltener.

J'espère qu'il ne **va** pas **pleuvoir**.
Demain, il ne **pleuvra** pas.

Das Futur composé wird stärker in der gesprochenen Sprache, das Futur simple sowohl in der geschriebenen als auch in der gesprochenen Sprache benutzt.

§ **Gebrauch des Présent,** S. 84

Qu'est-ce qu'on **va faire** maintenant ?
- Je **vais** vous **préparer** un bon repas.

Das Futur composé steht für eine nahe, unmittelbare Zukunft (in Verbindung mit **maintenant** oder **tout de suite**) oder drückt eine Absicht aus.

aller aller

Wundern Sie sich nicht, wenn das **Futur composé** von **aller** manchmal etwas komisch klingt. In einigen Formen findet man zwei ähnlich klingenden Formen direkt hintereinander:

Vous **allez aller** à l'école demain ?	*Geht ihr morgen zur Schule?*
Nous **allons aller** au ciné ensemble.	*Wir werden zusammen ins Kino gehen.*

• **1.** Der Jugendliche Olivier denkt über seine Zukunft nach. Was wird in ein paar Jahren sein?
Ergänzen Sie die passenden Formen des Futur simple.

a) Je ________ mes études à l'université de Toulouse. (faire)

b) Je *ferai* médecin. (devenir)

c) J'________ une femme. (avoir)

d) Ma femme et moi, nous ________ des enfants. (avoir)

e) Je ________ dans un hôpital. (travailler)

f) Nous ________ tous les deux de nos enfants. (s'occuper)

g) Nous ________ une maison à la campagne. (faire construire)

h) Nos enfants ________ dans la cour. (jouer)

i) Je ________ mes grands-parents tous les dimanches. (voir)

j) Je ________ beaucoup d'argent. (posséder)

k) En été, nous ________ en vacances sur la côte d'Azur. (aller)

l) Je ________ du sport et j' ________ à faire de la planche à voile. (pratiquer | apprendre)

m) Il ne ________ pas et sur la plage, on ________ pendant des heures. (pleuvoir | lire)

n) Le soir, on ________ le dîner dans un petit restaurant. (prendre)

o) Nous ________ des cartes postales à nos amis. (envoyer)

• **2.** Formen Sie die Sätze vom Futur simple ins Futur composé um.

a) Je commencerai à apprendre le français en avril.
Je vais commencer à apprendre le français en avril.

b) Tu diras bonjour à ta mère.
____

c) À partir de demain, tu ne boiras plus.
____

d) À la montagne, nous dormirons bien.

e) Vous reviendrez l'année prochaine ?

f) Demain soir, on parlera du nouveau film.

g) Est-ce que nous ferons du ski pendant les vacances ?

h) J'espère qu'il ne pleuvra pas demain.

i) Ma fille sera une grande actrice.

j) Vous regarderez un film samedi prochain ?

●● **3.** Formen Sie die Sätze um. Verwenden Sie dabei das Futur simple und die Verneinung mit **ne ... plus**.

a) L'année dernière, nous avons passé nos vacances dans les Alpes.
Mais nous ne passerons plus nos vacances dans les Alpes.

b) On allait à Chamonix depuis dix ans.

c) On prenait toujours une chambre à l'hôtel.

d) Cette fois-ci, nous avons dormi dans une petite chambre.

s'ennuyer – *sich langweilen*

e) Je m'ennuyais sur la piste.

tenir qn au courant – *jdn. auf dem Laufenden halten*

f) J'ai envoyé des cartes postales à nos amis. Je les ai tenus au courant.

g) Tous les soirs mon mari buvait au bar. Il s'installait souvent au comptoir.

s'installer au comptoir - *sich an die Bar setzen/stellen*

h) Moi, j'étais fatiguée. J'avais sommeil.

avoir sommeil - *müde sein*

i) Un jour, j'ai vu une photo de mon mari dans un journal.

j) J'ai fait semblant de ne rien voir.

faire semblant de faire qc - *so tun als ob*

k) Il m'avait trompée.

tromper qn - *jdn. betrügen*

l) Sur la photo, on voyait mon mari avec une autre femme.

4. Übersetzen Sie die Sätze ins Französische und verwenden Sie dabei das Futur simple oder das Futur composé, je nachdem welche Form besser passt.

a) Ich werde nie im Leben rauchen!

b) Wir werden uns nachher in der Stadt treffen.

c) Wo werdet ihr morgen übernachten?

d) Nächstes Jahr wird es wieder Präsidentschaftswahlen geben.

Futur antérieur

Bildung

Bildung und Veränderlichkeit des Partizips Perfekt und Gebrauch von avoir oder être s. Passé composé, S. 96

Das Futur antérieur wird gebildet aus dem Futur simple von **avoir** bzw. **être** und dem Partizip Perfekt.

j'	aurai	préparé	nous	aurons	préparé
tu	auras	préparé	vous	aurez	préparé
il	aura	préparé	ils	auront	préparé
elle	aura	préparé	elles	auront	préparé
on	aura	préparé			

Gebrauch

Il est dix heures. À midi, mon mari **aura préparé** le repas.

- Man verwendet das Futur antérieur für ein zukünftiges Geschehen (**préparer le repas**), das noch vor einem zukünftigen Zeitpunkt (**à midi**) beendet sein wird.

Quand nous **aurons déjeuné**, il fera la vaisselle.

- Man verwendet das Futur antérieur auch für ein zukünftiges Geschehen (**déjeuner**), das bereits vor einem anderen zukünftigen Geschehen (**faire la vaiselle**) abgeschlossen sein wird.

1 *Sobald ich das Abitur bestanden haben werde, werde ich in die USA fahren.*
2 *Sobald ich angekommen sein werde, werde ich dir eine Nachricht schicken.*

1. Familie Floret wird einen anstrengenden Tag haben. Ergänzen Sie folgenden Text mit dem jeweils vorangegangenen Verb.

a) Quand mon mari aura fait la vaisselle, il fera une lessive.

b) Quand il *aura fait* ______ la lessive, il mettra le linge au sèche-linge.

c) Quand il ______ le linge au sèche-linge, il passera l'aspirateur.

d) Quand il ______ l'aspirateur, il repassera.

e) Quand il ______ , il nettoiera le carrelage de la cuisine.

f) Quand il ______ le carrelage de la cuisine, il fera les vitres.

g) Quand il ______ les vitres, il ira en ville pour faire les courses.

h) Quand il ______ en ville pour faire les courses, il sortira notre chien.

i) Quand il ______ notre chien, il fera un footing.

j) Quand il ______ un footing, il se promènera avec les enfants.

k) Quand il ______ avec les enfants, il rentrera à la maison.

l) Quand il ______ à la maison, il se mettra au lit.

m) Quand il ______ au lit, je reviendrai du bureau.

n) Quand je ______ du bureau, on se préparera pour sortir.

o) Quand on ______ pour sortir, on ira au cinéma.

p) Quand on ______ au cinéma, on dansera dans une boîte.

q) Quand on ______ dans une boîte, on prendra un petit repas.

r) Quand on ______ un petit repas, on rentrera chez nous.

s) Quand on ______ chez nous, on ira au lit.

faire la lessive – *(Wäsche) waschen*

le sèche-linge – *Wäschetrockner*

passer l'aspirateur – *staubsaugen*

le carrelage – *Steinboden*

faire les vitres – *Fenster putzen*

faire les courses – *einkaufen*

faire du footing – *joggen*

●●● **2.** Verbinden Sie die zusammengehörenden Satzteile.

a) Quand tu auras fini tes devoirs,
b) Lorsqu'il fera moins froid,
c) Vous me téléphonerez
d) Ils s'inscriront à la fac
e) Je prendrai des photos

___ **A** quand vous serez bien arrivés.
___ **B** tu pourras jouer.
___ **C** nous pourrons mettre des vêtements plus légers.
___ **D** quand j'aurai acheté mon appareil-photo.
___ **E** quand ils auront eu les résultats du bac.

●●●● **3.** Ergänzen Sie die Lücken mit der korrekten Verbform des in Klammern angegebenen Infinitivs.

a) Quand les informations ______________, vous éteindrez la télévision ! (finir)

b) Nous pourrons boucler ce projet quand vous ______________ la dernière présentation. (livrer)

c) Lorsque tu ______________ prêt, nous nous mettrons enfin en route. (être)

d) Ils ______________ sûrement ______________ maintenant, il est déjà dix heures. (arriver)

e) Vous ______________ de la chance de les avoir vus, ils venaient juste d'arriver ! (avoir)

f) Quand il ______________ sur la scène, les jeunes filles vont toutes se mettre à hurler ! (monter)

Conditionnel présent

Bildung

1. Endungen

j'	aime**rais**	nous	aime**rions**
tu	aime**rais**	vous	aime**riez**
il	aime**rait**	ils	aime**raient**
elle	aime**rait**	elles	aime**raient**
on	aime**rait**		

Die Endungen des Conditionnel présent sind bei allen Verben gleich. Sie setzen sich zusammen aus einem **-r-** und den Endungen des Imparfait.

2. Ableitungen

Ableitungen wie beim Futur simple + **-r-** + Endung des Imparfait

Für das Conditionnel présent gelten die gleichen Ableitungsregeln wie für das Futur simple (s. Seite 118)

Beispiel: chercher

Futur simple (= il cherche-**ra**) + -r- + Imparfait-Endung (**-ait**)

▸ il chercherait

Wir würden gerne kommen, aber mein Mann ist auf Geschäftsreise. Er hat mir gesagt, dass er morgen zurückkommen würde.

Gebrauch

le lendemain - *der folgende Tag*

Elle m'a annoncé qu'elle **partirait** le lendemain.
Je pensais qu'elle se **présenterait** devant le jury d'examen.

- Das **Conditionnel** steht als „Zukunft der Vergangenheit" für Ereignisse, die aus der Vergangenheit betrachtet in einer späteren Zeit stattfinden.

Pourriez-vous me montrer le chemin ?
Je vous **serais** reconnaissant de bien vouloir confirmer la réservation.
Je **voudrais** vous demander si vous pouvez me prêter de l'argent.

- Das **Conditionnel** für eine höfliche Bitte oder für einen Wunsch ...

Je **pourrais** faire un voyage autour du monde. Mais je n'ai pas assez d'argent.
Ne parlez pas. L'enfant se **réveillerait**.

se réveiller - *aufwachen*

- \- oder zum Ausdruck einer Möglichkeit oder einer Annahme.

Moi, je **serais** le roi et toi, tu **serais** la reine.

- Kinder verwenden das **Conditionnel**, um Rollen zu verteilen.

le taux de chômage - *Arbeitslosenquote*
augmenter - *erhöhen*

Le taux de chômage **augmenterait** à quinze pour cent.

- In der Zeitungssprache wird das **Conditionnel** benützt, um vorsichtige Vermutungen zu äußern.

si-Sätze, S. 156

Si je gagnais au loto, je **ferais** un voyage autour du monde.

- Nach einem Imparfait im **si**-Satz steht im Hauptsatz das **Conditionnel**.

le paillasson - *Fußmatte*

Au cas où nous **serions** absents quand vous viendrez, la clé est sous le paillasson.

- Nach folgenden Ausdrücken, die eine Bedingung vorgeben, steht das Conditionnel: **au cas où**, **dans le cas où**, **pour le cas où**, **dans l'hypothèse où**.

Conditionnel passé

Bildung

Das Conditionnel passé wird gebildet aus dem Conditionnel présent von **avoir** bzw. **être** und dem Partizip Perfekt.

j'	aurais	réussi	nous	aurions	réussi
tu	aurais	réussi	vous	auriez	réussi
il	aurait	réussi	ils	auraient	réussi
elle	aurait	réussi	elles	auraient	réussi
on	aurait	réussi			

Bildung und Veränderlichkeit des Partizips Perfekt und Gebrauch von avoir oder être s. Passé composé, S. 96

Gebrauch

Le ministre des Affaires Etrangères **aurait démissionné.**
Un groupe de jeunes **aurait tué** un étranger.

- In der Zeitungssprache wird das Conditionnel passé verwendet, um vorsichtig noch nicht offiziell bestätigte, abgeschlossene Ereignisse zu schildern.

démissionner – *zurücktreten*

Si tu avais travaillé, tu **aurais passé** ton bac.

- Nach einem Plus-que-parfait im **si**-Satz steht im Hauptsatz das Conditionnel passé.

passer le bac – *Abitur bestehen*

si-Sätze, S. 156

1 *Unserem Korrespondenten zufolge sollen Demonstranten Fahrzeuge beschädigt haben.*
2 *Sie sollen auch Schaufenster von Warenhäusern beschädigt haben.*

• **1.** Bilden Sie das Conditionnel présent aus folgenden Infinitiven.

a) payer (je) je payerais je paierais
b) mettre (elles) ______
c) faire (on) ______
d) vouloir (ils) ______
e) devoir (tu) ______
f) voir (il) ______
g) vouloir (nous) ______
h) dire (elle) ______
i) aller (je) ______
j) être (vous) ______
k) manger (tu) ______
l) suivre (ils) ______
m) vivre (on) ______
o) tenir (je) ______

• **2.** Zeitungsberichte sind oft vorsichtig in ihrer Berichterstattung. Formen Sie Sätze im Conditionnel passé.

a) Ils | tuer | des étrangers

Ils auraient tué des étrangers.

b) Le président | mentir

______

c) Le premier ministre | démissionner

______

d) Des rebelles | prendre le pouvoir

______

e) Le parlement | être en flamme

______

3. **Ergänzen Sie folgenden Text durch die passenden Formen des Conditionnel présent. Damit sind Sie zu Ihrem Gegenüber sehr höflich.**

M. = Monsieur; Mme. = Madame

a) M. *Pourriez-vous* m'expliquer le chemin pour aller à Versailles?

b) Mme. Je ______ bien mais j'______ prendre tout de suite le bus.

c) M. ______ la gentillesse de m'indiquer au moins la direction ?

d) Mme. Je ______ vous indiquer la direction, mais ne le fais pas car je ______ le bus.

~~Pouvoir~~
aimer
avoir
vouloir
pouvoir
rater

4. **Übersetzen Sie die Sätze. Verwenden Sie das Conditionnel présent oder das Conditionnel passé.**

a) Könnten Sie mir helfen?

Pourriez-vous m'aider ?

b) Ich wollte Sie fragen, ob Sie mir Geld borgen könnten.

______

c) Wir könnten heute Abend ins Kino gehen.

______

d) Frage ihn, ob er einverstanden wäre.

______

e) Er fragte mich, ob jemand kommen würde.

______

f) Ausländische Truppen sollen den Präsidenten ermordet haben.

______

des troupes étrangères – *ausländische Truppen*

g) Falls sie kommen, bereite ein Frühstück vor.

______

h) Ich hätte einen anderen Beruf erlernen sollen.

______

i) Der deutsche Botschafter soll gestorben sein.

______

l'ambassadeur d'Allemagne – *der deutsche Botschafter*

j) Ich könnte jetzt ein riesiges Eis essen.

______

5. Kreuzen Sie die einzig richtige Übersetzung an.

a) Ich wäre Ihnen wirklich sehr dankbar.
- ☐ **A** J'aimerais vraiment votre reconnaissance.
- ☐ **B** Je vous serais vraiment très reconnaissant.
- ☐ **C** Je vous aurais vraiment reconnu.

b) Für den Fall, dass Sie früher ankommen würden ...
- ☐ **A** Au cas où vous arrivez plus tôt...
- ☐ **B** Si vous arriviez en retard...
- ☐ **C** Pour le cas où vous arriveriez plus tôt...

c) Ich dachte, dass die Wirtschaft sich erholen würde.
- ☐ **A** Je pensais que l'économie se serait remis.
- ☐ **B** Je pensais que l'économie se remettrait.
- ☐ **C** Je ne pensais pas que l'économie se remettrait.

d) Der junge Mann soll gestern aus dem Gefängnis entlassen worden sein.
- ☐ **A** Le jeune homme doit être libéré de prison depuis hier.
- ☐ **B** Le jeune homme aurait été libéré de prison hier.
- ☐ **C** Le jeune homme a été libéré de prison hier.

6. Bringen Sie die Sätze wieder in die richtige Reihenfolge.

a) le | arrêté | hier | la | aurait | par | cambrioleur | police

b) j' | préféré | soit | le | à | interrogé | la | professeur | aurais | qu' | il | premier | par | être

c) si | dirais | votre | voulais | je | je | avis | vous | le

Subjonctif présent

Bildung

1. Endungen

Il faut que je	sort**e**.	Il faut que nous	sort**ions**.
Il faut que tu	sort**es**.	Il faut que vous	sort**iez**.
Il faut qu'il	sort**e**.	Il faut qu'ils	sort**ent**.
Il faut qu'elle	sort**e**.	Il faut qu'elles	sort**ent**.
Il faut qu'on	sort**e**.		

Die Endungen des Subjonctif sind bei allen Verbgruppen regelmäßig. Es gibt nur zwei Ausnahmen: **avoir** und **être.**

avoir	**être**
que j'aie	que je soi**s**
que tu aies	que tu soi**s**
qu'il ai**t**	qu'il soi**t**
que nous a**y**ons	que nous so**y**ons
que vous a**y**ez	que vous so**y**ez
qu'ils aient	qu'ils soient

Du musst zum Supermarkt gehen, damit ich uns ein Essen machen kann.

2. Ableitungen

Regelmäßige Ableitung:

Stamm der 3. Person Plural Présent + Subjonctif-Endung

Die meisten regelmäßigen und unregelmäßigen Verben bilden den Subjonctif so: Man nimmt den Stamm der 3. Person Plural des Présent und hängt die entsprechenden Endungen an (que je **batt-e**).

ils aiment	▸ que j'aim**e**	ils mettent	▸ que je mett**e**
ils finissent	▸ que je finiss**e**	ils naissent	▸ que je naiss**e**
ils s'assoient	▸ que je m'assoi**e**	ils ouvrent	▸ que j'ouvr**e**
ils battent	▸ que je batt**e**	ils plaisent	▸ que je plais**e**
ils concluent	▸ que je conclu**e**	ils prennent	▸ que je prenn**e**
ils conduisent	▸ que je conduis**e**	ils rendent	▸ que je rend**e**
ils connaissent	▸ que je connaiss**e**	ils résolvent	▸ que je résolv**e**
ils courent	▸ que je cour**e**	ils rient	▸ que je ri**e**
ils craignent	▸ que je craign**e**	ils servent	▸ que je serv**e**
ils disent	▸ que je dis**e**	ils suivent	▸ que je suiv**e**
ils dorment	▸ que je dorm**e**	ils se taisent	▸ que je me tais**e**
ils écrivent	▸ que j'écriv**e**	ils vainquent	▸ que je vainqu**e**
ils lisent	▸ que je lis**e**	ils vivent	▸ que je viv**e**
ils mentent	▸ que je ment**e**		

Regelmäßige Ableitungen bei Wechsel des Stammvokals:

Verben, die im Présent den Stammvokal ändern, weisen auch im Subjonctif diese Änderung auf.

- Verben auf **-er**, z. B. **peser**: **je p<u>è</u>se**, aber: **nous p<u>e</u>sions**;

que je p**è**se	que nous p**e**sions
que tu p**è**ses	que vous p**e**siez
qu'il p**è**se	qu'ils p**è**sent

- unregelmäßige Verben: **je b<u>oi</u>s**, aber: **nous b<u>u</u>vions**.

que je b**oi**ve	que nous b**u**vions
que tu b**oi**ves	que vous b**u**viez
qu'il b**oi**ve	qu'ils b**oi**vent

Regelmäßige Ableitung bei Verben mit einem **-y-** vor endungsbetonten Formen (1. und 2. Person Plural):

Verben, die vor endungsbetonten Formen im Présent ein **-y** aufweisen, behalten dieses **-y** auch im Subjonctif.

que je nettoie que tu nettoies qu'il nettoie	que nous netto**y**ions que vous netto**y**iez qu'ils nettoient	Ebenso: appuyer, payer, envoyer

que je voie que tu voies qu'il voie	que nous vo**y**ions que vous vo**y**iez qu'ils voient	Ebenso: croire, se distraire

Unregelmäßige Subjonctif-Stämme:

avoir	que j'a**ie** qu'il ai**t** que nous a**y**ons
être	que je **sois** que tu soi**s** qu'il soi**t** que nous so**y**ons
aller	que j'**aille** que nous **allions**
faire	que je **fasse** que nous **fassions**
falloir	qu'il **faille**
pleuvoir	qu'il **pleuve**
pouvoir	que je **puisse** que nous **puissions**
savoir	que je **sache** que nous **sachions**
valoir	que je **vaille** que nous **valions**
vouloir	que je **veuille** que nous **voulions**

Subjonctif passé

Bildung

Der Subjonctif passé wird gebildet aus dem Subjonctif von **avoir** oder **être** und dem Partizip Perfekt.

Bildung und Veränderlichkeit des Partizips Perfekt und Gebrauch von avoir oder être, s. Passé composé, S. 96

Admettons	que j'	**aie dit**	la vérité.
	que tu	**aies dit**	
	qu'il / elle / on	**ait dit**	
	que nous	**ayons dit**	
	que vous	**ayez dit**	
	qu'ils / elles	**aient dit**	
Il souhaite	que je	**sois**	**rentré(e)**.
	que tu	**sois**	**rentré(e)**.
	qu'il / elle / on	**soit**	**rentré(e)**.
	que nous	**soyons**	**rentré(e)s**.
	que vous	**soyez**	**rentré(e)(s)**.
	qu'ils / elles	**soient**	**rentré(e)s**.

Gebrauch des Subjonctif présent und Subjonctif passé

Manche Verben, Ausdrücke und Konjunktionen erfordern zwingend den Subjonctif. Es empfiehlt sich, dies jeweils mitzulernen!

Der Subjonctif tritt fast ausschließlich in Nebensätzen nach **que** auf. Man unterscheidet zwei Verwendungsarten: Hauptsätze, die nach einem **que** den Subjonctif automatisch auslösen, und solche, bei denen eine Wahlmöglichkeit besteht (z. B. Subjonctif oder Présent).

1 *Nehmen wir einmal an, dass er gelogen hat.*
2 *Ich wünsche, dass der Richter ihn bestraft hätte.*

1. Automatische Verwendung des Subjonctif

Nach Verben der Willensäußerung:

Je **veux qu'**il **apprenne** le français.
Permettez que je vous **dise** la vérité.
J'**interdis que** vous **pénétriez** dans mon terrain.
Je n'**accepte** pas **que** mes enfants **fassent** ce devoir.

préférer que, demander que, proposer que, refuser que, vouloir bien que, aimer mieux que, désirer que, souhaiter que, aimer que, avoir envie que, exiger que, ordonner que, autoriser que, défendre que

Nach Verben und Ausdrücken der Gefühlsäußerung:

Elle **apprécie que** les Français **achètent** souvent chez les petits commerçants.
Nous **regrettons que** vous **ayez perdu** votre travail.
J'**aimerais que** tu **sortes** avec ce garçon.
Je **trouve important que** les ouvriers **fassent** la grève.
Je **suis triste qu'**elle **soit** partie.

détester que, adorer que, admirer que, avoir honte que, avoir peur que, craindre que, critiquer que, déplorer que, s'étonner que, s'inquiéter que, se moquer que, trouver bien / mal / important que, être heureux / satisfait / étonné / désolé / fâché / fier / ravi / content / surpris que

Nach unpersönlichen Verben und Ausdrücken:

Il faut que tu **fasses** la vaisselle.
Il vaut mieux que tu t'en **ailles**.
C'est une honte qu'on **jette** de la nourriture.
C'est bizarre qu'il n'**ait** pas **répondu**.
C'est dommage qu'on ne **soit** pas là.

une honte – *Schande*

il est normal / nécessaire / bon / mauvais / possible / intéressant / faux / honteux / triste / juste / injuste / naturel / utile / inutile / étrange / indispensable / surprenant que, c'est bien / mal / malheureux / drôle / sensationnel / rare / terrible / nécessaire que

Konjunktionen, S. 233 §

Nach einer Reihe von Konjunktionen:

Bien qu'elle **aille** mieux maintenant, la situation reste difficile.
L'État dépense plus d'argent **pour que** l'économie **reprenne**.
J'aimerais voir encore une fois ton bébé **avant que** vous vous en **alliez**.

quoique, sans que, malgré que, jusqu'à ce que, en attendant que, afin que, à condition que, pourvu que, à supposer que, à moins que

Der Subjonctif findet sich ebenfalls in den festen Wendungen:

Dieu **soit** loué!	*Gott sei Dank!*
Vive la France!	*Es lebe Frankreich!*

2. Subjonctif-Verwendung mit Wahlmöglichkeiten

Werden Verben und Ausdrücke des Denkens und Meinens verneint, so steht nach **que** meistens der Subjonctif.

Crois-tu qu'il fera beau demain ? –
Non, je **ne crois pas qu'**il **fasse** beau demain.
Tu trouves qu'il est méchant ? –
Non, je **ne trouve pas qu'**il **soit** méchant.

ne pas penser que, ne pas être sûr que, ne pas espérer que, ne pas être certain que

Nach **supposer** und **admettre** stehen je nach Bedeutung Subjonctif oder Présent:

	Bedeutung Présent	**Bedeutung Subjonctif**
supposer:	*vermuten*	*von etw. ausgehen*
admettre:	*zugeben*	*annehmen*

J'admets que tu **as** raison.
Admettons que tu **aies** raison, mais je ne peux pas y croire !
Je suppose que vous **voulez** nous aider.
Supposons que / En supposant qu'ils **soient** partis, qu'allons-nous faire sans eux ?

Nach Verben des Sagens und Erklärens steht der Subjonctif, wenn er im Sinne von *bitten, befehlen* gebraucht wird (Übersetzung: *sollen*).

Je lui ai écrit qu'il est imprudent.	Je lui **ai écrit qu'**il **soit** prudent.
Dis-lui que je l'attends.	**Dis-lui** qu'il m'**attende**.

crier, faire savoir, téléphoner

In einem Relativsatz steht der Subjonctif, wenn ein Wunsch geäußert wird. Handelt es sich jedoch um eine Tatsache, so steht das Présent.

Je cherche un Français qui **sache** parler le japonais.
Je connais un Français qui sait parler le japonais.

Superlative lassen sich oft nur durch eigene Einschätzungen begründen. In solchen Fällen steht in einem nachfolgenden Relativsatz der Subjonctif. Handelt es sich jedoch um eine Tatsache, so steht das Présent.

Madeleine est la femme **la plus** charmante que je **connaisse**.
L'orange est **le seul** fruit qui **soit** bon.
C'est le premier homme qui a mis le pied sur la lune.

Steigerung, S. 196

Subjonctif présent oder Subjonctif passé?

Der Subjonctif présent wird verwendet, wenn die Aussage des **que**-Satzes gleichzeitig oder nachzeitig zur Aussage des Hauptsatzes ist.

J'ai peur qu'elle **parte** aujourd'hui.
J'ai peur qu'elle **parte** demain.

J'avais peur qu'elle **parte** ce jour-là.
J'avais peur qu'elle **parte** le lendemain.

Der Subjonctif passé steht dagegen, wenn die Aussage des **que**-Satzes vorzeitig zur Aussage des Hauptsatzes ist.

J'ai peur qu'elle **soit partie** hier.
J'avais peur qu'elle **soit partie** la veille.

Der deutsche Konjunktiv darf nicht mit dem Subjonctif gleichgesetzt werden!

Subjonctif auf einen Blick - Zusammenfassung

Da es keine Entsprechung im Deutschen gibt, ist der Gebrauch des Subjonctif für Deutsche etwas schwierig. Hier finden Sie die wichtigsten Punkte noch einmal in einer Übersicht:

Man findet ihn nie alleine, er wird immer von **que/qu'** eingeleitet, deshalb lernt man die Formen immer mit **que** zusammen: **que je fasse**, **qu'il prenne**

Hier sind die Fälle, wo man den Subjonctif verwenden muss:

- nach Verben der Willensäußerung:
  Il **veut que** le Parlement **soit dissolu**.
  Er will, dass das Parlament aufgelöst wird.
- nach Verben der Gefühlsäußerung:
  Ils **préfèrent que** le match **ait** lieu le soir.
  Sie haben es lieber, wenn das Spiel abends stattfindet.
- nach unpersönlichen Verben und Ausdrücken:
  Il faut que l'université **investisse** plus dans l'infrastructure.
  Die Universitäten müssen mehr in ihrer Infrastruktur investieren.
- nach vielen Konjunktionen:
  Bien qu'ils **aient fait** une énorme campagne électorale, la participation aux élections a été mince.
  Obwohl sie eine große Wahlkampagne gemacht haben, ist die Wahlbeteiligung gering gewesen.
- nach verneinten Verben des Denkens und Meinens :
  Nous **ne croyons pas qu'**ils **tiennent** leurs promesses.
  Wir glauben nicht, dass sie ihr Versprechen einhalten werden.

Und hier noch einmal die Fälle auf einen Blick, wo man den Subjonctif nur in dieser Bedeutung wählen muss:

- nach **supposer** und **admettre**, wenn sie von etwas ausgehen bzw. annehmen bedeuten:
  Supposons que vous **gagniez** ce duel, que feriez-vous ensuite ?
  Nehmen wir an, dass Sie diesen Kampf gewinnen, was würden Sie dann machen?
- nach Verben des Sagens im Sinne von bitten, befehlen:
  Dites-leur **qu'**ils **prennent** leurs précautions.
  Sagen Sie ihnen, dass sie aufpassen sollen.
- im Relativsatz mit einem Wunsch:
  Ils **cherchent** quelqu'un **qui soit** disponible tout de suite.
  Sie suchen jemand, der sofort verfügbar ist.
- im Superlativ mit eigener Einschätzung
  le meilleur que je **connaisse** – *der beste, den ich kenne*

• **1.** Wie heißen die Formen des Subjonctif? Bilden Sie die Formen.

a) lire (je) que je lise
b) dormir (il) que ______
c) pouvoir (elle) que ______
d) pleuvoir (il) que ______
e) aller (je) que ______
f) être (nous) que ______
g) finir (vous) que ______
h) prendre (tu) que ______
i) savoir (ils) que ______
j) écrire (je) que ______
k) vouloir (elles) que ______
l) avoir (je) que ______
m) boire (nous) que ______
n) prendre (vous) que ______

•• **2.** Ergänzen Sie die Sätze mit der passenden Form des Subjonctif.

a) Il ne veut pas apprendre le français.
Je veux qu' il apprenne le français.

b) Elle n'est pas partie.
Je souhaite qu' ______.

c) Il ne travaille pas.
J'exige qu' ______.

d) L'enfant n'est pas sage.
J'aimerais qu' ______.

e) Elle lit beaucoup au lit.
Je n'aime pas qu' ______.

f) La phrase n'est pas correcte.
Je demande que ______.

g) Il ne pleure plus depuis deux heures.
C'est surprenant qu' ______________________________ .

h) Elle ne sait pas compter.
Il est indispensable qu' ______________________________ .

i) Il veut un téléviseur.
Il est normal qu'il ______________________________ .

j) Elle va en vacances.
Il est nécessaire qu' ______________________________ .

k) Tu n'achètes plus de viande.
Je trouve bien que ______________________________ .

l) Elle ne me tient plus au courant.
Je suis fâché qu' ______________________________ .

m) Il ne boit plus.
Je suis surprise qu' ______________________________ .

n) Tu es contente.
Je ne crois pas que ______________________________ .

••• **3. Entscheiden Sie, ob der Subjonctif einzusetzen ist.**

a) J'espère que vous *allez* bien. (aller)
b) Il dit que vous ____________ une faute. (avoir fait)
c) Il est indispensable que tu ____________ la leçon. (apprendre)
d) C'est dommage que votre maison n'____________ pas une pièce de plus. (avoir)
e) Je crois que M. Dutour ____________ en vacances. (être parti)
f) Nous trouvons bien que vous ____________ vos vacances en Suisse. (passer)
g) Je connais un cinéma qui ____________ des réductions aux étudiants tous les soirs. (faire)
h) Ce sont les plus belles vacances que nous ____________ . (avoir passé)
i) Faut-il que j'____________ chercher un médecin? (aller)
j) Je veux que tu ____________ aux examens. (réussir)

4. Weshalb steht in den folgenden Sätzen der Subjonctif? Ordnen Sie den Sätzen den richtigen Buchstaben zu.

____ **1.** Je veux que tu saches la vérité.

____ **2.** Je cherche une nouvelle voiture qui ne soit pas trop chère.

____ **3.** Il trouve bien qu'on ait décidé d'avoir une monnaie unique.

____ **4.** Il est injuste que les salariés paient tellement d'impôts.

____ **5.** Nous restons au café de Paris jusqu'à ce que notre amie revienne.

____ **6.** Il faut rentrer avant qu'il fasse nuit.

____ **7.** Je ne crois pas qu'elle ait des chances de réussir.

____ **8.** Dis-lui qu'elle vienne tout de suite !

____ **9.** Notre voiture est la plus belle qu'il y ait en ville.

a) nach einem unpersönlichen Verb *(automatische Verwendung)*

b) nach einem Verb des Sagens und Erklärens *(keine automatische Verwendung)*

c) nach einem Superlativ *(keine automatische Verwendung)*

d) nach einem Verb der Willensäußerung *(automatische Verwendung)*

e) in einem Relativsatz *(keine automatische Verwendung)*

f) nach einem Ausdruck des Denkens und Meinens *(keine automatische Verwendung)*

g) nach einer Konjunktion *(automatische Verwendung)*

h) nach einer Konjunktion *(automatische Verwendung)*

i) nach einem Verb der Gefühlsäußerung *(automatische Verwendung)*

●●●● **5. Unterstreichen Sie die Redewendung, die den Gebrauch des Subjonctif erforderlich macht.**

a) J'interdis que vous preniez ma place !

b) Il vaut mieux que la grève se termine aujourd'hui car l'économie a beaucoup souffert.

c) Dieu soit loué !

d) Je ne trouve pas qu'ils aient exagéré.

e) En supposant qu'ils aient menti, comment pouvons-nous découvrir la vérité ?

f) Vous ne voulez pas que nous vous aidions ?

●●●● **6. Übersetzen Sie die Sätze ins Französische.**

a) Es ist komisch, dass sie sich nicht gemeldet haben.

____

b) Die Arbeitgeber kritisieren, dass es nicht genug ausgebildete Kräfte auf dem Arbeitsmarkt gibt.

____

c) Damit du Fortschritte machst, werden wir dir Nachhilfe-Unterricht bezahlen.

____

d) Ich bin nicht sicher, ob er in der Lage sein wird, zu kommen.

____

e) Du bist die schönste Frau, die ich kenne.

____

f) Ich kenne jemanden, der an der Volkshochschule Japanisch lernt.

____

g) Ich will, dass du die Wahrheit erfährst.

____

Imperativ

Bildung

Regelmäßige Bildung:

Für jedes Verb gibt es drei Imperativ-Formen. Diese Formen werden abgeleitet vom **Présent** der:

1. Person Singular (**j'ouvre**):	Ouvr**e** la fenêtre, s'il te plaît. Attend**s** encore un peu pour répondre.
2. Person Plural (**vous parlez**):	Ne parl**ez** pas si fort. Lis**ez** bien les informations.
1. Person Plural (**nous restons**):	Rest**ons** sur ce sujet. Essay**ons** de continuer.

Bei den Verben auf -er wird vor **y** und **en** an den Imperativ ein **s** angehängt:

penser ▸ Pense**s**-y.
aller ▸ Va**s**-y.

1 *Setzt euch bitte!*
2 *Olivier, schließ die Tür!*
3 *Sprechen wir vom französischen Widerstand!*

Unregelmäßige Bildung:

Der Imperativ der Verben **avoir**, **être** und **savoir** wird unregelmäßig gebildet und entspricht den Formen des Subjonctif présent.

avoir: **aie**, **ayons**, **ayez** — N'**ayez** pas peur.
être: **sois**, **soyons**, **soyez** — Olivier, **sois** sage.
savoir: **sache**, **sachons**, **sachez**, — **Sachez** que Paris a été libérée entre le 18 et 25 août 1944.

Gebrauch

Beim bejahten Imperativ stehen **moi** und **toi** anstelle von **me** und **te**.

Der Imperativ wird verwendet zum Ausdruck

Sortez d'ici.
- eines Befehls oder einer Aufforderung.

Ne **réponds** pas à cette question.
- eines Ratschlags.

Ferme les yeux et dors bien.
- einer Bitte oder eines Wunsches.

Donnez-moi encore une réponse.
- oder einer Ermutigung.

Stellung der Objektpronomen, S. 59

Beim bejahten Imperativ werden die Objektpronomen durch einen Bindestrich an das Verb angehängt (**Asseyez-vous.**).
Beim verneinten Imperativ stehen die Objektpronomen wie üblich vor dem Verb (**Ne vous asseyez pas.**).

Ersatz des Imperativs durch andere Redemittel

Anstelle des Imperativs kann stehen:

- ein Fragesatz mit vouloir:
  Veux-tu sortir d'ici ?
- oder pouvoir + Infinitiv:
  Vous pouvez me donner encore une réponse ?
- ein Aussagesatz mit Futur composé:
  Vous allez rentrer tout de suite.
- oder ein Fragesatz mit s'il te/vous plaît.
  Tu fermes la porte, s'il te plaît ?

Imperativ mit Pronomen

Stellung der Objektpronomen, S. 59

Für die Verwendung vom Imperativ mit Pronomen gilt die Regel zur Stellung der Pronomen, die Sie auf S. 57 finden, allerdings werden **moi/toi** wie **lui** und **leur** an 3. Stelle verwendet.

Hier finden Sie einige Beispiele:

- mit direktem Pronomen:
  Dis-le à ton père.
  Sag es deinem Vater.
- mit indirektem Pronomen:
  Parle-leur donc.
  Sprich doch mit ihnen.
- mit beiden zusammen:
  Donne-la lui.
  Gib es/ihn/sie ihm/ihr.
- mit **y** gibt es die Besonderheit, dass das Imperativ **va** ein **-s** hinzubekommt, damit die Aussprache stimmt :
  Vas-y !
  Geh hin!
  Allez-y !
  Geht hin!
- mit **en** ist es ähnlich mit den Verben auf **-er**:
  Prends-en.
  Nimm davon.
  Achètes-en une.
  Kauf eine.
  In Kombination mit dem Verb **aller** fügt man **va** ein **-t** hinzu:
  Va-t'-en !
  Geh weg!

● **1. Formen Sie folgende Sätze um, indem Sie den Imperativ gebrauchen.**

a) Je veux que tu sortes. *Sors.*
b) Veux-tu me donner encore une réponse ? ______
c) Tu peux me passer l'éponge, s'il te plaît ? ______
d) Tu fermes la fenêtre, s'il te plaît ? ______
e) Voulez-vous lire un texte ? ______
f) Pouvez-vous me répondre ? ______
g) Vous allez sortir tout de suite vos livres. ______
h) Michel, tu sors ton livre ? ______
i) Veux-tu commencer à lire ? ______
j) Vous allez me donner la réponse tout de suite. ______
k) Voulez-vous être de bons élèves ? ______

●●● **2. Verneinen Sie folgende Imperative. Ersetzen Sie dabei auch das Fettgedruckte durch passende Pronomen.**

a) Mes élèves, calmez-vous. *Ne vous calmez pas.*
b) Asseyez-vous. ______
c) Lève-toi, Michel. ______
d) Commence à lire **le texte**. ______
e) Nettoie **le tableau**, Susanne. ______
f) Vas-y. ______
g) Complète **la phrase**, Sandra. ______
h) Dis-moi **la réponse**. ______
i) Donnez-moi **vos devoirs**. ______
j) Pensons **à l'année prochaine**. ______

y aller – *hingehen*
s'en aller – *weggehen*

3. Ergänzen Sie die Lücken mit der korrekten Verbform des in Klammern angegebenen Infinitivs.

a) ________________ -moi, ________________ que je ne le répèterai pas ! (écouter, savoir)

b) ________________ fermer la porte quand vous sortirez de la maison ! (vouloir)

c) ________________ ton temps, ce n'est pas pressé ! (prendre)

d) ________________ -y tout de suite, pas de problème, je te remplace ! (aller)

e) ________________ patients, à force d'efforts, vous y arriverez bientôt ! (être)

f) N'________________ pas peur, je t'accompagne ! (avoir)

4. Übersetzen Sie die Sätze ins Französische.

a) Denken Sie nicht daran !

____

b) Geh weg !

____

c) Kauf drei !

____

d) Hören Sie mir zu !

____

e) Bitte ihn darum.

____

f) Sprecht mit ihnen!

____

g) Warte auf mich !

____

Participe présent und Gérondif

Bildung des Participe présent und des Gérondif

Das Participe présent wird gebildet, indem man an den Stamm der 1. Person Plural Präsens die Endung -**ant** anhängt.

parler	nous **parl**ons	**parlant**
finir	nous **finiss**ons	**finissant**
vendre	nous **vend**ons	**vendant**

Merken Sie sich zusätzlich die wenigen Ausnahmen:

avoir	**ayant**
être	**étant**
savoir	**sachant**

Das Gérondif bildet man, indem man das Wort **en** vor das Participe présent setzt.

Il est parti **en sifflant**.
En venant, elle a perdu son sac.

1 *Sie suchen Sekretärinnen oder Sekretäre, die mehrere Sprachen sprechen.*
2 *Und sie stellen auch Ingenieurinnen oder Ingenieure ein, die mindestens zwei Jahre Berufserfahrung haben.*
3 *Wenn wir gut suchen, werden wir sicher Arbeit finden.*

Gebrauch des Participe présent und des Gérondif

Das Participe présent funktioniert wie ein unveränderliches Adverb und kann oft anstelle eines Relativsatzes verwendet werden. Daher wird man es oft mit einem Relativsatz ins Deutsche übersetzen.

C'est un bijou **valant** beaucoup d'argent.
= C'est un bijou **qui vaut** beaucoup d'argent.
Dieses Schmuckstück ist viel Geld wert.

Il ne faut pas déranger un chat **dormant** au soleil.
= Il ne faut pas déranger un chat **qui dort** au soleil.
Man darf eine Katze, die in der Sonne schläft, nicht stören.

Bei kausalen Zusammenhängen kann das Participe présent auch mit einem Nebensatz mit *weil*, *da* übersetzt werden.

Connaissant le problème, il a hésité à s'en occuper.
= **Comme il connaissait** le problème, il a hésité à s'en occuper.
Da er das Problem kannte, zögerte er, sich darum zu kümmern.

Wenn das Participe présent als Adjektiv verwendet wird, ist es veränderlich und richtet sich in Geschlecht und Zahl nach dem entsprechenden Substantiv.

Ils ont l'eau **courante** dans leur caravane.
Sie haben fließend Wasser in ihrem Wohnwagen.

Mes grands-parents adorent aller aux fêtes **dansantes**.
Meine Großeltern gehen sehr gerne zu Tanzabenden.

Das Gérondif wird verwendet, wenn zwei Handlungen, deren Subjekt gleich ist, gleichzeitig geschehen. Das Gérondif bleibt immer unveränderlich.

Il parle toujours **en dormant**.
Er spricht immer beim Schlafen.

En faisant des efforts, vous réussirez l'examen.
Wenn ihr euch anstrengt, werdet ihr die Prüfung bestehen.

- **1.** Tragen Sie das Participe présent bzw. den Infinitiv in die Lücken ein.

a) chanter ______	b) ______ allant
c) quitter ______	d) ______ prenant
e) sortir ______	f) ______ riant
g) finir ______	h) ______ donnant
i) choisir ______	j) ______ venant
k) lire ______	l) ______ disant
m) être ______	n) ______ sachant
o) avoir ______	p) ______ faisant
q) naître ______	r) ______ buvant
s) acheter ______	t) ______ écoutant
u) pouvoir ______	v) ______ devant
w) écrire ______	x) ______ voulant
y) manger ______	z) ______ voyant

- **2.** Verwandeln Sie folgende Sätze, indem Sie den fett markierten Teil durch das Participe présent ersetzen.

a) Nous cherchons un vendeur **qui connaisse** bien le métier.

______

b) L'ordinateur **qui marche** mal doit être réparé.

______

c) Les personnes **qui se servent** de la vaisselle doivent la laver.

______

d) Le jour **qui suivait** l'examen, il n'a rien fait.

______

e) Les gens **qui fument** ne sont pas tolérés dans ce restaurant.

______

f) Il y a beaucoup de personnes **qui ont peur** des araignées.

______

g) **Comme il sait** que tu viens, il va te faire la cuisine.

______

• **3.** Bilden Sie einfache Sätze und verwenden Sie dabei das Gérondif.

Beispiel: Je repasse **et je regarde** la télé. ▸ Je repasse **en regardant** la télé.

a) Il prend sa douche **et il chante**.

b) Elle écrit une lettre **et elle écoute** de la musique.

c) Il entre dans la pièce **et il fait** beaucoup de bruit.

d) Nous lisons le journal **et nous buvons** un verre de vin.

e) Il part **et il court**.

f) Elle parle **et elle mange**.

g) **Il arrive et** il téléphone à ses parents**.**

• **4.** Bilden Sie einen einfachen Satz und benutzen Sie dabei das Gérondif.

Exemple: On peut s'améliorer **si on travaille**. ▸ On peut s'améliorer **en travaillant**.

a) Je suis tombé malade **parce que j'avais mangé des escargots**.

b) **Comme elle parle bien** l'anglais, elle a pu se débrouiller pendant son voyage.

c) Vous serez meilleurs en orthographe **si vous lisez beaucoup**.

d) Je gagnerai du temps **si je prends le train**.

e) Elle va gagner de l'argent **par la vente de sa maison**.

Si-Satz (Bedingungssatz)

Man unterscheidet drei Arten von **si**-Sätzen.

1. Sätze, die eine Möglichkeit in Bezug auf die Gegenwart oder Zukunft ausdrücken. Die Bedingung ist in diesen Fällen durchaus erfüllbar.

Si-Satz	Hauptsatz
Si vous **êtes** d'accord, si + Présent	j'**appelle** ma voisine. Présent
Si tu **as** le temps ce soir, si + Présent	on **ira** au théâtre. Futur

2. Sätze, die eine Unwahrscheinlichkeit in Bezug auf die Gegenwart oder Zukunft ausdrücken. Die Bedingung kann nur theoretisch erfüllt werden.

Si-Satz	Hauptsatz
Si je **gagnais** au loto, si + Imparfait	je m'**achèterais** une voiture de sport. Conditionnel présent

Wenn ich im Lotto gewänne, würde ich eine Weltreise machen.

3. Sätze, die eine Unmöglichkeit in Bezug auf die Vergangenheit ausdrücken. Die Bedingung kann keinesfalls erfüllt werden, da das Geschehen bereits abgeschlossen ist.

Si-Satz	Hauptsatz
Si j'**avais passé** mon bac, si + Plus-que-parfait	j'**aurais fait** des études à l'université. Conditionnel passé

Achtung: Im Gegensatz zum Deutschen steht in einem **si**-Satz nie das Futur oder das Conditionnel!

Im **si**-Satz kann keine r-Form stehen!

Das Futur kann nur dann stehen, wenn das **si** einen indirekten Fragesatz einleitet und die Bedeutung *ob* hat.

Je me demande si mes amis **viendront**.

Mit dem **si**-Satz darf nicht der **quand**-Satz verwechselt werden. In einem **quand**-Satz kann nach dem **quand** das Futur stehen.

si = *falls, wenn* (konditional)

quand = *wenn, sobald* (zeitlich)

Quand mes amis **viendront**, nous partirons en vacances. (= *Sobald* ...).

● **1.** Sie liegen auf Ihrem Sofa und überlegen sich das Unwahrscheinliche. Bilden Sie Sätze!

a) je | avoir | de l'argent

Si seulement j'avais de l'argent.

b) appartement | être | plus grand

Si seulement ______

c) je | gagner | au loto

Si seulement ______

d) je | avoir | ami

Si seulement ______

e) je | travailler | moins

Si seulement ______

f) je | aller | en vacances | cette année

Si seulement ______

g) quelqu'un | me rendre visite

Si seulement ______

h) je | vivre | à Paris

Si seulement ______

●● **2.** Setzen Sie die passenden Formen ein.
Achten Sie genau auf die vorgegebenen Zeiten in den einzelnen Sätzen und halten Sie sich an die Vorgaben der drei möglichen **si**-Sätze!

a) Si vous *êtes* ______ libre ce soir, on ira au restaurant. (être)

un permis de conduire – *Führerschein*

b) S'il ______ le permis de conduire, il aurait eu une voiture. (passer)

c) Si elle ______ ce soir, on ferait un tour en voiture. (venir)

un bisou – *Kuss*

d) Si tu m' ______ , tu peux me faire un bisou. (aimer)

e) S'il ______________ beau demain, on va déjeuner dehors. (faire)

f) Si j'avais 30 ans, je ______________ un voyage autour du monde. (faire)

g) Si j'avais eu de l'argent, j'______________ une maison. (acheter)

h) Si j'______________ qu'il était bête, je ne me serais pas mariée avec lui. (savoir)

3. Übersetzen Sie folgende Sätze. Denken Sie daran, dass in einem si-Satz keine r-Form stehen kann!

a) Wenn ich im Lotto gewonnen hätte, hätte ich mir ein Haus gebaut.

Si j'avais gagné au loto, j'aurais construit une maison.

b) Wenn ich im Lotto gewinne, kaufe ich mir ein Haus.

____

c) Wenn ich im Lotto gewinnen würde, würde ich mir ein Haus kaufen.

____

d) Wenn mein Freund jünger wäre, würde ich ihn heiraten.

____

e) Wenn ich reich gewesen wäre, hätte ich mir ein Haus gekauft.

____

f) Wenn ich das gewusst hätte, wäre ich nicht gekommen.

____

g) Wenn es regnet, bleibe ich zu Hause.

____

h) Wenn er früher käme, würde ich mich beeilen müssen.

____

i) Wenn wir telefoniert hätten, hätten wir uns verabreden können.

____

Verben mit Objekt

Verben mit direktem Objekt

1 Je veux **aider Monsieur Dutour**. Il a **besoin d'une voiture**.

Nach Akkusativobjekten fragt man im Deutschen „wen?" oder „was?".

Direkte Objekte sind Satzergänzungen, die ohne Präposition an das Verb angeschlossen werden. In vielen Fällen entsprechen sie einem deutschen Akkusativobjekt.

Tu **connais Catherine Deneuve** ? – Oui, je **l'ai rencontrée** l'an dernier.

Ein direktes Objekt kann nur durch ein direktes Objektpronomen vertreten werden (z. B. durch **le**, **la**, **les**).

Einige Verben haben im Französischen ein direktes Objekt, lösen im Deutschen jedoch einen Dativ aus. Dazu gehören die Verben **aider**, **croire**, **écouter**, **remercier**, **suivre**.

Regarde **la vieille dame** avec ses bagages. – Tu as raison. Il faut **l'**aider.

Verben mit einem à-Objekt

2 As-tu **téléphoné à** ta mère ?

Nach Dativobjekten fragt man „wem?"

Ein **à**-Objekt entspricht im Deutschen oft einem Dativobjekt:

Elle **a cédé à Monsieur Dutour** ? – Oui, elle **lui a cédé**.
Tu **as parlé à tes enfants** ? – Oui, mais je ne **leur parle** plus.
Tu **as répondu à leur lettre** ? – Non, je **n'y répondrai** jamais.

!

Ausnahmen: **penser à elle**, **s'intéresser à lui**.

Ein **à**-Objekt wird bei Personen meistens durch ein indirektes Objektpronomen (z. B. durch **lui** und **leur**), bei Sachen durch **y** vertreten.

Einige Verben ziehen im Französischen ein Dativobjekt nach sich, werden aber im Deutschen durch eine andere Konstruktion wiedergegeben.

Dazu gehören: **mentir**, **parler**, **penser**, **téléphoner**, **s'intéresser**, **réfléchir**.

1 *Ich will Herrn Dutour helfen. Er braucht ein Auto.*
2 *Hast du deine Mutter angerufen?*

Verben mit einem de-Objekt

Nous rêvons **d'une grande maison.**

Verben mit **de**-Objekt werden im Deutschen sehr unterschiedlich übersetzt.

J'**ai besoin de ma femme.** *Ich brauche meine Frau.*	- Tu **rêves** déjà **d'elle** ? - *Träumst du schon von ihr?*
Tu te souviens du Pont du Gard ? *Erinnerst du dich an die Pont du Gard?*	- Oui, je **m'en souviens**. - *Ja, ich erinnere mich daran.*
Vous **jouez de la guitare** ? *Spielen Sie Gitarre?*	- Non, je n'**en joue** plus. - *Nein, ich spiele nicht mehr.*

<u>Beispiele</u> für Verben mit **de**-Objekt: mourir, profiter, rêver, souffrir, s'apercevoir, se douter, s'occuper, se souvenir, s'étonner, se moquer.

Ein **de**-Objekt wird bei Sachen durch **en** ersetzt, bei Personen durch **de** + unverbundenes Personalpronomen (z. B. durch **de lui**, **d'elle**).

Verben mit direktem Objekt und à-Objekt

Einige Verben können sowohl ein direktes als auch ein **à**-Objekt haben.

Tu **as prêté cette machine à ta fille** ? *Hast du diese Maschine deiner Tochter geliehen?*	- Oui, je **la lui ai prêtée**. - *Ja, ich habe sie ihr geliehen.*
Tu **as demandé de l'argent à ton fils** ? *Hast du deinen Sohn um Geld gebeten?*	- Non, je ne **lui en ai** pas **demandé**. - *Nein, ich habe ihn nicht darum gebeten.*

Beispiele: acheter, adresser, apprendre, conseiller, dire, écrire, enseigner, enlever, expliquer, interdire, montrer, présenter, promettre, raconter, rappeler, recommander, refuser, répondre, reprocher, répéter.

Verben mit direktem Objekt und de-Objekt

Einige Verben können sowohl ein direktes als auch ein **de**-Objekt haben.

Tu t'es **débarrassé de ta vieille voiture** ?	- Oui, je **m'en suis débarrassé**.
Vous allez **informer votre fils de votre décision** ?	- Oui, je vais **l'en informer** prochainement.

Beispiele: avertir, débarrasser, équiper, prévenir, priver, remercier, obtenir, recevoir, savoir.

Wir träumen von einem großen Haus.

●● **1. Wählen Sie die richtige Verbergänzung.**

a) Tu connais sa femme / à sa femme / de sa femme ?

b) Je les / lui / leur remercie.

c) Je lui / le / la ai demandé des renseignements.

d) Je ne lui / la / elle en ai pas donné !

e) Je vous remercie venir / de venir / à venir.

f) Elle joue à / de / sur la flûte.

g) Ils aiment jouer à / aux / des cartes.

●●●● **2. Übersetzen Sie die Sätze ins Französische.**

a) Hast du deiner Tochter geschrieben?

____

b) Ich habe den Brief geschrieben.

____

c) Wirf mir nichts vor!

____

d) Hören Sie mir zu!

____

e) Ich erinnere mich nicht mehr daran.

____

f) Ruf mich an!

____

g) Ich rufe sie gleich zurück!

____

Reflexive Verben

§ Veränderlichkeit der reflexiven Verben, S. 99

Reflexivpronomen, Seite 52

§ Stellung der Pronomen, Seite 59

1 Ils **se promènent** dans le parc.

2 Ils ne **se parlent** plus.

3 Elle **s'en ira** bientôt.

4 Son entreprise **s'est installée** en Alsace.

Verben mit reflexiver und nicht reflexiver Form

Einige Verben besitzen reflexive und nicht reflexive Formen mit unterschiedlichen Entsprechungen im Deutschen.

Je vais **appeler** mon copain. *Ich werde meinen Freund anrufen.*	Il **s'appelle** Gérard. *Er heißt Gérard.*
Elle **baigne** son bébé. *Sie badet ihr Baby.*	Je **me baigne** dans la mer. *Ich bade im Meer.*
Il a **levé** la main sur sa femme. *Er hat die Hand gegen seine Frau erhoben.*	Il **s'est levé** à dix heures. *Er ist um zehn Uhr aufgestanden.*

Weitere Beispiele:

appeler qn *(jdn. rufen)*	s'appeler *(heißen)*
attendre qn *(jdn. erwarten)*	s'attendre à *(gefasst sein auf)*
baigner qn *(jdn. baden)*	se baigner *([im Meer] baden)*
coucher qn *(jdn. hinlegen)*	se coucher *(sich hinlegen, zu Bett gehen)*
éteindre qn *(etw. ausmachen)*	s'éteindre *(ausgehen, erlöschen)*
lever qn *(etw. hochheben)*	se lever *(aufstehen)*
marier qn *(jdn. verheiraten)*	se marier *(heiraten)*
promener qn *(jdn. spazieren führen)*	se promener *(spazieren gehen)*
rappeler qn *(jdn. zurückrufen)*	se rappeler *(sich erinnern)*
réveiller qn *(jdn. wecken)*	se réveiller *(aufwachen)*
tromper qn *(jdn. betrügen)*	se tromper *(sich irren)*
tuer qn *(jdn. töten)*	se tuer *(umkommen)*

1 *Sie gehen im Park spazieren.*
2 *Sie sprechen nicht mehr miteinander.*
3 *Sie wird bald weggehen.*
4 *Ihr Unternehmen hat sich im Elsass niedergelassen.*

Verben mit ausschließlich reflexiver Form

Les enfants **se taisent.**	*Die Kinder sind still.*
Le prisonnier **s'est enfui**.	*Der Gefangene ist geflohen.*
Dépêche-toi.	*Beeile dich.*
Tu **te souviens** encore de M. Dutour ?	*Erinnerst du dich noch an Herrn Dutour?*

s'évanouir – *ohnmächtig werden*

se méfier de – *misstrauen*

se soucier de – *sich über etw. Gedanken machen*

Folgende Verben kommen nur in reflexiver Form vor:

s'en aller, s'enfuir, s'envoler, s'évanouir, se méfier de, se moquer de, se soucier de, se souvenir de, se taire.

Verben mit nicht reflexiver Form, die im Deutschen reflexiv sind

avoir honte – *sich schämen*

divorcer – *sich scheiden lassen*

diminuer – *sich verringern*

séjourner – *sich aufhalten*

Les prix ont **augmenté** de cinq pour cent.
Die Preise erhöhten sich um fünf Prozent.

Ma cousine a beaucoup **changé**.
Meine Cousine hat sich stark verändert.

La terre **tourne**, mais la lune ne **tourne** pas.
Die Erde dreht sich, aber der Mond dreht sich nicht.

Ne **bouge** pas, il y a une mouche.
Beweg dich nicht, da ist eine Fliege.

Folgende Verben sind nicht reflexiv, haben aber im Deutschen eine reflexive Entsprechung:

augmenter, avoir honte, bouger, changer, divorcer, diminuer, évoluer, séjourner, tourner.

1. Ergänzen Sie die Lücke mit der korrekten konjugierten Form des angegebenen Verbs.

a) J'aime beaucoup ______________. *(baden)*

b) Je ______________ Christine, et vous ? *(heißen)*

c) Elle ______________ le bébé tous les soirs. *(baden)*

d) Pourriez-vous ______________ vers midi ? *(anrufen)*

e) Il ______________ les enfants avant de partir. *(wecken)*

f) À quelle heure est-ce que tu ______________ ? *(aufwachen)*

g) Il ______________ dans un accident de voiture. *(umkommen, Passé composé)*

h) Il ______________ ses victimes très brutalement. *(umbringen, Passé composé)*

2. Übersetzen Sie die Sätze ins Französische.

a) Machen Sie das Licht aus.

____

b) Das Licht ist erloschen.

____

c) Auf wen wartest du?

____

d) Ich habe das nicht erwartet!

____

e) Wir beeilen uns, um nicht zu spät zu kommen.

____

f) Beweg dich nicht!

____

g) Biegen Sie rechts ab!

____

Unpersönliche Verben und Wendungen

1 Il pleut depuis deux mois.

2 Il paraît que le climat a changé.

3 Il faudrait que la terre soit sèche.

Ein unpersönliches **il** entspricht im Deutschen *es*.

Dies ist aber nicht die einzige Übersetzungsmöglichkeit.

Beispiele für unpersönliche Verben und Wendungen:

Il pleut. / Il neige. / Il grêle. / Il vente.
Es regnet. / Es schneit. / Es hagelt. / Es ist windig.

Il fait beau / mauvais (temps).
Es ist gutes / schlechtes Wetter.

Il me faut partir bientôt.
Ich muss bald gehen.

Il faut que … + Subjonctif, S. 142

Il faut que je <u>parte</u> bientôt.
Ich muss bald gehen.

Il ne faut pas que tu <u>fumes</u>.
Du sollst nicht rauchen.

Allez les enfants, **il faut partir**.
Auf Kinder, wir müssen gehen.

Il faut un million d'euros pour restaurer l'église.
Man benötigt eine Million Euro, um die Kirche zu restaurieren.

Il me faut trois escalopes.
Ich brauche drei Schnitzel.

Il y a des gens malheureux.
Es gibt unglückliche Menschen.

Il me semble que les voisins sont partis en vacances.
Es scheint mir, dass die Nachbarn in den Urlaub gefahren sind.

Il paraît qu'on va doubler les impôts.
Man sagt, dass die Steuern verdoppelt werden.

Il me paraît évident que l'homme atteindra une autre planète.
Es scheint mir sicher, dass der Mensch einen anderen Planeten erreichen wird.

1 *Es regnet seit zwei Monaten.*
2 *Man sagt, dass das Klima sich verändert hat.*
3 *Die Erde müsste trocken sein.*

Il semble que le président ne se présentera plus aux prochaines élections.
Es scheint, dass der Präsident bei den nächsten Wahlen nicht mehr kandidieren wird.

Il me semble que je ne vais pas réussir aux examens.
Ich glaube, dass ich die Prüfungen nicht bestehen werde.

Il me semble certain qu'elle a fait des fautes.
Es scheint mir sicher, dass sie Fehler gemacht hat.

Il me semble inutile de te convaincre.
Es scheint mir unnütz, dich überzeugen zu wollen.

Il s'agit d'une histoire géniale.
Es handelt sich um eine geniale Geschichte.

Il s'agit d'écrire une histoire en une semaine.
Es geht darum, eine Geschichte binnen einer Woche zu schreiben.

Unpersönliche Wendungen im Deutschen ohne unpersönliche Entsprechung im Französischen

Im Französischen gibt es sehr viel weniger unpersönliche Wendungen als im Deutschen.

Beispiele:

Je vais bien / mal.	*Mir geht es gut / schlecht.*
J'ai froid / chaud.	*Mir ist kalt / warm.*
Je suis fâché qu'elle parte.	*Es ärgert mich, dass sie geht.*
Je suis content qu'elle soit là.	*Es freut mich, dass sie hier ist.*
J'arrive à faire un gâteau.	*Es gelingt mir, einen Kuchen zu backen.*
En Bretagne, je me plais beaucoup.	*In der Bretagne gefällt es mir gut.*
Je manque d'eau.	*Es fehlt mir an Wasser.*
Je suis désolée que tu aies perdu ton travail.	*Es tut mir leid, dass du deine Arbeit verloren hast.*

●●● **1.** Verbinden Sie die zusammengehörenden Sätze.

a) Il pleut
b) Il me faut de la farine
c) Il paraît
d) Il s'agit
e) Il y a
f) Il faut
g) Il fait

___ A qu'ils vont fermer la boutique.
___ B alors je ne vais pas sortir.
___ C pour faire mon gâteau.
___ D vraiment très chaud aujourd'hui.
___ E absolument que je lui parle.
___ F de plus en plus de monde sur la plage.
___ G d'un sujet très important.

●●●● **2.** Übersetzen Sie die Sätze ins Französische und verwenden Sie dabei eine unpersönliche Redewendung.

a) Ich muss gehen.

______

b) Es sieht so aus, als würde es regnen.

______

c) Wie viele Vorstellungen gibt es?

______

d) Es handelt sich um eine sehr heikle Angelegenheit.

______

e) Es schneit, seitdem wir gefahren sind.

______

f) Man sagt, dass es nicht mehr lange dauern wird.

______

g) Ich brauche Zucker und Zimt.

______

h) Es gibt so viele Arbeitslose wie noch nie.

______

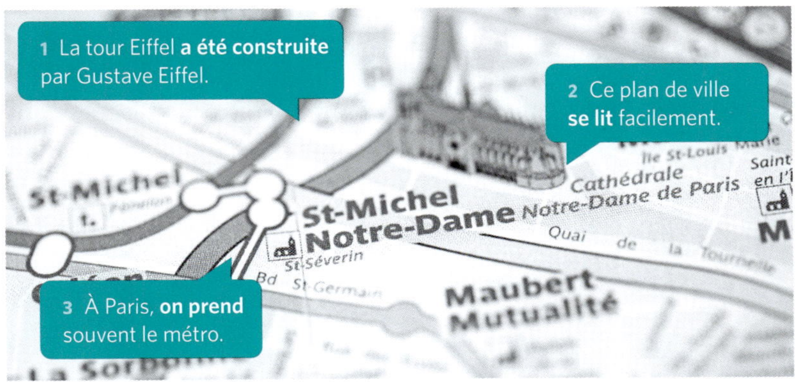

Passiv und Passiversatz

Nur Verben mit direkten Objekten können ein Passiv bilden.
Das Passiv ist im Französischen weit weniger üblich als im Deutschen. Außerdem gehört das Passiv der geschriebenen Sprache an. Der Passiversatz spielt deshalb eine wichtige Rolle.

Unter direkten Objekten versteht man Satzergänzungen, die ohne Präposition an das Verb angeschlossen werden.

Bildung

Diese drei Beispielsätze sind typische Aktivsätze mit den Satzteilen: Subjekt (**Michel**), Verb (**conduit**) und Objekt (**une voiture**).

Subjekt	Verb	Objekt	
Michel	**conduit**	une voiture.	
L'architecte	**a construit**	la maison.	
L'employé	**fermera**	la porte	à 6 heures.

Im Französischen setzt sich das Passiv immer aus **être** + **Partizip Perfekt** zusammen. Das Partizip passt sich in Zahl und Geschlecht dem Substantiv an, auf das es sich bezieht. Der Urheber (falls er erwähnt werden soll) wird mit **par** angeschlossen.

Subjekt	Verb		Urheber
La voiture	**est conduite**		**par** Michel.
La maison	**a été construite**		**par** l'architecte.
La porte	**sera fermée**	à 6 heures	(par l'employé).

1 *Der Eiffelturm ist von Gustave Eiffel erbaut worden.*
2 *Dieser Stadtplan liest sich leicht.*
3 *In Paris nimmt man oft die Metro.*

Passiversatz

Gebrauch

Dans beaucoup de pays anglophones, **on roule** à gauche.
On a décidé d'augmenter la T.V.A.

- Statt das Passiv zu verwenden, kann man Aktivsätze mit **on** bilden. Solche Konstruktionen sind in der Umgangssprache sehr beliebt.

Les cigarettes **se vendent** surtout dans les bureaux de tabac.
Le pastis **se boit** avec de l'eau et des glaçons.

- Die Umschreibung mit einem reflexiven Verb ist vor allem dann sinnvoll, wenn der Urheber nicht genannt wird und wenn es sich um eine Sache handelt.

Il **s'est fait voler** ses papiers.	*Ihm wurden seine Papiere gestohlen.*
Elle **se fait offrir** un cadeau.	*Ihr wird ein Geschenk gemacht.*
Elle **s'est fait faire** une permanente.	*Sie hat sich eine Dauerwelle machen lassen.*

- Eine Konstruktion mit **se faire** + Infinitiv kann nur auf Menschen bezogen werden.

L'augmentation de la T.V.A. **sera l'objet d'**une violente discussion.

- Die Konstruktion **être l'objet de** ist typisch für die Pressesprache.

1. Formen Sie die folgenden Sätze in eine Passivkonstruktion um.

a) En Alsace, on parle aussi l'allemand.

L'allemand est aussi parlé en Alsace.

b) Au 17e siècle, la France a occupé le pays.

____.

c) Au 18e siècle, Vauban a construit des forteresses le long du Rhin.

____

____.

d) En 1871, l'Empire d'Allemagne a annexé la province d'Alsace.

____

____.

e) En 1945, les alliés ont libéré l'Alsace des Allemands.

____

____.

f) Et prochainement, la SNCF ouvrira une nouvelle ligne de TGV.

____

____.

l'Alsace – *Elsass*

le siècle – *Jahrhundert*

une forteresse – *Festung*

l'Empire d'Allemagne – *Deutsches Reich*

la province – *Provinz*

un allié – *Alliierter*

le TGV – *Hochgeschwindigkeitszug*

6 VERNEINUNG

oui, non, si

Die Antwort auf eine verneinende Frage lautet **non**, wenn man dem Fragenden zustimmt, und **si**, wenn man ihm widerspricht.

Tu as fait la vaisselle ? - **Oui**.
Tu n'as pas mangé ? - **Non**.
Tu n'as pas fait de courses ? - **Si**.

ne... pas, ne... plus, ne... jamais, ne... rien, ne... personne, ne... aucun

Im Französischen wird die Verneinung durch **ne** in Verbindung mit **pas**, **plus**, **jamais**, **rien**, **personne** oder **aucun** gebildet.

Je **ne** veux **pas** aller au cinéma.	*Ich will nicht ins Kino gehen.*
Elle **ne** l'aime **plus**.	*Sie liebt ihn nicht mehr.*
Ils **ne** sont **jamais** partis en vacances.	*Sie sind nie in Ferien gefahren.*
On **n'**a **rien** mangé.	*Wir haben nichts gegessen.*
Tu **n'**as vu **personne** ?	*Hast du niemanden gesehen?*
Jusqu'à présent, il **n'**a eu **aucun** accident.	*Bis jetzt hatte er noch keinen Unfall.*
Il **ne** connaît **aucune** fille.	*Er kennt überhaupt kein Mädchen.*

1 *Hast du Lust ins Kino zu gehen? - Ja.*
2 *Magst du nicht ins Theater gehen? - Nein.*
3 *Du wirst doch heute Abend nicht nach Hause fahren? - Doch.*

Stellung der Verneinungen

Pronomen, Seite 49

Il **ne** boit **pas**. Il **ne** buvait **pas**. Il **ne** boira **pas**. Il **n'**a pas **bu**. Il **ne** va **pas** boire. Il **ne** veut **pas** boire. **Ne** buvez **pas**.	**Ne... pas**, **ne... plus**, **ne... jamais** und **ne... rien** umschließen das konjugierte Verb (**boit**, **a**, **va**, **veut** etc.) wie ein „Sandwich": **ne** steht vor dem Verb, **pas** / **plus** / **jamais** / **rien** direkt danach.
Il **n'**en a **pas** bu. Je **ne** lui ai **plus** parlé. Elle **ne** m'a **jamais** pardonné. Ils **ne** leur ont **rien** fait.	Pronomen stehen zwischen **ne** und dem konjugierten Verb.
Je **ne** vois **personne**. Nous **n'**avons vu **personne**. Il **n'**a trouvé **aucun** logement.	Bei zusammengesetzten Zeiten steht **personne** oder **aucun** erst nach dem Partizip Perfekt.
J'avais l'idée de **ne pas** venir. Elle a l'intention de **ne plus** le voir. Il espère **ne jamais** la revoir.	Die Verneinungen stehen direkt vor einem verneinten Infinitiv.
Je pense **ne** voir **personne**. Il a peur de **ne** trouver **aucune** place.	Auch bei einem verneinten Infinitiv nehmen **personne** und **aucun** eine Sonderstellung ein.
Il **ne** parle à **personne**. Elle **ne** pense à **rien**. Il **ne** parle à **aucune** fille. Je **n'**ai besoin de **rien**.	**Personne**, **rien** und **aucun** können auch indirektes Objekt sein. Sie stehen dann nach der Präposition **à** bzw. **de**.
Rien ne me manque. **Personne ne** le sait. **Aucun** d'entre nous **ne** lui téléphone.	**Rien**, **personne** und **aucun** stehen am Satzanfang, wenn sie Subjekt des Satzes sind.

Verneinung von Substantiven

Elle **n'**a **jamais** mangé de pommes.

Pas verhält sich wie eine Mengenangabe: Es folgt nicht der Artikel, sondern nur **de**.

Sie hat nie Äpfel gegessen.

Il **ne** boit **pas** d'alcool.

Bei **être** wird nicht das Substantiv, sondern das Verb verneint, sodass hier der Artikel steht.

Ce **n'**est **pas** une orange, c'est une clémentine.
Ce **n'**est **pas** du jus, mais du vin.

Nach Verben der Gefühlsäußerung wie **aimer**, **adorer**, **détester** steht in bejahten wie in verneinten Sätzen der Artikel.

Il **n'**aime **pas** la viande.
Je **ne** déteste **plus** les fruits.

Kombinierte Verneinungen

Verneinungen wie *nie mehr*, *immer noch nicht* oder *nicht immer* werden wie folgt ausgedrückt:

Elle **ne** parlera **plus jamais** à ses parents.	*Sie wird nie mehr mit ihren Eltern sprechen.*
Il **n'**a **plus rien** dit.	*Er hat nichts mehr gesagt.*
Elle **n'**a **plus vu** personne.	*Sie hat niemanden mehr gesehen.*
Les professeurs **ne** sont **pas toujours** mauvais.	*Lehrer sind nicht immer schlecht.*
Elle **n'**a **toujours pas** appris le français.	*Sie hat immer noch nicht Französisch gelernt.*
Elle **n'**a **toujours rien** reçu.	*Sie hat immer noch nichts erhalten.*
Je **n'**ai **toujours** reçu **aucune** nouvelle.	*Ich habe immer noch keine Nachricht erhalten.*
Je **ne** suis **pas encore** allée en France.	*Ich bin noch nicht nach Frankreich gefahren.*

In einigen Fällen wird im Deutschen **rien**, **personne** und **jamais** mit *etwas*, *jemand* und *jemals* wiedergegeben:

Il n'a jamais **rien** dit de pareil.	*Er hat nie etwas Derartiges gesagt.*
Je n'ai jamais fait de mal **à personne**.	*Ich habe nie jemandem wehgetan.*
Personne ne saura **jamais** comment il est mort.	*Niemand wird jemals erfahren, wie er gestorben ist.*
Il est parti sans **rien** manger.	*Er ist weggegangen, ohne etwas zu essen.*
Il s'est acheté une voiture sans demander **à personne**.	*Er hat sich ein Auto gekauft, ohne jemanden zu fragen.*

du tout

Je **n'**ai **pas du tout** envie d'aller au cinéma.

Ne… pas / rien / plus können durch **du tout** verstärkt werden. **Du tout** steht dann nach dem zweiten Teil der Verneinung.

Comment est-ce que tu trouves cette jupe? – Elle **ne** me plaît **pas du tout**.
Wie findest du diesen Rock? – Er gefällt mir überhaupt nicht.

Carole est très paresseuse. Elle **ne** fait **rien du tout**.
Carole ist sehr faul. Sie macht überhaupt nichts.

non plus

Die Verneinung zu **aussi** heißt **non plus**.

Moi, je **n'**irai **pas** à la fête. – Et moi, je **n'**irai **pas non plus**.
Ich gehe nicht auf das Fest. – Und ich gehe auch nicht.

Elle **n'**a **rien** remarqué. – **Lui non plus**, il **n'**a **rien** remarqué.
Sie hat nichts bemerkt. – Und er, er hat auch nichts bemerkt.

ne… que und seulement

Ne… que und **seulement** sind in den meisten Fällen austauschbar. Die deutsche Übersetzung lautet *nur* oder *erst*.

Je **ne** bois **que** de l'eau.	Je bois **seulement** de l'eau.
Elle **n'**a **que** quinze ans.	Elle a **seulement** quinze ans.

Steht nach **seulement** + **Verb** ein Nebensatz, der durch que eingeleitet wird, so kann **seulement** nicht durch **ne… que** ersetzt werden.

Il a **seulement** dit qu'elle était partie.

ne… ni… ni

Ni… ni entspricht dem deutschen *weder … noch*.
Ni… ni kann vor Adjektiven, vor Substantiven oder vor Infinitiven stehen.

Il **n'**est **ni** beau **ni** intelligent.
Il **ne** sait **ni** lire **ni** écrire.
Ni le cinéma **ni** le théâtre **ne** l'intéressent.

Während im Deutschen das Verb nicht verneint wird, muss es im Französischen mit **ne** oder **n'** verneint werden.

Ich habe überhaupt keine Lust ins Kino zu gehen.

• **1.** Michel ist stur. Verneinen Sie mit **ne... pas de**.

a) Tu veux une orange?
Non, *je ne veux pas d'orange.*

b) Tu veux peut-être une pomme ?
Non, ______

c) Tu aimerais une glace ?
Non, ______

d) Tu veux peut-être un nouveau T-shirt ?
Non, ______

e) Alors, on fait un voyage en Espagne ?
______

f) Eh bien, il te faut une nouvelle amie ?
______

•• **2.** Beantworten Sie die Sätze, indem Sie sie verneinen.

a) Voulez-vous prendre un café ?
Non, *je ne veux pas prendre de café.* .

b) Tu as mangé un sandwich ?
Non, ______ .

c) Tu veux boire quelque chose ?
Non, ______ .

d) Tu as déjà parlé à ton professeur ?
Non, ______ .

e) Tu vas inviter quelqu'un pour ce soir ?
Non, ______ .

f) Tu as vu quelque chose ?
Non, ______ .

g) Tu manges de la viande ?
Non, ______ .

h) C'est ton ami ?

Non, ______________________________.

i) Vous adorez la musique ?

Non, ______________________________.

j) Il te manque quelque chose ?

Non, ______________________________.

k) Tu feras encore un voyage ?

Non, ______________________________.

l) Vous avez vu Barbara ou Michel ?

Non, ______________________________.

m) C'est du fromage ?

Non, ______________________________.

n) Il a dit encore quelque chose ?

Non, ______________________________.

o) Est-ce qu'il a enfin trouvé une femme ?

Non, ______________________________.

p) Est-ce qu'elle n'a pas encore parlé à ses parents ?

Non, ______________________________.

q) Est-ce qu'elle a parlé encore à quelqu'un ?

Non, ______________________________.

r) Est-ce que vous regardez toujours la télé ?

Non, ______________________________.

s) Tu as déjà passé ton permis de conduire ?

Non, ______________________________.

t) Christine ne viendra pas. Et toi, tu viendras ?

Non, ______________________________.

• **3.** Finden Sie die passende Antwort.

a) Tu as déjà écrit à ton amie ?	Non, je n'ai rien acheté.
b) Est-ce que tu vas à Paris ?	Non, elle n'a plus rien dit.
c) Tu as acheté quelque chose pour ce soir ?	Non, je ne lui ai pas encore écrit.
d) Tu as écrit ce poème ?	Non, je n'ai vu personne.
e) Tu as vu quelqu'un dans la rue ?	Non, elle n'a pas du tout changé.
f) Est-ce qu'elle a dit encore quelque chose ?	Non, je n'en mange plus.
g) Tu manges de la viande ?	Non, je n'y vais pas.
h) Est-ce qu'elle a changé ?	Non, pas celui-ci.

7 INDIREKTE REDE

Bildung der indirekten Rede

Wie im Deutschen müssen die Pronomen und Begleiter in der indirekten Rede verändert werden. Dabei verändern sich natürlich auch die Endungen der Verben. Die Angleichungen erfolgen immer aus der Perspektive des Sprechenden.

direkte Rede
Il me demande: « **Tu as** faim ? » Ma mère demande : « **Tu as** déjà fait **tes** devoirs ? » Je réponds : « J'aimerais que **tu m'aides** un peu. »
indirekte Rede
Il me demande si **j'ai** faim. Ma mère demande si **j'ai** déjà fait **mes** devoirs. Je réponds que j'aimerais qu'**elle m'aide** un peu.

 1 *Mein Mann fragte mich, ob ich den schönen Mond gesehen habe.*

 2 *Und er sagte mir, dass er mich liebe.*

1. Einleitung der Nebensätze

Nach **dire**, **répondre**, **ajouter** etc. wird der Nebensatz durch **que** eingeleitet.

Je dis: « Je m'ennuie. »
Je dis **que** je m'ennuie.

Eine Entscheidungsfrage (Ja-Nein-Frage) nach **demander** wird durch **si** eingeleitet.

Mon frère demande: « (Est-ce que) Tu resteras à la maison ? »
Mon frère demande **si** je resterai à la maison.

Das Fragewort **que** der direkten Rede wird in der indirekten Rede zu **ce que**.

Moi, je veux savoir : « **Qu'**est-ce qu'on fera le week-end ? »
Moi, je veux savoir **ce qu'**on fera le week-end.

Fragewörter der Ergänzungsfragen: quand, où, qui, quel, quoi

Die Fragewörter einer Ergänzungsfrage (W-Frage) bleiben in der indirekten Rede erhalten.

Mon père demande : « **Quand** est-ce que tu rentreras ? »
Mon père demande **quand** je rentrerai.

Ma mère veut savoir : « **Avec qui** est-ce que tu passeras la soirée ? »
Ma mère veut savoir **avec qui** je passerai la soirée.

Mon père demande : « **Où** est-ce que vous irez ? »
Mon père demande **où** nous irons.

2. Veränderung der Tempora

Steht das redeeinleitende Verb in einer Zeit der Vergangenheit (z. B. **Il a dit que...**), so müssen die Tempora der Nebensätze verändert werden. Alle Verbformen haben dann nur noch folgende Endungen:

-ais	**-ions**
-ais	**-iez**
-ait	**-aient**

Dabei gelten folgende Umformungsregeln:

direkte Rede	indirekte Rede	
Präsens	Imparfait	fais**ait**
Passé composé	Plus-que-parfait	av**ait** fait
Futur I	Conditionnel I	fer**ait**
Futur II	Conditionnel II	aur**ait** fait

Die anderen Zeiten bleiben erhalten:

direkte Rede	indirekte Rede	
Imparfait	Imparfait	fais**ait**
Plus-que-parfait	Plus-que-parfait	av**ait** fait
Conditionnel I	Conditionnel I	fer**ait**
Conditionnel II	Conditionnel II	aur**ait** fait

Bei einem redeeinleitenden Verb in der Vergangenheit wird **demain** ersetzt durch **le lendemain**, **hier** durch **la veille**, **aujourd'hui** durch **ce jour-là** sowie **ce soir** durch **ce soir-là**.

Dies gilt nur, wenn das redeeinleitende Verb in der Vergangenheit steht. Bei anderen Tempora bleiben die Zeitangaben unverändert!

Il m'a demandé : « Qu'est-ce que tu as fait **hier** ? »
Il m'a demandé ce que j'avais fait **la veille**.

Et il voulait savoir : « Qu'est-ce que tu feras **demain** ? »
Et il voulait savoir ce que je ferais **le lendemain**.

Et ma mère a demandé : « Tu as déjà fait tes devoirs **aujourd'hui** ? »
Et ma mère a demandé si j'avais déjà fait mes devoirs **ce jour-là**.

• **1.** In der folgenden indirekten Rede fehlen die Konjunktionen **si** und **que**. Außerdem fehlen die Verbformen. Vervollständigen Sie.

a) Mon ami dit _qu'_ il m' _aime_ . (aimer)

b) Et il ajoute ____ il m' ________ (aimer) encore dans 20 ans.

c) Il me demande tous les jours ____ je ________ (ne pas en avoir) un autre.

d) Moi, je précise ____ je ________ (ne pas en voir) d'autres depuis que je le connais.

e) Et je lui demande ____ il ________ (faire) la connaissance d'une autre fille.

f) Lui, il répond ____ il ________ (ne jamais me quitter).

•• **2.** Setzen Sie folgende Sätze in die indirekte Rede. Verwenden Sie dabei bei einer Aussage das redeeinleitende Verb **dire**, bei einer Frage das Verb **demander**:

Ma mère dit que… / Ma mère demande si…

a) « Est-ce que tu as déjà un petit ami ? »

Elle demande si j'ai déjà un petit ami.

b) « Je veux que tu fasses tes devoirs. »

____

c) « Tu ne sortiras pas demain. »

____

d) « Je me sens mieux si tu restes à la maison. »

____

e) « Est-ce que tu as déjà rendu visite à tes grands-parents ? »

____

f) « Qu'est-ce que tu vas offrir à ton père pour son anniversaire ? »

____

g) « Pourrais-tu m'aider à faire la vaisselle ? »

____

• **3.** **Ergänzen Sie folgende indirekte Rede durch die passende Verbform. Die redeeinleitenden Verben befinden sich in der Vergangenheit!**

a) Ma grand-mère voulait savoir si *j'avais déjà fait* mes devoirs. (faire)

b) Elle m'a demandé si j' ______ (avoir) une petite amie.

c) Elle a dit qu'elle ______ (être mariée) depuis 40 ans.

d) Elle a ajouté qu'elle ______ (faire) la connaissance de mon grand-père pendant son voyage en Espagne.

e) Et elle a dit qu'elle ne le ______ (quitter) jamais.

f) Et elle a précisé qu'elle l' ______ (aimer) toujours.

g) Elle m'a demandé si je ______ (penser) comme elle.

•• **4.** **Frau Dutour wird bald verreisen. Ihr Mann stellt ihr einige Fragen. Setzen Sie folgende Sätze in die indirekte Rede. Die redeeinleitenden Verben stehen im Präsens.**

Monsieur Dutour veut savoir de sa femme :...

a) « Est-ce que tu vas m'envoyer une carte postale ? »

Il veut savoir si elle va lui envoyer une carte postale.

b) « Tu m'appelleras de Paris ?

______

c) « Je peux te téléphoner de temps en temps ? »

______

d) « Tu m'apporteras un petit cadeau ? »

______

e) « Est-ce que ta sœur va t'accompagner ? »

______

f) « Tu ne vas pas t'ennuyer sans moi ? »

______

g) « Qu'est-ce que je vais faire sans toi ? »

______

●●● **5.** Setzen Sie folgende direkte Rede in die Vergangenheit und in die indirekte Rede. Verwenden Sie dabei die passenden redeeinleitenden Verben.

Mon professeur m'a demandé / voulait savoir / a dit / a ajouté...

a) « Est-ce que tu as fait tes devoirs ? »

Mon professeur m'a demandé si j'avais fait mes devoirs.

b) « Quand est-ce que tu les as faits ? »

c) « Est-ce que quelqu'un t'a aidé à les faire ? »

d) « Pourrais-tu me répondre correctement ? »

e) « Je ne crois pas que tu puisses me donner une traduction correcte. »

f) « Pour cette traduction tu vas avoir une mauvaise note. »

g) « J'appellerai tes parents aujourd'hui même. »

h) « Demain tu me rendras cette lettre. »

i) « La prochaine fois, tu iras chez le directeur. »

j) « Qu'est-ce que tu fais pendant tout l'après-midi ? »

k) « Tu as déjà pensé à ton avenir ? »

l) « Il y a trente ans, un élève comme toi n'aurait pas travaillé comme ça. »

8 ADJEKTIV

Maskuline und feminine Adjektive

Das Adjektiv stimmt mit dem dazugehörigen Substantiv in Geschlecht und Zahl überein. Meistens sind sie verschieden, in einigen Fällen jedoch hat das maskuline Adjektiv die gleiche Form wie das feminine.

Grundregeln zur Bildung der femininen Form

1. Grundregel

Die feminine Form wird gebildet, indem man ein **-e** an die maskuline Form anhängt. Dies ist die 1. Grundregel zur Bildung der femininen Form.

Il est **petit**.
Elle est **petite**.

un **mauvais** acteur
la **mauvaise** route

un auteur **américain**
une actrice **américaine**

un rôle **important**
une question **importante**

un fromage **français**
la langue **française**

Ebenso zum Beispiel: joli, nu, vrai, spécial, clair, extérieur, direct, suspect, droit, étonnant, intelligent, froid, chaud, laid, profond, grand, allemand, espagnol, anglais, chinois, gris

1 *Es ist ein schönes Hotel mit angenehmer Atmosphäre.*
2 *Ja, Madame Le Grand hat wirklich schöne Hotels.*

2. Grundregel

Endet die maskuline Form bereits auf **-e**, dann wird die feminine Form nicht weiter verändert.

un travail **difficile**
une opération **difficile**

un fromage **suisse**
la Confédération **suisse**

du vin **ordinaire**
une personne **ordinaire**

Ebenso zum Beispiel: facile, rare, sévère, pauvre, réalisable, rougeâtre, pittoresque, lisible, géométrique, égoïste, belge, russe, utile

Sonderregeln

-c	▸ **-que:**	un jardin **public** l'opinion **publique** turc – turque grec – grec̲que
-eur	▸ **-eure:**	un escalier **extérieur** une serrure **extérieure** meilleur – meilleure antérieur – antérieure intérieur – intérieure
-eur	▸ **-euse:**	un aspect **trompeur** une apparence **trompeuse** menteur – menteuse rêveur – rêveuse prometteur – prometteuse
-teur	▸ **-trice:**	un député **conservateur** une politique **conservatrice** créateur – créatrice destructeur – destructrice moteur – motrice

-f	**-ve:**	un pont **neuf** une idée **neuve** actif - active, vif - vive juif - juive, naïf - naïve
-el	**-elle:**	un teint **naturel** de l'eau minérale **naturelle** tel - telle, réel - réelle individuel - individuelle
-eil	**-eille:**	en **pareil** cas à **pareille** heure
-en **-on**	**-enne:** **-onne:**	un meuble **ancien** une amitié **ancienne** un **bon** résultat une **bonne** excuse moyen - moyenne breton - bretonne européen - européenne
-er	**-ère:**	un vin **léger** une matière **légère** premier - première cher - chère fier - fière
-et	**-ette:**	un film **muet** une femme **muette** coquet - coquette net - nette
-et	**-ète:**	un train **complet** une œuvre **complète** discret - discrète inquiet - inquiète

Die feminine Form zu bref lautet br**è**ve!

Achtung: Adjektive auf **-al** und **-il** werden gemäß 1. Grundregel abgeleitet:
amical - amicale,
civil - civile

Ausnahmen:
doux - douce
faux - fausse
roux - rousse

-s	▸ -sse:	le foie **gras** la matière **grasse** bas - basse, gros - grosse épais - épaisse
-x	▸ -se:	un chemin **dangereux** une zone **dangereuse** jaloux - jalouse curieux - curieuse

Ausnahmen

aigu/aigüe - *scharf, hoch, schrill*

maskulin	feminin	maskulin	feminin
aigu	aigüe	hébreu	hébraïque
blanc	blanche	long	longue
favori	favorite	paysan	paysanne
frais	fraîche	sec	sèche
gentil	gentille		

Adjektive mit zwei maskulinen Formen

Die zweite Singular-Form gibt es nur bei den Adjektiven **beau**, **vieux** und **nouveau**!

Drei maskuline Adjektive haben im Singular eine zweite Form, die vor Substantiven mit Vokal oder stummem **h** steht. Wird das Adjektiv nachgestellt, erscheint wieder die normale maskuline Form.

maskulin	feminin
un **beau** studio un **bel** appartement un appartement **beau** et pas cher	une **belle** maison
un **vieux** monsieur un **vieil** homme un homme **vieux** et malade	une **vieille** femme
un **nouveau** pantalon un **nouvel** anorak un anorak **nouveau** et chic	une **nouvelle** jupe

Pluralbildung

Grundregel

Der Plural der Adjektive lautet normalerweise auf **-s** (Grundregel).
Es gelten die gleichen Regeln wie für die Pluralbildung der Substantive.

§ **Pluralbildung bei Substantiven,** Seite 21

maskulin	feminin
un grand appartement de(s) grand**s** appartements	une grand**e** maison de(s) grand**es** maisons
petit - petits difficile - difficiles blanc - blancs	petite - petites difficile - difficiles blanche - blanches

1. Sonderregel

Maskuline Adjektive auf **-al** oder **-eau** bilden den Plural auf **-aux** bzw. **-eaux**.

maskulin	feminin
un signe amic**al** des signes amic**aux**	une voix amicale des voix amicales
un b**eau** studio de b**eaux** studios	une belle maison de belles maisons
un **bel** appartement de b**eaux** appartements	

Ausnahme:

Die maskulinen Formen banal, fatal, final und naval bilden die Pluralform regelmäßig auf **-als**.

2. Sonderregel

Maskuline Singularformen auf **-s** und **-x** werden im Plural nicht verändert.

maskulin	feminin
un gro**s** chien de(s) gro**s** chiens	une grosse valise de(s) grosses valises
un chemin dangereu**x** des chemins dangereu**x**	une zone dangereuse des zones dangereuses
gris - gris doux - doux	grise - grises douce - douces

Gestern habe ich nette Leute getroffen.

In der Umgangssprache wird jedoch schon oft **des** benutzt.

Steht das Adjektiv vor dem Substantiv, so lautet der unbestimmte Artikel im Plural **de**.

un gros chien	aber: un chien dangereux
de gros chiens	**des** chiens dangereux

Besonderheiten bei der Angleichung des Adjektivs

C'est une jupe **chic** !

Unveränderliche Adjektive

Substantive, die als Adjektiv gebraucht werden, sind unveränderlich.

un pantalon azur	une robe azur
des pantalons azur	des robes azur

- abricot, aubergine, azur, cerise, citron, kaki, marron, olive, orange, paille, chic, snob, bon marché

Zusammengesetzte Adjektive

Grundregel

Werden zwei Adjektive durch Bindestrich zusammengesetzt (Adjektiv + Adjektiv), so werden beide verändert.

aigre-doux/aigre-douce - *süßsauer*

un plat **aigre-doux**	une sauce **aigre-douce**
des plats **aigres-doux**	des sauces **aigres-douces**

- social-démocrate, chrétien-démocrate, libéral-démocrate

Das ist ein schicker Rock!

Sonderregeln

Endet das erste der beiden zusammengesetzten Adjektive auf **-o** oder bezeichnet es eine Himmelsrichtung, so wird es nicht verändert.

un film **franco-allemand**	l'amitié **franco-allemande**
des films **franco-allemands**	les relations **franco-allemandes**

Die gleiche Regel gilt für Zusammensetzungen, bei denen der erste Teil eine Präposition ist.

un pays **sous-développé**	une région **sous-développée**
des pays **sous-développés**	des régions **sous-développées**

sous-développé/e – *unterentwickelt*

▸ germano-français, nord-américain, sud-africain, avant-dernier

Farbadjektive sind unveränderlich, wenn sie aus mehreren Wörtern bestehen.

un pantalon **bleu ciel**	une chemise **bleu ciel**
des pantalons **bleu ciel**	des chemises **bleu ciel**

▸ bleu marine, bleu vert, bleu clair, bleu foncé

Demi, **nu** und **nouveau** bleiben unverändert, wenn sie vor dem Substantiv stehen und mit diesem durch Bindestrich verbunden sind.

le **demi**-monde
une **demi**-heure

un **nouveau**-né
des **nouveau**-nés

Im Plural trägt **grand** allerdings ein **-s**!

Grand hat keine feminine Form, wenn es durch Bindestrich dem Substantiv vorangestellt ist.

le **grand**-père	la **grand**-mère
les **grands**-pères	les **grands**-mères
la **grand**-tante	ne pas **grand**-chose
les **grands**-tantes	

Gebrauch

Il est **vieux**. **Ils** sont **vieux**.	**Elle** est **vieille**. **Elles** sont **vieilles**.

- Das Adjektiv kann, wie im Deutschen, mit **être** verbunden werden. Es bezieht sich dann auf das Subjekt und richtet sich in Geschlecht und Zahl nach diesem.

Il est devenu **vieux**. **Elle** est devenue **vieille**. **Les jours** me semblent **courts**. **Les hommes** demeurent **libres**. **Ils** sont restés **seuls**. **Elle** fait **vieille**.	devenir, paraître, sembler, demeurer, rester, faire (in der Bedeutung von *wirken*).

- Wenige weitere Verben besitzen die gleiche Funktion wie être: Das Adjektiv bezieht sich also auf das Subjekt.

Je **le** trouve **beau**. Il **la** trouve **belle**. Je **les** crois **partis**. Vous pouvez **vous** estimer **heureux**. Elle **se** dit **intelligente**. Elle **se** prétend **jeune**. Ils **se** sentent **seuls**.	trouver, croire, estimer, juger, déclarer, se dire, se prétendre, se sentir, se montrer, s'avérer, rendre, avoir l'air

- Bezieht sich ein Adjektiv auf ein direktes Objekt, so richtet es sich in Geschlecht und Zahl nach diesem.

Il a acheté un **grand appartement**. Il a acheté un **costume gris**.	Il a acheté une **grande maison**. Il a acheté une **cravate noire**.

- Das Adjektiv kann sich auch, unabhängig von einem Verb, unmittelbar auf ein Substantiv beziehen. Es richtet sich dann in Geschlecht und Zahl nach diesem.

Voranstellung oder Nachstellung des Adjektivs

C'était un film **intéressant**.

Nachstellung

Die meisten Adjektive werden nachgestellt. Hierzu gehören Adjektive, die folgende Eigenschaften bezeichnen:

Farben, Formen, Aussehen:	une voiture **rouge** des cheveux **blonds** une table **ronde** une maison **neuve**
physische, körperliche oder geistige Eigenschaften:	un climat **sec** une valise **lourde** une femme **mince** un homme **sage**
Nationalität, Religion, Wirtschaft, Soziales, Politik, Kultur:	l'économie **française** la situation **actuelle**
Geografie, Zeit:	les pays **nordiques** un rapport **annuel**
adjektivisch gebrauchte Partizipien:	une route **barrée** un travail **fatigant**

Auch mehrsilbige Adjektive werden immer nachgestellt:

un but **irréalisable**	une lettre **illisible**

Voranstellung

Nur wenige, <u>kurze</u> Adjektive stehen meist vor dem Substantiv.

petit, bon, mauvais, beau, joli, vieux, gros, bref, haut, bas, meilleur, moindre

un **petit** jardin une **bonne** nouvelle	une **meilleure** idée une **jolie** fille	une **mauvaise** surprise

 *Das war ein interessanter Film.*

Nach- oder Voranstellung

(„V" steht für „Bedeutung des vorangestellten Adjektivs", „N" für „Bedeutung des nachgestellten Adjektivs")

Achten Sie in Wörterbüchern auf die Hinweise *vorangestellt* bzw. *nachgestellt*!

Einige häufig gebrauchte Adjektive haben je nach Stellung eine unterschiedliche Bedeutung. Die wichtigsten Adjektive dieser Gruppe sind:

une **ancienne** amie	V: *ehemalig*
une ville **ancienne**	N: *alt*
une **brave** femme	V: *anständig*
une femme **brave**	N: *tapfer*
un **certain** Michel	V: *gewisser*
une date **certaine**	N: *sicher*
cher ami	V: *Lieber ...*
des chaussures **chères**	N: *teuer*
un **court** séjour	V: *kurz* (zeitlich)
une jupe **courte**	N: *kurz* (räumlich)
le **dernier** visiteur	V: *letzter*
la semaine **dernière**	N: *vorige*
un **grand** homme	V: *bedeutend*
un homme **grand**	N: *groß*
un **jeune** homme	V: *jung*
un homme **jeune**	N: *jugendlich*
une **longue** maladie	V: *lang* (zeitlich)
une robe **longue**	N: *lang* (räumlich)
une **pauvre** fille	V: *bedauernswert*
une fille **pauvre**	N: *arm, mittellos*
mes **propres** paroles	V: *eigen*
une assiette **propre**	N: *sauber*
un **rare** esprit	V: *außergewöhnlich*
une plante **rare**	N: *selten*
un **sacré** menteur	V: *verflucht, verdammt*
les livres **sacrés**	N: *heilig*
Saint-Michel	V: Heiliger + Vorname
l'Histoire **sainte**	N: *heilig*
un **sale** travail	V: *übel, Sau... („Sauarbeit")*
des mains **sales**	N: *schmutzig*

le **seul** ami	V: *einzig*
un homme **seul**	N: *einsam, alleinstehend*
vêtu d'un **simple** pull	V: *bloß mit*
un homme **simple**	N: *einfach*
un **triste** état	V: *kümmerlich*
une histoire **triste**	N: *traurig*
du **vrai** bois	V: *richtig, echt*
une histoire **vraie**	N: *wahr*

vrai/e

Voranstellung: ***echt*** im Sinne von ***nicht gefälscht***

Nachstellung: ***wahr*** im Sinne von ***nicht erfunden***

Die Stellung von zwei Adjektiven

Beide Adjektive können den Platz behalten, den sie auch bei alleinigem Auftreten haben. Stehen jedoch zwei Adjektive vor oder nach dem Substantiv, so werden sie mit **et** verbunden.

un **mauvais** auteur **américain**
une **grande et belle** femme
un hôtel **tranquille et confortable**

Beide Adjektive können auch nachgestellt werden, selbst wenn sie einzeln vorangestellt würden. Auch in diesem Falle werden sie mit **et** verbunden.

une femme **grande et belle**
une maison **grande et vieille**
des vacances **longues et belles**

Steigerung des Adjektivs

Bildung des Komparativs

Der Komparativ wird nach dem folgenden Schema gebildet:
„Gleichheit" wird ausgedrückt durch **aussi** + Adjektiv + **que**.

> Michel est **aussi grand que** Paul.
> Emma est **aussi sportive qu'**Anne.

„Überlegenheit" wird ausgedrückt durch **plus** + Adjektiv + **que**.

> Éric est **plus grand que** Pierre.
> Annick est **plus sportive qu'**Alain.

„Unterlegenheit" wird ausgedrückt durch **moins** + Adjektiv + **que**.

> Pierre est **moins grand qu'**Éric.
> Alain est **moins sportif qu'**Annick.

---

1 *Das rosa Hemd ist genauso teuer wie das graue Hemd.*
2 *Die rote Jeans ist teurer als die gelbe Jeans.*
3 *Das schwarze T-Shirt ist billiger als das weiße T-Shirt.*

Bildung des Superlativs

Der Superlativ wird ausgedrückt durch **le / la / les plus** + Adjektiv:

Quelle est la fille **la plus sportive** ?
Annick est la fille **la plus sportive**.

beziehungsweise durch **le / la / les moins** + Adjektiv:

Quel est le garçon **le moins grand** ?
Pierre est **le moins grand**.

Unregelmäßige Steigerungsformen

Die Adjektive **bon**, **mauvais** (im Sinne von *schlimm*) und **petit** (im Sinne von *gering*) haben unregelmäßige Steigerungsformen:

bon(s)	meilleur(s)	le / les meilleur(s)
bonne(s)	meilleure(s)	la / les meilleure(s)
mauvais	pire(s)	le / les pire(s)
mauvaise(s)	pire(s)	la / les pire(s)
petit(s)	moindre(s)	le / les moindre(s)
petite(s)	moindre(s)	la / les moindre(s)

Mauvais im Sinne von *schlecht* oder **petit** im Sinne von *klein* werden regelmäßig mit **plus** gesteigert.

Ce vin est **bon**.
Celui-ci est **meilleur** (que l'autre).
Et celui-là est **le meilleur** de tous.
Mes **meilleurs** vœux !

Cet homme est **mauvais**.
Les hommes sont **pires que** les femmes.
Le travail est **la pire des choses**.
Ce vin est encore **plus mauvais** que l'autre !

Voilà ses **petits** problèmes.
Aujourd'hui, ses problèmes sont **moindres** qu'ils ne l'étaient hier.
Et demain, il va nous expliquer **les moindres détails** de ses problèmes.
Il est le **plus petit** de sa classe.

aigu – *spitz, scharf, hoch*
public – *öffentlich*
vif – *lebendig, lebhaft*
amer – *bitter*
net – *klar, deutlich*
bon marché – *günstig*
gras – *fett, schmierig*

1. Ergänzen Sie die fehlenden maskulinen oder femininen Formen des Adjektivs.

a)	froid	*froide*	**b)**	______	rare
c)	______	secrète	**d)**	européen	______
e)	faux	______	**f)**	aigu	______
g)	public	______	**h)**	______	facile
i)	______	réelle	**j)**	______	fraîche
k)	turc	______	**l)**	grec	______
m)	______	vive	**n)**	amer	______
o)	net	______	**p)**	gros	______
q)	blanc	______	**r)**	______	jalouse
s)	suisse	______	**t)**	______	russe
u)	bon marché	______	**v)**	citron	______
w)	complet	______	**x)**	gras	______

fatal – *schicksalhaft*
gris – *grau*
amical – *freundschaftlich*

2. Ergänzen Sie die fehlenden Singular- oder Pluralformen des Adjektivs.

	maskulin Singular	maskulin Plural	feminin Singular	feminin Plural
a)	*mauvais*	mauvais	______	______
b)	fatal	______	______	______
c)	______	gris	______	______
d)	long	______	______	______
e)	amical	______	______	______
f)	______	beaux	______	______
g)	______	vieux	______	______
h)	dur	______	______	______
i)	gentil	______	______	______
j)	______	______	______	fraîches
k)	européen	______	______	______
l)	sec	______	______	______

3. Entscheiden Sie, ob in folgenden Sätzen das Adjektiv voran- oder nachgestellt wird. Achten Sie auf die Angleichung!

a) L'année dernière, nous avons acheté une *nouvelle* ______ maison ______.

b) Elle a une ______ salle de séjour ______, une ______ salle de bains ______ et quatre ______ chambres ______.

c) C'était un ______ travail ______ pour nettoyer cette ______ maison ______.

d) Ma ______ mère ______ !

e) Elle a fait ce ______ travail ______ jusqu'au ______ moment ______ avant de déménager.

f) Mais enfin, après de ______ travaux ______, on avait une ______ maison ______.

g) Le ______ défaut ______ de cette maison, c'est sa ______ isolation ______.

a) ~~nouveau~~
b) grand, minuscule, petit
c) fatigant, vieux
d) pauvre
e) sale, dernier
e) long, propre
f) seul, mauvais

4. Verbinden Sie die angegebenen Wörter zu einem Satz. Achten Sie dabei auf die Endungen der Adjektive sowie auf ihre Stellung.

a) je | acheter | ancien | une voiture

J'achète une voiture ancienne.

b) il | avoir | brun | des cheveux

______

c) elle | faire | léger | une sauce

______

d) ils | faire partie de | catholique | l'église

______

e) tu | écrire avec | gauche | la main

______

f) je | lire | gros | un livre

______

g) vous | raconter | bref | une histoire

h) elle | arriver avec | cassé | jambe

i) ils | préférer | turc | la nourriture

j) je | voir | franco-allemand | une pièce

k) elle | contacter | certain | Yves

l) elles | porter | long | des robes

m) il | s'acheter | nouveau *(neu)* | une voiture

n) elle | mener | simple | une vie

o) ils | avoir passé l'examen | dernier | la semaine

p) il | mon | être | ami | seul *(einziger)*

q) mes parents | appartement | avoir | grand

●● **5.** Formen Sie die Sätze zu einem neuen Satz um. Verwenden Sie dabei das angegebene Adjektiv in der Komparativform.

a) Le château de Chenonceaux date du XVIe siècle. Celui de Versailles date du XVIIe siècle. (vieux)

Le château de Chenonceaux est plus vieux que celui de Versailles.

b) Monique mesure 1 m 80. Florence mesure 1 m 70. (grand)

c) M. Dutour a acheté sa voiture en 1997. M. Floret a acheté la sienne en 1996. (neuf)

d) Une chambre à l'Hôtel de Provence coûte 53 euros, à l'Hôtel de Normandie seulement 49 euros. (cher)

e) Voilà les résultats de l'examen : Olivier a 85 points, Marc a 78 points. (bon)

f) Barbara crie de temps en temps. Michel crie tous les jours. (mauvais)

9 ADVERB

Im Französischen hat das Adverb im Gegensatz zum Deutschen eine andere Form als das Adjektiv!

Im Französischen muss man zwischen Adjektiv und Adverb unterscheiden, denn sie haben verschiedene Formen.
Französische Adverbien haben entweder die Endung **-ment** oder eine besondere Form, die sich von dem dazugehörigen Adjektiv unterscheidet.

Gebrauch

Vgl. S. 192

Elle est courageuse.
Ils sont rapides.
Elle est devenue vieille.

- Bei **être** und einer kleinen Reihe anderer Verben (vgl. Seite 190) steht das Adjektiv, denn in Sätzen mit **être** werden die Personen oder Dinge durch die Adjektive näher beschrieben (Wie ist jemand bzw. eine Sache?).

Elle travaille **courageusement**.
Ils sont partis **rapidement**.
Elle mange **bien**.

- In den obigen Beispielen werden Verben näher bestimmt (Wie erfolgt eine Handlung?). Es stehen somit **Adverbien**, die sich der Form nach von Adjektiven unterscheiden.

 *Normalerweise arbeitet Anne gewissenhaft.*
 *Aber heute arbeitet sie nicht gut, weil sie müde ist.*

C'est **extrêmement** simple.
Elle est **sérieusement** blessée.
Elle est **très** contente.

- Adverbien können auch Adjektive näher bestimmen (Wie schön / gut / schlecht ... ist jemand oder etwas?).

Elle mange **très** lentement.
J'y suis allé **assez** régulièrement.
Ils boivent **beaucoup** trop.

- Adverbien können auch andere Adverbien näher bestimmen (**lentement**, **régulièrement**, **trop**).

Bildung des Adverbs auf -ment

Notre hôtel est **entièrement** climatisé.

Grundregeln

An die feminine Form des Adjektivs wird die Endung **-ment** angehängt.

heureux/-euse	▸ **heureusement**
rare	▸ **rarement**
complet/-ète	▸ **complètement**

Einige Adjektive auf **-e** bilden das Adverb auf **-ément**.

profond/e	▸ **profondément**
énorme	▸ **énormément**
précis/e	▸ **précisément**
conforme	▸ **conformément**
commun	▸ **communément**

Bei einigen Adjektiven, deren maskuline Form auf einen Vokal endet, entfällt beim Adverb das **-e**.

Ausnahme:
gai – gaiement

vrai/e	▸ **vraiment**
absolu/e	▸ **absolument**
poli/e	▸ **poliment**

Unser Hotel ist vollklimatisiert.

Ausnahmen:
lent - lentement,
présent - présentement

Adjektive auf **-ant** oder **-ent** bilden das Adverb meist auf **-amment** bzw. **-emment**.

constant/e	▸ **constamment**
suffisant/e	▸ **suffisamment**
prudent/e	▸ **prudemment**

Sonderformen

Schnell kann man mit dem Adverb **rapidement** oder mit dem kürzeren Adverb ohne entsprechendes Adjektiv **vite** übersetzen.

Einige Adjektive bilden besondere Adverbien, die sich nicht herleiten lassen:

bon/bonne	▸ **bien**
meilleur/e	▸ **mieux**
mauvais/e	▸ **mal**
bref/brève	▸ **brièvement**
gentil/le	▸ **gentiment**
journalier/-ière	▸ **journellement**

Stellung des Adverbs auf -ment

Gebrauch

Das Adverb auf **-ment** steht ...

Elle travaille **sérieusement**. Elle travaillera **sérieusement**.

- bei einfachen Zeiten hinter der konjugierten Verbform.

Elle ne travaille pas **sérieusement**.

- bei einem verneinten Verb nach dem zweiten Verneinungselement (**pas**, **plus**...).

Elle a travaillé **sérieusement**. Elle va travailler **sérieusement**.

- bei zusammengesetzten Zeiten meist nach dem Partizip bzw. meistens nach dem Infinitiv.

Heureusement, dans trois semaines je serai en vacances.
Malheureusement, j'ai encore beaucoup de travail à faire.

- am Satzanfang, wenn es sich auf den ganzen Satz bezieht.

Steigerung des Adverbs

Ma fille travaille **plus sérieusement** que mon fils.

Grundregel

„Gleichheit" wird ausgedrückt durch **aussi** + Adverb + **que**.

Il travaille **aussi** sérieusement **qu'**elle.
(... genauso gewissenhaft wie ...)

„Überlegenheit" wird ausgedrückt durch **plus** + Adverb + **que**.

Elle travaille **plus** sérieusement **que** son frère.
(... gewissenhafter als ...)

„Unterlegenheit" wird ausgedrückt durch **moins** + Adverb + **que**.

Il parle **moins** bien **qu'**elle.
(... nicht so gut wie ...)

Der **Superlativ** des Adverbs wird durch **le plus...** oder **le moins...** gebildet.

Il parle **le plus** vite. Il raisonne **le moins** logiquement.

Le plus oder **le moins** sind feste Ausdrücke, die unveränderlich sind!

Sonderformen

Sonderformen von **bien**

aussi bien (que)	Elle parle **aussi bien que** lui.
mieux (que)	Elle parle **mieux que** lui.
moins bien (que)	Elle parle **moins bien que** lui.
le mieux	Elle parle **le mieux**.

Sonderformen von **peu**

aussi peu (que)	Je le vois **aussi peu qu'**elle.
moins (que)	Je le vois **moins qu'**elle.
plus (que)	Je le vois **plus qu'**elle.
le moins	Je le vois **le moins**.

moins (que) – *seltener (als)*

plus (que) – *häufiger (als)*

le plus – *am häufigsten*

Meine Tochter arbeitet gewissenhafter als mein Sohn.

autant (que) - *genauso viel (wie)*
plus (que) - *mehr (als)*
moins (que) - *weniger (als)*
le plus - *am meisten*

Sonderformen von **beaucoup**

autant (que)	Il parle **autant qu'**elle.
plus (que)	Il parle **plus qu'**elle.
moins (que)	Il parle **moins qu'**elle.
le plus	Il parle **le plus**.

Achtung: Soll mit **plus** oder **moins** eine Mengenangabe eingeleitet werden, so steht anstelle von **que** ein **de**.

Elle gagne **plus de** 2000 euros par mois.

Als Adverb gebrauchte Adjektive

Einige Adjektive werden als Adverb gebraucht und sind daher unveränderlich. Die wichtigsten Wendungen sind:

Achetez français.	*Kauft französische Produkte!*
Parlez plus fort.	*Sprechen Sie lauter!*
Parlez bas.	*Sprechen Sie leise!*
Votez socialiste.	*Wählen Sie die sozialistische Partei!*
Il faut **marcher droit.**	*Man muss gerade gehen.*
Ils **gagnent gros.**	*Sie verdienen viel.*
Vous **allez tout droit.**	*Gehen Sie geradeaus.*
Elle **travaille dur.**	*Sie arbeitet hart.*
Elle **chante faux / juste.**	*Sie singt falsch / richtig.*
Ça **sonne faux / juste.**	*Dies klingt falsch / richtig.*
Ça **coûte cher.**	*Das ist teuer.*
Ça **sent bon / mauvais.**	*Das riecht gut / schlecht.*

Als Adjektiv gebrauchte Adverbien

Die Adverbien **bien**, **mal** und **mieux** können auch als Adjektiv gebraucht werden.

Ce restaurant est **bien**.	*Dieses Restaurant ist gut.*
Ce restaurant est **mieux**.	*Dieses Restaurant ist besser.*
Ce restaurant n'est **pas mal**.	*Dieses Restaurant ist nicht schlecht.*
Je connais beaucoup de **gens bien**.	*Ich kenne viele anständige Leute.*
Je voudrais regarder **quelque chose de bien** à la télé.	*Ich möchte mir etwas Gutes im Fernsehen anschauen.*
Elle n'a **rien fait de mal**.	*Sie hat nichts Schlechtes getan.*
Il n'a pas fait **grand-chose de bien**.	*Er hat nicht viel Gutes getan.*

très, beaucoup, bien und tout

Dès maintenant, je vais travailler **très sérieusement**.

Très steht

- vor Adjektiven:
  Cet appartement est **très grand**. deutsche Bedeutung: *sehr*
- vor Adverbien:
  Il se vend **très facilement**. deutsche Bedeutung: *sehr*
- in Wendungen mit **avoir**, bei denen ein Substantiv ohne Artikel steht.
  J'ai **très faim** et **très soif**. deutsche Bedeutung: *groß*

Beaucoup steht

- bei Verben:
  Cet auteur me **plaît beaucoup**. deutsche Bedeutung: *sehr*
- vor Komparativen:
  Il est **beaucoup plus dynamique** que l'autre. deutsche Bedeutung: *viel*
- vor dem Adverb **trop**:
  L'autre est **beaucoup trop** monotone. deutsche Bedeutung: *viel*

Bien wird verwendet

- bei Verben:
  Elle a **bien mangé**. deutsche Bedeutung: *gut, viel*
- vor Adjektiven:
  Nous sommes **bien contents**. deutsche Bedeutung: *sehr*
- vor Adverbien:
  Elle va **bien souvent** en France. deutsche Bedeutung: *sehr*

Von jetzt an werde ich sehr gewissenhaft arbeiten.

- vor Komparativen mit **plus**, **meilleur**, **pire** und **davantage**:

Ta valise est **bien plus** lourde que la mienne. Cette bière est **bien meilleure**. Ce vin est **bien pire** que l'autre. Il boit **bien davantage** que son amie.	deutsche Bedeutung: *viel*

Tout kann neben Adverb auch Begleiter und Pronomen sein (vgl. hierzu Seite 41 bzw. 70)

Mit **tout** werden Adjektive verstärkt. Nur vor femininen Adjektiven, die mit einem Konsonanten beginnen, wird **tout** an das Adjektiv angeglichen.

Il est **tout** seul.	Elle est **toute** seule.
Ils sont **tout** seuls.	Elles sont **toutes** seules.

Beginnen die femininen Adjektive mit einem Vokal oder stummem **h**, so bleibt **tout**, wie bei Adverbien üblich, unverändert.

Il est **tout** heureux.	Elle est **tout** heureuse.
Ils sont **tout** heureux.	Elles sont **tout** heureuses.

1. Setzen Sie die fehlenden Formen des Adverbs ein.
M. = Michel; S. = Sabine

a) M. Tu veux *vraiment* ______ acheter une nouvelle voiture ?

b) S. ______ . J'ai ______ demandé à mes parents. Ils vont me prêter ______ de l'argent pour pouvoir acheter cette voiture ______ économe en essence.

c) M. Écoute-moi ______ . Je ne veux pas que tu roules trop *vite* ______ avec cette nouvelle voiture.

d) S. ______ , je ne te comprends pas. Je n'ai pas envie de conduire ______ avec ma nouvelle voiture.

e) M. Je sais. Et je sais aussi que tu as travaillé ______ pour avoir de l'argent. Et en plus, tu as acheté ______ . Ça ne va pas ______ améliorer la situation économique de notre pays. Tu vas voir, cette discussion va tourner ______ . Maintenant, je suis ______ touché. Je veux t'expliquer plus ______ la situation : Il vaut ______ que je te quitte.

a) ~~vrai~~
b) absolu - gentil - généreux - extrême
c) bon
d) franc - lent
e) dur - français - vrai - mauvais - profond - précis - meilleur

2. Bilden Sie aus den Adjektiven Adverbien.

a) heureux *heureusement* ______
b) énorme ______
c) profond ______
d) suffisant ______
e) bon ______
f) gentil ______
g) vrai ______
h) poli ______
i) complet ______
j) rare ______

k) bref ______
l) lent ______
m) absolu ______
n) extrême ______
o) courageux ______
p) conforme ______
q) précis ______

●● **3.** Entscheiden Sie, ob ein Adjektiv oder ein Adverb einzutragen ist.

a) ~~heureux~~
b) récent
c) énorme
d) complet
e) meilleur
f) mauvais
g) bon
h) bon

a) Yvette est une fille *heureuse* .
______ j'ai pensé à l'anniversaire de ma femme.

b) Ils ont construit leur maison ______ .
La zone piétonne de notre ville est ______ .

c) Cet avion fait un bruit ______ .
Oui, tu as raison, il fait ______ de bruit.

d) Tu fais ton gâteau avec de la farine ______ ?
Oui, mais j'ai ______ oublié d'en acheter.

e) Je comprends ______ l'italien que l'espagnol.
Mon idée est ______ que celle de Pascal.

f) Avec ce brouillard, on voit ______ .
C'est une ______ période pour partir en vacances.

g) Tu vas ______ ?
Oui. Et on a vraiment ______ mangé.

h) Ça sent ______ chez toi.
Tu as ______ cuisiné.

10 ZAHLEN UND ZEITANGABEN

Grundzahlen

0	zéro	**18**	dix-huit	**80**	quatre-vingt**s**
1	**un, une**	**19**	dix-neuf	**81**	quatre-ving**t-un** / **une**
2	deux	**20**	ving**t**	**82**	quatre-ving**t**-deux
3	trois	**21**	ving**t et** un / une	**90**	quatre-ving**t**-dix
4	quatre	**22**	ving**t**-deux	**91**	quatre-ving**t-onze**
5	cinq	**23**	ving**t**-trois	**100**	cent
6	six	**30**	trente	**101**	cent **un / une**
7	sept	**31**	trente **et** un / une	**102**	cent deux
8	huit	**40**	quarante	**110**	cent dix
9	neuf	**41**	quarante **et** un / une	**180**	cent quatre-vingt**s**
10	dix	**50**	cinq**u**ante	**200**	deux cent**s**
11	onze	**51**	cinq**u**ante **et** un / une	**201**	deux cen**t un / une**
12	douze	**60**	soixante	**1 000**	mille
13	treize	**61**	soixante et un / une	**1 001**	mille **un / une**
14	quatorze	**70**	soixante**-dix**	**2 000**	deux mill**e**
15	quinze	**71**	soixante **et** onze	**1 000 000**	un million
16	seize	**72**	soixante-douze	**2 000 000**	deux million**s**
17	dix-sept	**73**	soixante-treize	**1 000 000 000**	un milliard

! Beachten Sie besonders die Bildung der Zahlen von 72 bis 101!

Un und **une** als Zahlwörter richten sich im Geschlecht nach dem dazugehörigen Substantiv. Gehört **un / une** jedoch zu einer Zahl, die nach dem zugehörigen Substantiv steht, so heißt es immer **un**.

> Tu veux manger combien de bananes ? **Une** ou deux ? – Deux.
> Ce livre contient soixante et **une** pages.
> Mes élèves, ouvrez vos livres à la page soixante et **un**.

Bei 21, 31, 41, 51, 61 und 71 steht zwischen den Zehnern und Einern ein **et**.

vingt **et** un	cinquante **et** un
trente **et** un	soixante **et** un
quarante **et** un	soixante **et** onze

Nach **quatre-vingt**, **cent** und **mille** folgen die Einer direkt, ohne **et**.

quatre-vingt-**un**	cent **un**
	mille **un**

Bei den übrigen Zahlen bis 99 werden die Einer mit Bindestrich angehängt.

vingt-deux	quatre-vingt-un
trente-neuf	quatre-vingt-onze
soixante-dix-neuf	quatre-vingt-dix-neuf

Zahlen, die mit **cent**, **mille**, **million** oder **milliard** verbunden werden, stehen ohne Bindestrich.

cent cinquante	trois millions cinq cent mille
deux mille	

quatre-vingts wird mit, **vingt** wird ohne **-s** geschrieben. Folgt auf **quatre-vingts** eine weitere Zahl, so fällt das **-s** weg.

Ma grand-mère a quatre-vingt**s** ans. Elle s'est mariée à ving**t** ans.
Mon grand-père est mort à quatre-ving**t**-deux ans.

Cent im Plural bekommt nur ein **-s**, wenn keine weitere Zahl folgt.

Je voudrais **deux cents** grammes de gruyère râpé et **deux cent cinquante** grammes de parmesan.

Mille ist unveränderlich.

Il me faut aller à la banque pour retirer **deux mille** euros.

Million und **milliard** sind veränderlich. Ein **de** nach **million** oder **milliard** steht nur dann, wenn keine weitere Zahl folgt.

Cette maison a coûté **deux millions d'**euros.
Et la maison en Espagne vaut **trois millions cinq cent mille euros**.
En tout, il possède environ deux **milliards d'**euros.

septante (= 70)
nonante (= 90)
huitante (= 80)

In Belgien und in der französischsprachigen Schweiz werden offiziell **septante** und **nonante** benutzt. **Huitante** ist eine inoffizielle regionale Variante, die nur in der französischsprachigen Schweiz vorkommt.

Für die Jahreszahlen gibt es zwei Lesarten.

En l'an **mille neuf cent quatre-vingts...**
En **dix-neuf cent quatre-vingts...**

Ordnungszahlen

1er	le premier	**12e**	le / la douzième
1ère	la première	**13e**	le / la treizième
2e	le deuxième	**14e**	le / la quatorzième
2e	la deuxième	**15e**	le / la quinzième
2nd	le second	**16e**	le / la seizième
2nde	la seconde	**17e**	le / la dix-septième
3e	le / la troisième	**18e**	le / la dix-huitième
4e	le / la quatrième	**19e**	le / la dix-neuvième
5e	le / la cinquième	**20e**	le / la vingtième
6e	le / la sixième	**21e**	le / la vingt et unième
7e	le / la septième	**22e**	le / la vingt-deuxième
8e	le / la huitième	**30e**	le / la trentième
9e	le / la neuvième	**80e**	le / la quatre-vingtième
10e	le / la dixième	**100e**	le / la centième
11e	le / la onzième	**1000e**	le / la millième

Premier und **second** können nicht mit anderen Zahlen verbunden werden. An ihrer Stelle steht **unième** bzw. **deuxième**.

Datumsangabe, Seite 216

vingt et un	▸ le / la vingt et **unième**
cent un	▸ le / la cent **unième**
mille un	▸ le / la mille **unième**

Deuxième und **second(e)** werden im Deutschen mit *der / die / das Zweite* übersetzt und sind manchmal austauschbar. Second(e) steht eher dann, wenn es nur „zwei Sachen" gibt.

Deuxième wird insgesamt häufiger benutzt als **second(e)**.

J'aime surtout le **deuxième** chapitre de ce livre.
La **Seconde** Guerre mondiale était cruelle.
Comme mon mari est au chômage, j'achète des articles de **second** choix.

Bei den Herrschernamen steht nur beim „Ersten" die Ordnungszahl, ansonsten die Grundzahl.

Napoléon **Ier** (gesprochen: premier), Napoléon III (gesprochen: trois)
Elisabeth **Ière** (gesprochen: première)

Jedes zweite, dritte ... entspricht im Französischen der Konstruktion **un / une** + Substantiv + Grundzahl.

J'ai lu **un** livre **sur** deux.
Une maison **sur** cinq date du XVIIIe siècle.

Bruchzahlen

J'ai mangé **un quart** de ce gâteau.

Mit Ausnahme von **un demi**, **un tiers** und **un quart** entsprechen die Bruchzahlen den Ordnungszahlen.

1/2	un demi
1/3	un tiers
1/4	un quart
1/10	un dixième
3/4	trois quarts

Wenn **demi** dem Substantiv vorangestellt ist (mit Bindestrich), ist es unveränderlich!

Je voudrais **une demi-bouteille** de vin blanc.
Ich möchte eine halbe Flasche Weißwein. (kleine Flasche)

Normalement, il boit la **moitié d'une bouteille** de vin blanc.
Normalerweise trinkt er eine halbe Flasche Weißwein. (von einer ganzen)

Mais hier, il a bu **une bouteille et demie** de vin blanc.
Aber gestern hat er eineinhalb Flaschen Weißwein getrunken.

Sammelzahlen

Je voudrais **une douzaine** d'escargots.

Will man zum Ausdruck bringen, dass eine Zahl ungefähr 10, 15, 20, 30, 40, 50, 60 oder 100 beträgt, so hängt man die Endung **-aine** an die Grundzahl an.

une **quinzaine** de jours
une **dizaine** d'amis
une **vingtaine** d'années
une **trentaine** d'invités

Ungefähr tausend wird mit **un millier** übersetzt.

Au spectacle, il y avait **un millier** de personnes.

1 *Ich habe ein Viertel von diesem Kuchen gegessen.*
2 *Ich hätte gerne ein Dutzend Schnecken.*

Für andere Zahlen muss eine Umschreibung mit **environ** oder **à peu près** + Grundzahl gewählt werden.

environ soixante-dix	*ungefähr siebzig*
à peu près quatre-vingts	*ungefähr achtzig*

Dutzend (also genau 12) heißt im Französischen **une douzaine**.

une douzaine d'escargots
une douzaine d'huîtres
une douzaine d'œufs

Zeitangaben

Quelle heure est-il ?

Vous avez quelle heure ?

Il est une **heure**.
Il est trois **heures**.
Il est **midi**.
Il est **minuit**.

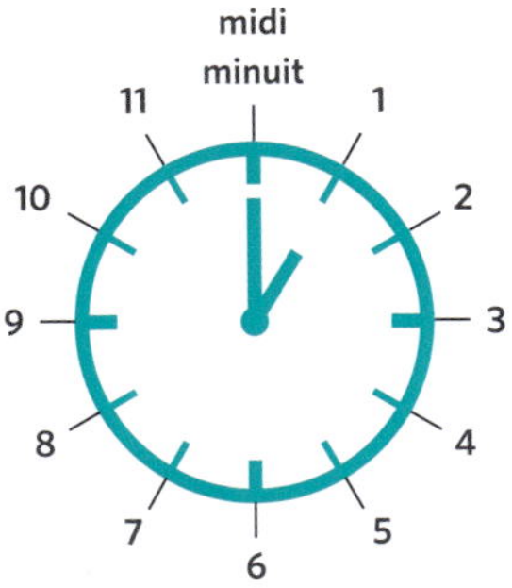

Il est une heure **cinq**.
Il est cinq heures **moins vingt**.
Il est trois heures **et quart**.
Il est huit heures **et demie**.
Il est dix heures **moins le quart**.
Il est midi moins **vingt-cinq**.
Il est minuit **et quart**.

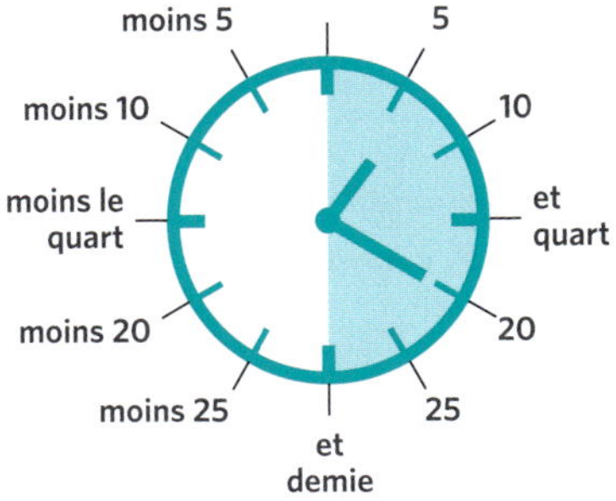

Bei der offiziellen Uhr (am Bahnhof, im Radio etc.) wird wie im Deutschen durchgezählt.

Il est **deux heures trente-cinq**.
Il est **quinze heures cinquante-huit**.
Il est **zéro heure quinze**.

Wie spät ist es?

Datumsangabe

Bei der Datumsangabe wird nur der Erste des Monats mit der Ordnungszahl wiedergegeben.

Je reviendrai le **premier** novembre.
Il est né le **premier** avril.

Für alle weiteren Datumsangaben verwendet man im Gegensatz zum Deutschen die Grundzahlen.

Les vacances commencent le **cinq** juillet.
Cette lettre date **du quatorze** janvier.

Anders als im Deutschen steht immer der bestimmte Artikel ohne Präposition.

Gebrauch des Artikels bei Angabe der Tageszeit, des Wochentags und des Datums, Seite 27

Il est né **le** neuf décembre.
Aujourd'hui, nous sommes **le** cinq septembre.

Eine Zeitspanne wird mit der Wendung **du ... jusqu'au** ausgedrückt.

Je serai en vacances **du** treize mai **jusqu'au** trois juin.
*Ich werde **vom** dreizehnten Mai **bis zum** dritten Juni im Urlaub sein.*

Il a été malade **du** vingt-huit novembre **jusqu'au** premier décembre.
*Er war **vom** achtundzwanzigsten November **bis zum** ersten Dezember krank.*

Wochentage werden in der Regel ohne Artikel verwendet.

Je viendrai **lundi**.
Il est arrivé **dimanche**.

Der bestimmte Artikel steht nur

- wenn etwas regelmäßig geschieht:
  Le lundi, je dois me lever à six heures. (*„montags"*)
  Le dimanche, ma grand-mère va à l'eglise. (*„sonntags"*)
- oder wenn eine Datumsangabe folgt:
  Aujourd'hui, nous sommes **le** jeudi 10 mai.
  Je suis revenu **le** samedi 20 septembre.

1 *Der wievielte ist heute? – Es ist der erste April.*
2 *Wann kommt er? – Er kommt am fünfzehnten März.*

Redewendungen mit Zahlen

Es gibt viele Redewendungen, in denen die Zahlen zu finden sind:

Il a **la boule à zéro**.	*Er ist kahl rasiert.*
Il est radin **comme pas un**.	*Er ist geizig wie kein anderer.*
Je vais lui **dire deux mots**.	*Ich werde ihm etwas erzählen.*
Mon père **fait les trois huit**.	*Mein Vater arbeitet im Schichtdienst.*
Je suis **plié en quatre**.	*Ich lache mich kaputt.*
Ils sont ouverts **vingt-quatre heures sur vingt-quatre**.	*Sie haben 24 Stunden geöffnet.*

Auch die **Brüche** werden in vielen Redewendungen angewendet:

Il **démarre au quart de tour**.
Er regt sich schnell auf.
Le **Tiers-État** était l'ordre le plus pauvre au Moyen-Âge.
Der dritte Stand war die ärmste Gruppe im Mittelalter.
Elle se promène toujours **à demi** nue.
Sie geht immer halbnackt herum.

Wussten Sie, dass man in Frankreich gerne Produkte **dutzendweise** kauft und bestellt?

une douzaine d'huîtres	*ein Dutzend Austern*
une douzaine d'œufs	*ein Dutzend Eier*
une douzaine d'escargots	*ein Dutzend Schnecken*

Und hier sind einige Redewendungen rund um die **Uhrzeit**:

arriver **à l'heure**	*pünktlich ankommen*
attendre **une minute**	*kurz warten*
ne pas perdre **une seconde**	*keine Sekunde verlieren*

Jahreszahlen werden wie folgt angegeben:

Tout a commencé **en 1984**.
Alles hat 1984 begonnen.
La Seconde Guerre Mondiale a duré **de 1939 à 1945**.
Der Zweite Weltkrieg hat von 1939 bis 1945 gedauert.

Üben und Anwenden

- **1.** Schreiben Sie folgende deutsche Datumsangaben um. Schreiben Sie die Monatsnamen aus.

a) 20. April 2005 *20 avril 2005*
b) 1. September 1939 ______
c) 11. November 1918 ______
d) 1. Januar 2000 ______

- **2.** Schreiben Sie folgende offizielle Zeitangaben in ganzen Worten.

a) 3 h 15 *trois heures quinze*
b) 15 h 18 ______
c) 20 h 15 ______
d) 0 h 20 ______
e) 8 h 30 ______
f) 12 h 45 ______
g) 16 h 00 ______
h) 2 h 50 ______

- **3.** Wie heißt die Zeit auf Französisch?
Schreiben Sie die umgangssprachlichen Zeitangaben.

a) 3 h 15 *trois heures et quart*
b) 5 h 30 ______
c) 18 h 45 ______
d) 22 h 20 ______
e) 12 h 00 ______
f) 24 h 00 ______
g) 5 h 50 ______
h) 7 h 55 ______
i) 17 h 30 ______
j) 6 h 30 ______
k) 15 h 15 ______

l) 5 h 45 ______

m) 2 h 05 ______

n) 8 h 00 ______

o) 3 h 30 ______

•• **4.** Ein Lehrer spricht zu seiner Klasse. Übersetzen Sie das Fettmarkierte ins Französische. Schreiben Sie die Zahlen aus.

a) Öffnet euer Buch auf **Seite 31**.

page trente et un

b) Macht nun Aufgabe **21**.

______

c) Wie viel ist **1/ 2 · 1/ 4** ?

______

d) Genau! Es ist **1/ 8**.

______

e) **Ungefähr 15** Aufgaben sind schwierig.

______

f) Und bei **jeder fünften Aufgabe** muss man viel überlegen.

______

g) Wie viel sind **200** mal **250**?

______

h) Genau! Es sind **50 000**.

______

i) Multipliziert **80** mit **82**.

______

j) Genau! Es macht **8560**.

______

●●● 5. Wählen Sie die richtige Zahl.

a) Je reviens dans une demi-heure | tiers-heure | quart-heure.

b) Tu prends une dizaine | douzaine | centaine d'œufs.

travailler à la chaîne – *am Fließband arbeiten*

c) Ma mère travaille à la chaîne, elle fait les trois quart | trois huit | trois neuf.

d) Je suis vraiment en colère, je vais lui en toucher trois | deux | dix mots.

e) Il arrive dans un quart | tiers | dixième d'heure.

f) Mon fils dort toujours jusqu'à demi | midi | mille.

g) Je suis né à | en | de 2003.

●●●● 6. Übersetzen Sie die Sätze ins Deutsche.

a) Je voudrais retirer trois mille cinq cent euros.

b) Elle travaille un jour sur deux.

c) Il monte les marches quatre à quatre.

d) Ils sont partis pour une quinzaine de jours.

●●●● 7. Übersetzen Sie die Sätze ins Französische.

a) Ich möchte gerne einen halben Liter Rotwein, bitte.

b) Heute haben wir den 14. Juli.

la messe – *der Gottesdienst*

c) Jeden Sonntag gehen meine Eltern in den Gottesdienst.

d) Bist du 2000 geboren ?

11 PRÄPOSITIONEN

Im Französischen werden die Präpositionen meist anders verwendet als im Deutschen. Ihre Bedeutung hängt stark von den nachfolgenden Substantiven ab.

Sie sollten die französischen Präpositionen stets mit Beispielen lernen, weil die Präpositionen im Französischen oft anders verwendet werden als im Deutschen.

Die Präpositionen des Ortes à, dans, en

à

Die Präposition **à** steht bei Ortsangaben für Antworten auf die Frage „Wo?" oder „Wohin?". Sie steht außerdem bei den meisten maskulinen Ländernamen und bei Inselnamen, die keinen Artikel bei sich tragen, z. B. le Portugal, le Luxembourg, le Danemark, le Royaume-Uni, les États-Unis, les Pays-Bas, le Maroc, le Japon, Malte, Jersey, Chypre, Madagascar, Cuba.

deutsche Entsprechung	Frage	Beispiel
in	*wo?*	Le groupe de touristes est **à Paris** aujourd'hui.
in	*wohin?*	Les Dupont vont **au musée**.
nach, in	*wohin?*	L'été prochain, nous allons **au Portugal** ou **aux États-Unis**.

Achtung:

Je vais **à la** banque. – *Ich gehe zur Bank.*

Je vais **dans une** banque. – *Ich gehe in eine Bank.*

Ich wohne in Paris.

dans

J'habite **dans** un grand appartement.

Während **à** einen Ort nur allgemein angibt, steht **dans** für konkrete Ortsangaben, die häufig mit dem unbestimmten Artikel **un** oder **une** verbunden sind. Außerdem steht **dans** bei den Namen der meisten französischen Departements.

aber: Dimanche, on va **au** musée.

Saint-Denis se trouve **au nord de** Paris. – *nördlich von*

Montmartre se trouve **dans le nord de** Paris. – *im Norden von*

Beachten Sie besonders die Konstruktion **dans la rue** – *auf der Straße.*

deutsche Entsprechung	Frage	Beispiel
in	*wohin?*	Dimanche, on va **dans un musée** d'art moderne.
in	*wo?*	J'ai passé un an **dans le Nord-Pas-de-Calais**.
nach, in	*wo?*	L'année prochaine, je vais **dans le Finistère**.
auf	*wo?*	Les enfants jouent **dans la rue**.

en

Nous avons passé nos vacances **en** Italie.

Die Präposition **en** steht – im Allgemeinen ohne Artikel – bei femininen Ländernamen, bei französischen Provinznamen und in bestimmten Ausdrücken.

en route – *unterwegs*

deutsche Entsprechung	Frage	Beispiel
in	*wohin?*	Nous allons souvent **en Allemagne**.
in	*wo?*	Nous avons des amis **en Provence**.
in	*wohin?*	Samedi prochain, on va **en ville**.
		En route, nous avons vu beaucoup d'animaux.

Ich wohne in einer großen Wohnung.
Wir waren in den Ferien in Italien.

Weitere Präpositionen des Ortes

à côté de	Le cinéma est **à côté du théâtre**. *(neben)*
au-dessous de	**Au-dessous de chez-moi**, il y a un restaurant chinois. *(unter, unterhalb von)*
au-dessus de	J'habite **au-dessus d'un salon de coiffure**. *(über, oberhalb von)*
à droite de	**À droite de l'Hôtel de Ville**, il y a une boulangerie. *(rechts von)*
au milieu de	La fontaine se trouve **au milieu de la place**. *(inmitten)*
au nord de	Amiens est **au nord de Paris**. *(nördlich von)*
à travers	Le fantôme est passé **à travers le mur**. *([quer] durch)*
autour de	**Autour de la fontaine**, il y a des chaises. *(um … herum)*
chez	Lundi prochain, je vais **chez le dentiste**. *(zu)* On va passer nos vacances **chez nos parents**. *(bei)*
contre	Elle pousse le lit **contre le mur**. *(gegen)*
de	Il vient **de Paris**. *(von, aus)*
derrière	Le livre est tombé **derrière la bibliothèque**. *(hinter)*
devant	Il a posé le paquet **devant la porte**. *(vor)*
en face de	Notre hôtel est **en face de l'église**. *(gegenüber)*
entre	La principauté d'Andorre se trouve **entre la France et l'Espagne**. *(zwischen)*
jusque	Il y a un bouchon **jusqu'à l'aéroport**. *(bis)*

le long de	On va faire une promenade **le long du fleuve** ? *(längs, am ... entlang)*
loin de	La gare est **loin du centre-ville**. *(weit von ... [entfernt])*
par	Pour aller à Marseille, nous passons **par Lyon**. *(über)*
parmi	**Parmi nos amis**, il y a beaucoup de Français. *(zwischen, unter)*
pour	Les voyageurs **pour Jersey** sont priés de prendre le bateau. *(nach, in Richtung)*
près de	Le théâtre est **près de la mairie**. *(nahe bei)*
sous	Le chien est **sous la table**. *(unter)*
sur	Mettez les verres **sur la table**. *(auf)* Les chambres donnent **sur le jardin**. *(gehen zum ... hinaus, haben Blick auf ...)* Mannheim est située **sur le Rhin**. *(am)*
vers	Cette année, beaucoup de Français partent **vers la Bretagne**. *(in Richtung)*

Präpositionen der Zeit

Je le connais **depuis** cinq ans.

À demain ! – *Bis morgen!*

À tout à l'heure ! – *Bis gleich!*

À la prochaine ! – *Bis zum nächsten Mal!*

à	**À trois heures**, je suis à la gare. *(um)* La famille Dupont est partie **à midi**. *(um)* Nous allons faire du ski **au printemps** mais pas en hiver. *(im)*
au mois de	Cette année, nous allons en vacances **au mois d'août**. *(im August*; anstelle von **en août***)*
à partir de	**À partir d'aujourd'hui**, je ne fume plus. *(von ... an*; Beginn in der Gegenwart oder Zukunft*)*
après	Nous avons beaucoup travaillé **après notre retour de vacances**. *(nach)*

Ich kenne ihn seit fünf Jahren.

avant	Nos amis vont venir **avant dix heures**. *(vor)*
dans	**Dans une semaine**, je vais à Paris. *(in, nach Ablauf von …)* *aber:* Je suis allé à Paris en une heure. *(in, innerhalb von)*
de… à	Je travaille **de lundi à samedi**, **du matin au soir**. *(von … bis)*
depuis	On passe nos vacances en France **depuis des années**. *(seit)* **Depuis ce jour-là**, il ne fume plus. (*seit;* Beginn in der Vergangenheit)
dès	Il savait lire **dès l'âge de 5 ans**. *(schon von … an)*
en	On va à la piscine **en été**, **en automne, en hiver** mais pas au printemps. *(im)* Ma fille est née **en 1997**. *(im Jahr …)* J'ai préparé ce repas **en deux heures**. *(innerhalb von)*
entre… et	Nous passerons chez vous **entre huit et neuf heures.** *(zwischen … und)*
il y a	J'ai été à Bruxelles **il y a deux mois**. *(vor)*
jusque	J'ai travaillé **jusqu'à trois heures** du matin. *(bis)*
pendant	**Pendant les vacances**, on ne travaille pas. *(während)*
pour	Elle est partie au Canada **pour six mois**. *(für, für die Dauer von)*
vers	Elle est partie **vers trois heures** de l'après-midi. *(gegen)*

Modale Präpositionen

à

Au supermarché, il achète aussi **six tasses à café**.	*Kaffeetassen* (Zweck)
On peut laver ce pull **à la machine** ?	*mit* (Art und Weise)
Il va à Strasbourg **à bicyclette**.	*mit* (**auf** einem Transportmittel)
Le jambon est **à dix euros** le kilo.	*kostet ... das Kilo* (Preisangaben)
Metz est **à trois cents kilomètres** de Paris.	*liegt ... entfernt* (Angaben der Entfernung)

Findet die Fortbewegung in einem Transportmittel statt, verwendet man immer **en**.

avec

Coupe la viande **avec ton couteau**.	*mit* (Werkzeug oder Mittel)

de

Tu prends encore une tasse **de thé** ?	*eine Tasse Tee* (Inhalt, Mengenangabe)
Je lui fais signe **de la main**.	*mit* (Körperteil)
Les gens sont morts **de faim**.	*vor* (Ursache)
Elle porte une jupe **de soie**.	*aus* (Materialangabe)

1 *Bist du mit dem Auto gekommen?*

2 *Nein, ich bin mit dem Fahrrad gefahren.*

en

Les Dupont arrivent **en avion**.	*mit* (in einem Transportmittel)
J'ai acheté un pull **en laine**.	*aus* (Materialangabe)

par

J'ai envoyé un livre **par la poste**.	*durch* (Mittel)
J'ai appris la nouvelle **par mon père**.	*durch* (Urheber)
Elle est restée chez les voisins **par pitié**.	*aus* (Beweggrund)
Ils vont au restaurant deux fois **par semaine**. Le buffet coûte 18 euros **par personne**.	*pro* (Verteilung)

pour

Il a acheté une maison **pour sa femme**.	*für* (Zweck)
Elle est partie **pour une semaine**.	*für* (Dauer)
Il a acheté cette voiture **pour quinze mille euros**.	*für* (Preis)

sur

Un Allemand **sur trois** connaît la France.	*von* (Verteilung)
Elle va **sur ses cinquante ans**.	*auf ... zu* (Alter)

Weitere Präpositionen

In der französischen Sprache gibt es noch einige weitere Präpositionen:

contre

Je suis **contre la violence**. — *gegen Gewalt* (Ablehnung)

d'après

D'après nos informations, il s'agit bien d'un accident. — *laut unseren Informationen* (Verweis)

grâce à

Grâce à l'intervention des pompiers, les blessés ont pu être transportés rapidement à l'hôpital. — *dank des Einsatzes* (Hilfe)

malgré

Nous sortirons **malgré le mauvais temps**. — *trotz schlechten Wetters* (über Hindernis hinweg)

parmi

Y a-t-il un médecin **parmi vous** ? — *unter Ihnen* (Zugehörigkeit zu einer Gruppe)

sans

Ils sont partis **sans eux**. — *ohne sie* (Fehlen von Gegenständen/Personen)

sauf

Ils ont tous réussi **sauf lui**. — *außer ihm* (Ausnahme)

selon

Selon le mode d'emploi, il faut d'abord tourner le bouton de gauche. — *der Bedienungsanleitung nach* (Abhängigkeit)

1. Ergänzen Sie die Präpositionen **à**, **dans**, **en**, gegebenenfalls mit unbestimmtem oder bestimmtem Artikel.

	au	restaurant
	____	Paris
	____	Portugal
	____	sud de la France
	____	Grenoble
	____	Bas-Rhin
	____	Italie
	____	Cuba
	____	Pays-Bas
aller	____	pied
	____	cinéma
	____	voiture
	____	Suisse
	____	montagne
	____	Japon
	____	Bourgogne
	____	Var
	____	train
	____	moto

2. Setzen Sie die fehlenden Präpositionen des Ortes und, wo notwendig, die fehlenden Artikel ein.

le, l', les,
à, au,
en, dans,
chez, de

a) La piscine est ___à___ côté ________ gare.
b) Orléans est ________ sud ________ Paris.
c) Pour demain, j'ai pris un rendez-vous ________ médecin.
d) La famille Dupont vient ________ Brest.
e) Dimanche, j'irai ________ campagne.
f) Nous irons ________ Alpes pour faire du ski.
g) Michel est resté ________ Washington ________ États-Unis.

3. Zwei Personen (Barbara (B.) und Michel (M.)) sprechen über ihre Reisegewohnheiten. Setzen Sie die richtigen Präpositionen bzw. Artikel ein.

le Canada, le Québec, la République Centrafricaine, Madagascar, l'Algérie, le Maroc, la Tunisie, la Guadeloupe, la Martinique, Saint-Pierre-et-Miquelon

B. : L'an dernier, j'ai passé mes vacances _au_ Portugal. Les Portugais sont des gens très gentils. Mais il y avait un problème : Je ne parle pas le portugais.

M. : Je connais ça. Il y a deux ans, on a visité Copenhague. Personne de ma famille ne parle ___ danois. Et ___ Danemark, ce n'est pas évident qu'on y parle ___ français.

B. : De toute façon, moi je préfère les pays francophones.

M. : En Europe, dans quels États est-ce qu'on parle le français comme langue officielle ?

B. : ___ France, ___ Belgique, ___ Luxembourg et ___ Suisse. ___ Monaco, il y a deux langues officielles : ___ italien et ___ français. Et ___ Italie, ___ val d'Aoste, ___ français est officiellement une langue régionale.

M. : En dehors de l'Europe, le français joue un rôle important ?

B. : Oui, ___ Canada, ___ français est la deuxième langue après l'anglais. Et ___ Québec, ___ français est l'unique langue officielle. Dans une vingtaine de pays d'Afrique, par exemple ___ République Centrafricaine ou ___ Madagascar, ___ français est langue officielle, souvent à côté d'autres. ___ Liban, ___ Algérie, ___ Maroc et ___ Tunisie ___ français est langue d'enseignement. ___ ___ départements et territoires d'outre mer, qui font partie de la République française, ___ Guadeloupe, ___ Martinique où ___ Saint-Pierre-et-Miquelon, le français est bien sûr langue officielle.

4. Setzen Sie die fehlenden Präpositionen der Zeit ein. Bei einigen Sätzen gibt es mehrere Möglichkeiten!

a) Pascal est né ___en___ 1976.
b) ______ juin et juillet, nous serons en vacances.
c) Nous partirons ______ deux heures du matin.
d) Michèle est venue ______ trois heures.
e) Pascal est parti, il va revenir ______ quinze jours.
f) Annick est partie ______ six mois.
g) Il y avait une grande fête à Orléans ______ trois mois.
h) Aujourd'hui, je travaille seulement ______ deux heures.

5. Welche Präposition fehlt in diesen Sätzen?

a) Cet appartement n'appartient pas ___à___ Annick mais ______ Pascal.
b) ______ quinze jours, Pascal va venir ______ avion.
c) Il nous a envoyé une lettre ______ avion.
d) Voilà les tasses ______ café et les tasses ______ thé.
e) Je suis fatiguée. Tu me donnes une tasse ______ café ?
f) Je me suis acheté douze verres ______ cristal ______ 200 euros.
g) ______ midi, j'ai rencontré une vieille amie ______ la rue.
h) Il connaît la grammaire française ______ A ______ Z.
i) Elle nous a fait un signe ______ la main.
j) Nous travaillons un jour ______ deux.
k) ______ aux indices, la police a pu retrouver les traces du cambrioleur.
l) ______ le journal, il s'agirait d'un incendie criminel.
m) J'aime tout ______ les maths !
n) ______ son nounours, il est complètement perdu !

l'incendie criminel – *der gelegte Brand*

le nounours – *der Teddy*

●●● **6.** Wählen Sie die richtige Präposition.

a) Il savait lire de | dès | dans cinq ans.

b) Ils sont partis en vacances de | par | pour six mois.

c) Notre femme de ménage vient une fois pour | par | à la semaine.

d) Selon | Malgré | Sans les informations, le chômage aurait augmenté de deux pourcent par rapport à l'année dernière.

e) J'accepte à | par | avec plaisir.

f) Tu as pris un rendez-vous chez le | au | du dentiste ?

●●●● **7.** Übersetzen Sie die Sätze ins Französische.

a) Trotz ihrer Müdigkeit hat sie mir geholfen.

____

b) Im Winter fahren wir immer in Urlaub.

____

c) Gegen Mittag sind sie bei uns angekommen.

____

d) Die Reisenden nach Paris werden gebeten, in den Wagen einzusteigen.

____

e) Ohne jeden Zweifel haben Sie recht.

____

f) Was machen Sie im Juli?

____

g) Es gab leider gewalttätige Männer unter den Demonstranten.

____

h) Lehn dich nicht gegen die Wand!

____

12 KONJUNKTIONEN

Mit Konjunktionen werden Sätze und Satzteile verbunden.
Wichtig ist zu wissen, dass im Französischen nach manchen Konjunktionen der **Subjonctif** oder das **Conditionnel** stehen muss.

Subjonctif, S. 135

Conditionnel, S. 129

Subjonctif	Conditionnel	Keine besondere Form erforderlich
avant que	au cas où	jusqu'au moment où
jusqu'à ce que	dans le cas où	avant le moment où
en attendant que	pour le cas où	depuis que
pour que	dans l'hypothèse où	quand
afin que		lorsque
de peur que		pendant que
de crainte que		tandis que
de sorte que		en même temps que
de façon que		chaque fois que
de manière que		tant que
sans que		aussi longtemps que
bien que		après que
quoique		dès que
malgré que		aussitôt que
à condition que		une fois que
pourvu que		comme
à supposer que		parce que
à moins que		puisque
		du fait que
		étant donné que
		vu que
		de sorte que
		de façon que
		de manière que

en attendant que – *(so lange) bis*

jusqu'à ce que – *bis*

depuis que – *seit*

lorsque (in der Vergangenheit) – *als*

lorsque (in der Zukunft) – *wenn*

tandis que – *während*

dès que – *sobald*

aussitôt que – *sobald*

une fois que – *wenn (erst) einmal*

Gebrauch

Der Subjonctif steht immer ...

bien que, quoique, malgré que - *obwohl*

Bien qu'il n'ait pas de chance dans la vie, il a gagné le gros lot.
Quoique je sois jeune, j'ai déjà beaucoup travaillé.
Malgré qu'elle soit très occupée, elle va régulièrement au cinéma.

- nach den Ausdrücken der Einschränkung **bien que**, **quoique** und **malgré que**.

Rappelle-la **avant qu'**elle parte.
Les gens sont descendus dans la rue **jusqu'à ce que** les responsables politiques démissionnent.

- nach den Konjunktionen **avant que**, **en attendant que** und **jusqu'à ce que, sans que**.

pour que, afin que - *damit*

de peur que - *aus Angst, dass*

de crainte que- *aus Furcht, dass*

à condition que - *unter der Bedingung, dass*

pourvu que - *vorausgesetzt, dass*

à supposer que - *angenommen, dass*

à moins que - *es sei denn, dass*

Elle a économisé énormément d'argent **pour que** sa famille puisse partir en vacances.
Recule la voiture **afin que** je puisse rentrer au garage.

- nach den Ausdrücken des Ziels **pour que**, **afin que**, **de peur que** und **de crainte que**.

Tu pourras sortir ce soir **à condition que** tu fasses tes devoirs demain.
Nous irons faire un tour **à moins qu'**il fasse mauvais temps.

- nach **à condition que**, **pourvu que**, **à supposer que** und **à moins que**.

Kein Subjonctif steht:

Cet après-midi, nous irons à la plage. Nous resterons **jusqu'au moment où** la nuit tombera.

- nach **avant le moment où** und **jusqu'au moment où**.

Depuis qu'il avait reçu notre lettre, il ne nous parlait plus.

- nach **depuis que** - hier steht das Présent oder eine Zeit der Vergangenheit.

Comme je ne me sens pas bien, je ne travaille pas aujourd'hui.
Il ne travaille pas aujourd'hui **parce qu'**il ne se sent pas bien.
Puisqu'il part en vacances, il a prêté sa maison à des amis.

- nach den Ausdrücken der Begründung **comme**, **parce que**, **puisque**, **du fait que**, **étant donné que** und **vu que**. Hier steht die passende Zeit.

Au cas où mes parents viendraient, j'ai laissé la clé sous le paillasson.
Dans l'hypothèse où je ne trouverais pas de travail, je me suis inscrit à l'université.

- Nach den Ausdrücken der Bedingung **au cas où**, **dans le cas où**, **pour le cas où** und **dans l'hypothèse où** steht kein Subjonctif, sondern das Conditionnel.

comme (am Satzanfang) – *da*

puisque – *da ja*

du fait que – *dadurch, dass*

étant donné que – *in Anbetracht*

vu que – *in Anbetracht dessen*

au cas où – *im Falle, dass*

dans l'hypothèse où – *unter der Annahme, dass*

Beiordnende Konjunktionen

Die oben genannten unterordnenden Konjunktionen werden zum Verbinden von einem Nebensatz mit einem Hauptsatz gebraucht. Die beiordnenden Konjunktionen dagegen verbinden zwei Hauptsätze:

Je prends mon sac **et** j'arrive ! — *Ich nehme meine Tasche und ich komme!*

Diese kann man sich in einem Merksatz gut einprägen:

Mais où est donc Ornicar ? — *Wo ist denn Ornicar?*

Sie fragen sich, was der Satz mit Konjunktionen zu tun hat? Hier sind sie im Einzelnen:

mais	*aber*	**or**	*da*
ou	*oder*	**ni**	*weder*
et	*und*	**car**	*denn*
donc	*also*		

Bilden Sie jeweils einen Satz mit jeder Ausnahme, um sich diese einzuprägen.

●●● **1. Setzen Sie bei folgenden Konjunktionen der Zeit die passende Verbform ein.**

a) Pendant que tu *choisis* un jeans, je vais regarder les T-shirts. (choisir)

b) Avant que tu ______________, il faut bien réfléchir. (choisir)

c) Dès que tu ______________ ton jeans, on quittera le magasin. (payer)

d) Une fois qu'on ______________ le magasin, on ira chez tes parents. (quitter)

e) On y restera jusqu'à ce que ton frère ______________. (venir)

changer – hier: *sich verändern*

faire une drôle de tête – *das Gesicht verziehen*

f) Depuis qu'il ______________ en Belgique, il a vraiment changé. (habiter)

g) Chaque fois qu'il était chez tes parents, il ______________ une drôle de tête. (faire)

h) Et la dernière fois, lorsque j' ______________ en parler, il ______________ qu'il n'y avait rien. (vouloir / répondre)

●●● **2. Entscheiden Sie bei folgenden Konjunktionen der Bedingung, ob der Subjonctif oder das Conditionnel stehen muss.**

a) Nous irons à la piscine à condition qu'il ne *pleuve* pas. (pleuvoir)

b) Au cas où la piscine ______________, on ira au restaurant. (être fermé)

c) À moins qu'il y ______________ trop de gens. Dans ce cas, nous rentrerions dîner à la maison. (avoir)

d) Dans le cas où le réfrigérateur ______________ vide, on se commandera une pizza. (être)

e) En attendant qu'on ______________ la pizza, nous jouerons aux cartes. (livrer)

3. Übersetzen Sie folgende Sätze ins Französische. Benutzen Sie dabei die Konjunktionen in Klammern.

a) Ruf mich an, bevor ich ins Büro gehe. (avant que)

Appelle-moi avant que je parte au bureau.

b) Wenn du angekommen bist, werden wir essen gehen. (dès que)

c) Da du ja Vegetarier bist, werden wir kein Fleisch essen. (puisque)

d) Während ich dir schreibe, schaue ich mir einen Film an. (pendant que)

e) Ich habe viel Geld gespart, damit wir in ein schönes Restaurant gehen können. (pour que)

4. Übersetzen Sie die Sätze ins Französische und verwenden Sie dabei die beiordnende Konjunktion.

a) Ich beeile mich, denn ich weiß nicht, wann er vorbeikommen wird.

b) Die Arbeitslosigkeit geht zwar zurück, aber sie trifft immer mehr junge Leute.

c) Möchten Sie ein Menü bestellen oder einzelne Speisen von der Karte wählen?

d) Er war schon abgereist, also konnten wir ihn nicht sehen.

13 AUSSAGE- UND FRAGESATZ

Der Aussagesatz

Ein Aussagesatz hat folgende Wortstellung:

Subjekt	Verb	direktes Objekt	**à**-Objekt
M. Dutour	montre	sa nouvelle bicyclette	à son collègue.

Im Französischen steht erst das direkte, dann das à-Objekt. Im Deutschen ist dagegen meistens die umgekehrte Stellung üblich *(Herr Dutour zeigt seinem Kollegen sein neues Fahrrad.)*.

Im Französischen wird das Subjekt durch die Wendung **C'est... qui...** hervorgehoben, im Deutschen oftmals nur durch Betonung.

C'est M. Dutour qui a acheté une nouvelle bicyclette.
<u>Herr Dutour</u> hat ein neues Fahrrad gekauft.

Eine einfache Umstellung der Satzteile wie im Deutschen genügt hier nicht!

Möchte man das direkte oder das **à**-Objekt hervorheben, so wird das Objekt, das hervorgehoben werden soll, mit **C'est... que** eingeleitet. Dann folgt die normale Satzstellung: Subjekt, Verb, (anderes) Objekt.

C'est à son collègue que M. Dutour montre sa nouvelle bicyclette.
Seinem Kollegen zeigt Herr Dutour sein neues Fahrrad.

C'est sa nouvelle bicyclette que M. Dutour montre à son collègue.
Sein neues Fahrrad zeigt Herr Dutour seinem Kollegen.

Herr Dutour zeigt seinem Kollegen sein neues Fahrrad.

Orts- oder Zeitangaben können im Allgemeinen zu Beginn oder am Ende des Satzes stehen. Eine Orts- oder Zeitangabe zu Beginn des Satzes wird durch ein Komma abgetrennt. Im Gegensatz zum Deutschen bleibt die normale Satzteilstellung erhalten.

À 6 h 30, je me lève.
Um 6.30 Uhr stehe ich auf.

Je me lève **à 6 h 30**.
Ich stehe um 6.30 Uhr auf.

Sur le parking, M. Dutour montre sa nouvelle bicyclette à son collègue.
Auf dem Parkplatz zeigt Herr Dutour seinem Kollegen sein neues Fahrrad.

Kommen in einem Satz Orts- und Zeitangabe vor, so steht meistens die Zeitangabe am Satzanfang, die Ortsangabe am Satzende.

Aujourd'hui, elle est allée **à Paris**.
Heute ist sie nach Paris gefahren.

Stellung der Adverbien auf -ment, Seite 204

Unbestimmte Angaben des Ortes, der Zeit oder der Art und Weise, die nicht auf **-ment** enden, stehen bei

- einfachen Zeiten (z. B. Présent, Imparfait, Futur simple) nach dem Verb:

  Elle part **déjà**.
  Il mangeait **beaucoup**.
  Elle comprend **bien**.

- zusammengesetzten Zeiten nach **avoir** oder **être** und vor dem Partizip Perfekt:

  Elle est **déjà** partie.
  Il a **beaucoup** mangé.
  Elle a **bien** compris.

- Sätzen mit Infinitiv vor dem Infinitiv

  Elle va **bientôt** partir.
  Il veut **toujours** avoir raison.

Der Fragesatz

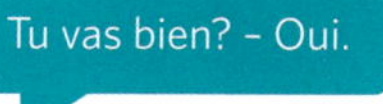

Entscheidungsfrage (Ja- / Nein-Frage)

Auf Entscheidungsfragen antwortet der Angesprochene mit **oui**, **non** oder **si**.

Tu vas bien ? positive Frage	- **Oui.** - positive Antwort
Tu as faim ? positive Frage	- **Non.** - negative Antwort
Tu ne vas pas à Paris ? negative Frage	- **Si.** - positive Antwort
Tu n'es pas d'accord ? negative Frage	- **Non.** - negative Antwort

Es gibt vier Möglichkeiten, eine Entscheidungsfrage zu bilden.

1. Intonationsfrage

Bei der Intonationsfrage bleibt die Wortstellung des Aussagesatzes erhalten. Sie kommt hauptsächlich in der gesprochenen Sprache vor.

Ça va **?**
Michel est déjà parti **?**
Toi aussi, tu vas à Paris **?**

2. Est-ce que-Frage

Bei der **est-ce que**-Frage wird einfach **est-ce que** vor einen normalen Aussagesatz gestellt. Fragen mit **est-ce que** kommen sowohl in der gesprochenen als auch in der geschriebenen Sprache vor.

Est-ce que tu vas bien ?
Est-ce que Michel est déjà parti ?
Est-ce que tu vas à Paris ?

Geht es dir gut? – Ja.

3. Inversionsfrage

Bei der Inversionsfrage wird das Subjektpronomen mit einem Bindestrich an das Verb angehängt.

Partez-vous souvent en vacances ?
Et votre femme ? **Ne prend-elle** pas la voiture ?
Et votre oncle ? **Parle-t-il** bien le français ?

Endet die 3. Person Singular (bei il, elle, on) auf **-e** oder **-a**, so wird vor das Subjektpronomen ein **-t-** eingeschoben.

Bei einem verneinten Satz steht **ne** vor dem konjugierten Verb, **pas** hinter dem Subjektpronomen. Die Inversionsfrage ist typisch für die geschriebene Sprache.

N'a-t-il pas fait de progrès ?

Substantiv und Verb lassen sich zur Bildung eines Fragesatzes nicht einfach vertauschen wie im Deutschen. Stattdessen wird im Französischen das Subjekt an den Anfang gestellt, und an das Verb wird, wie bei der Inversionsfrage üblich, zusätzlich das entsprechende Subjektpronomen angehängt.

Vos enfants partent-ils en vacances ?
Votre femme ne **prend-elle** pas la voiture ?
Votre oncle parle-t-il bien le français ?

Ergänzungsfrage (Frage mit Fragewort / W-Frage)

Bei einer Ergänzungsfrage antwortet der Befragte nicht mit ja, nein oder doch, sondern mit einem anderen Wort oder einem ganzen Satz.

Quand est-ce que tu pars à Paris ? – **Demain.**
Qu'est-ce que tu as fait à Paris ? – **Tous les soirs, je suis allé au cinéma.**

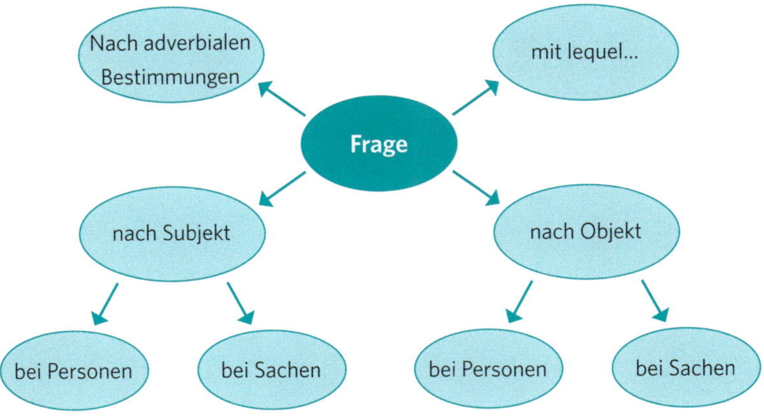

1. Frage nach dem Subjekt

a) bei Personen: „wer?“

qui est-ce qui... oder **qui...**	**Qui est-ce qui** a pris la voiture ? **Qui** a pris la voiture ? Michel a pris la voiture.

- in Verbindung mit **être**:

Schriftsprache	gesprochene Sprache
qui est... / qui sont...	**c'est qui...?**
Qui sont ces gens-là ?	**C'est qui**, ces gens-là ? – Ce sont des voisins.

b) bei Sachen: „was?“, „welcher, welche, welches?“

Quel, S. 46 

qu'est-ce qui ...	**Qu'est-ce qui** s'est passé ? Une chose terrible s'est passée.
bei **être**: **quel...**	**Quelle est** votre voiture ? Voilà ma voiture. / Celle-là !

2. Frage nach einem Objekt

a) bei Personen: „wen?“, „wem?“, „von wem?“

- Frage nach dem direkten Objekt (wen?):

Schriftsprache	gesprochene Sprache
qui est-ce que, qui + Inversion	nachgestelltes **qui**
Qui est-ce que tu as vu ? **Qui as-tu** vu ?	Tu as vu **qui** ? J'ai vu Michel.

- Frage nach dem **à**-Objekt (wem? bzw. Mit wem? Zu wem?):

Schriftsprache	gesprochene Sprache
à qui est-ce que, **à qui** + Inversion	nachgestelltes **à qui**
À qui est-ce que tu as parlé ? **À qui as-tu** parlé ?	Tu as parlé **à qui** ? J'ai parlé à Michel.

- Frage nach dem **de**-Objekt (Von wem?):

Schriftsprache	gesprochene Sprache
de qui est-ce que, **de qui** + Inversion	nachgestelltes **de qui**
De qui est-ce que *tu as parlé ?* **De qui as-tu** parlé ?	Tu as parlé **de qui** ? J'ai parlé de Michel.

b) bei Sachen: „was?", „an was?", „wovon?"

- Frage nach dem direkten Objekt (was?):

Schriftsprache	gesprochene Sprache
qu'est-ce que, **que** + Inversion	nachgestelltes **quoi**
Qu'est-ce que tu veux ? **Que veux-tu** ?	Tu veux **quoi** ? Je veux une voiture.

- Frage nach dem **à**-Objekt (worüber? wovon?):

Schriftsprache	gesprochene Sprache
à quoi est-ce que, **à quoi** + Inversion	nachgestelltes **à quoi**
À quoi est-ce que tu penses ? **À quoi penses-tu** ?	Tu penses **à quoi** ? Je pense aux vacances.

- Frage nach dem **de**-Objekt (worüber? womit? wovon?):

Schriftsprache	gesprochene Sprache
de quoi est-ce que, de quoi + Inversion	nachgestelltes **de quoi**
De quoi est-ce que tu parles ? **De** quoi parles-tu ?	Tu parles **de quoi** ? Je parle d'une fête.

Bei den Fragen nach der Art und Weise (z. B. durch **comment**), dem Grund (z. B. **pourquoi**), der Anzahl (**combien**) und nach anderen Adverbien gelten im Prinzip die gleichen Regeln wie bei der Frage nach dem Ort oder dem Zeitpunkt.

3. Fragen nach dem Ort, der Zeit und anderen adverbialen Bestimmungen

- Frage nach dem Ort (wo?):

Schriftsprache	gesprochene Sprache
où est-ce que, **où** + Inversion	nachgestelltes **où**
Où est-ce qu'il va ? **Où va-t-il** ?	Il va **où** ? Il va à Paris.

- Frage nach dem Zeitpunkt (wann?):

Schriftsprache	gesprochene Sprache
quand est-ce que, **quand** + Inversion	nachgestelltes **quand**
Quand est-ce qu'il part ? **Quand part-il** ?	Il part **quand** ? Il part à midi.

4. Fragen mit lequel und seinen Formen (welcher, welche, welches?)

Anstelle der Formen von **quel** + Substantiv kann auch der Interrogativbegleiter **lequel** bzw. dessen entsprechende Form stehen. Dies ist besonders dann sinnvoll, wenn das Substantiv schon bekannt ist.
Lequel richtet sich wie **quel** in Geschlecht und Zahl nach dem dazugehörigen Substantiv.

Je voudrais dix œufs. – **Lesquels** ? – Ceux-ci.
Et un kilo de tomates. – **Lesquelles** ? – Celles-ci.
Et un chou-fleur. – **Lequel** ? – Celui-là.
Et une noix de coco. – **Laquelle** ? – Celle-là.

Bezieht sich **lequel** auf ein Substantiv mit Präposition, so muss der jeweiligen Form ebenfalls diese Präposition vorangestellt werden.
Dabei verschmelzen **à** bzw. **de** mit den Formen von **lequel** zu **auquel**, **auxquels**, **auxquelles** bzw. **duquel**, **desquels** und **desquelles**.
Andere Präpositionen verschmelzen nicht.

Ce soir, nous sommes invités **chez** nos voisins. – **Chez lesquels** ?
On va faire nos courses **au** supermarché. – **Auquel** ?
Vous me coupez un morceau de fromage ? – **Duquel** ?

Übersicht der Fragewörter

Hier finden Sie eine Übersicht einiger wichtiger französischen Fragewörter:

est-ce que...	*	+ Subjekt + Verb
qui/qui est-ce qui	wer	+ Verb
qui/qui est-ce que	wen	+ Verb/Subjekt + Verb
que/qu'est-ce que	was	+ Verb/Subjekt + Verb
à qui/à qui est-ce que	wem	+ Verb/Subjekt + Verb
à quoi/à quoi est-ce que	woran, worüber, wovon	+ Verb/Subjekt + Verb
de qui/de qui est-ce que	von wem	+ Verb/Subjekt + Verb
de quoi/de quoi est-ce que	wovon, worüber	+ Verb/Subjket + Verb
combien/combien est-ce que	wie viel	+ Verb/Subjekt + Verb
quand/quand est-ce que	wann	+ Verb/Subjekt + Verb
où/où est-ce que	wo	+ Verb/Subjekt + Verb
pourquoi/pourquoi est-ce que	warum	+ Verb/Subjekt + Verb
pour quoi	wofür	+ Verb
d'où/d'où est-ce que	woher	+ Verb/Subjekt + Verb
à quelle heure/à quelle heure est-ce que	um wieviel Uhr	+ Verb/Subjekt + Verb

* keine deutsche Übersetzung, leitet die Frage ein

• **1.** Setzen Sie die fehlenden Präpositionen ein.

a) *Où* est-ce que vous allez ? – À Lille.
b) ______ est-ce que vous venez ? – De Bruxelles.
c) ______ est-ce que vous partez ? – À dix heures du soir.
d) ______ parlez-vous ? – De Monsieur Dutour.
e) ______ penses-tu ? – Aux prochaines vacances.
f) ______ écrivez-vous ? – Au président de la République.

•• **2.** Setzen Sie **qui est-ce qui**, **qui est-ce que**, **qu'est-ce qui** oder **qu'est-ce que** ein.

a) *Qu'est-ce que* c'est comme voiture ?
C'est une BMW.

b) ______________ écoute de la musique si fort ?
Ce sont nos voisins.

c) ______________ on mange ce soir ?
On mange des légumes et des fruits.

d) ______________ il cherche ?
Il cherche sa fille.

e) ______________ s'est passé ?
Sa fille est partie depuis hier soir.

f) ______________ Michel fait toute la journée ?
Il écrit des poèmes.

g) ______________ va aider la pauvre voisine ?
Michel va aider la pauvre voisine.

h) ______________ se trouve dans le grenier ?
Des tableaux et des meubles se trouvent dans le grenier.

le grenier – *Dachboden*

•• **3.** Formen Sie die Fragen mit **est-ce que** zu Fragen mit Inversion um.

a) Est-ce que vous êtes Française ?

Êtes-vous Française ?

b) Est-ce qu'il va en France pour faire des études ?

______ ?

c) Est-ce que vous avez voyagé beaucoup ?

______ ?

d) Est-ce que vous prenez souvent l'avion ?

______ ?

e) Est-ce qu'elle n'a pas pris la voiture ?

______ ?

f) Est-ce que votre femme connaît déjà la nouvelle collection ?

______ ?

g) Est-ce que votre mari va en ville demain ?

______ ?

h) Est-ce que le président n'a pas donné d'interview ?

______ ?

•• **4.** Stellen Sie Fragen mit **lequel**.

a) Mes voisins m'énervent. – Lesquels ?

b) En Bourgogne, il y a des villes très agréables. – ______ ?

c) Il parle d'un centre touristique pittoresque. – ______ ?

d) Ma mère est allée chez le médecin. – ______ ?

e) Vous nous mettez trois bières ? – ______ ?

f) On a parlé des poètes français en classe. – ______ ?

g) Tu sais à quel livre je pense souvent ? – ______ ?

h) Tu as déjà répondu à ton amie ? – ______ ?

i) Tu te souviens de ta vieille tante ? – ______ ?

••• **5.** Formulieren Sie Fragen, indem Sie nach dem kursiv unterstrichenen Satzteil fragen.

a) Ils ne mangent presque rien parce qu'ils ont pris leur petit-déjeuner tard.

b) Le train arrive vers 14 heures.

c) Je passe toujours mes vacances d'été chez ma grand-mère.

d) Quand je fais mon jogging, je pense à de nouveaux projets.

e) Le loyer coûte 2.000 euros.

•••• **6.** Übersetzen Sie die Sätze ins Französische.

a) Wer sind diese Leute?

b) Wovon reden Sie?

c) Wohin fährt der Bus?

d) An wen schreibt er?

e) Worum geht es?

ANHANG

1 GRAMMATIK

Grammatikbegriffe in der Übersicht

Die in diesem Buch verwendeten Begriffe sind durch Fettdruck hervorgehoben.

Lateinisch	Deutsch	Französisch
Aktiv	Tat-/Tätigkeitsform	actif
Adjektiv	Eigenschaftswort	adjectif
Adverb	Umstandswort	adverbe
Adverbiale Bestimmung	Umstandsbestimmung	complément circonstanciel
Adverbialpronomen	Umstandsfürwort	pronom adverbial
Akkusativ	Wen-Fall	accusatif
Artikel	Geschlechtswort	article
Begleiter des Substantivs	Begleiter des Hauptworts	déterminant du nom
	Bruchzahl	nombre fractionnaire
Dativ	Wem-Fall	datif
Dativobjekt	Ergänzung im Wem-Fall	complément d'objet indirect
Demonstrativbegleiter	hinweisender Begleiter	adjectif démonstratif
Demonstrativpronomen	hinweisendes Fürwort	pronom démonstratif
direktes Objekt	Ergänzung im Wen-Fall	complément d'objet direct
feminin	weiblich	féminin
Futur	Zukunft	**futur**
Genus	**Geschlecht**	genre
Imperativ	Befehlsform	impératif
Imperfekt, Präteritum	unvollendete Vergangenheit	**imparfait**
Indefiniter Begleiter	unbestimmter Begleiter	adjectif indéfini
Indefinites Pronomen	unbestimmtes Fürwort	pronom indéfini
Indikativ	Wirklichkeitsform	indicatif
indirekte Rede	**indirekte Rede**	discours indirect
indirektes Objekt	Ergänzung im Wem-Fall	complément d'objet indirect
Infinitiv	Grundform	infinitif
Interrogativbegleiter	Fragebegleiter	adjectif interrogatif
Interrogativpronomen	Fragewort	pronom interrogatif
Kardinalzahl	**Grundzahl**	nombre cardinal
Komparativ	1. Steigerungsstufe	comparatif
Konditional	Bedingungsform	**conditionnel**
Konditionalsatz	**Bedingungssatz, si-Satz**	proposition conditionnelle
konjugieren	beugen	conjuguer

Lateinisch	Deutsch	Französisch
Konjunktion	Bindewort	conjonction
Konsonant	Mitlaut	consonne
maskulin	männlich	masculin
Modus	Aussageweise	mode
Negation	**Verneinung**	négation
Nominativ	Wer-Fall	nominatif
Numerus	**Zahl**	nombre
Objekt	Ergänzung	complément d'objet
Objektpronomen	Fürwort, das ein Objekt ersetzt	pronom personnel complément
Ordinalzahl	**Ordnungszahl**	ordinal
Partizip Perfekt	Mittelwort der Vergangenheit	participe passé
Passiv	Leideform	passif
Perfekt	vollendete Gegenwart	**passé composé**
Personalpronomen	persönliches Fürwort	pronom personnel
Plural	Mehrzahl	pluriel
Plusquamperfekt	vollendete Vergangenheit	**plus-que-parfait**
Possessivbegleiter	besitzanzeigender Begleiter	adjectif possessif
Possessivpronomen	besitzanzeigendes Fürwort	pronom possessif
Präposition	Verhältniswort	préposition
Präsens	Gegenwart	**présent**
Pronomen	Fürwort	pronom
reflexives Verb	rückbezügliches Zeitwort	verbe pronominal
Reflexivpronomen	rückbezügliches Fürwort	pronom réfléchi
Relativpronomen	bezügliches Fürwort	pronom relatif
–	**Sammelzahl**	nombre collectif
Singular	Einzahl	singulier
Subjekt	Satzgegenstand	sujet
Subjektpronomen	Fürwort als Satzgegenstand	pronom personnel sujet
–	–	**subjonctif**
Substantiv	Hauptwort	nom
Superlativ	2. Steigerungsstufe	superlatif
Tempus	Zeit	temps
Verb	Zeitwort, Tätigkeitswort	verbe
Vokal	Selbstlaut	voyelle

WORTBILDUNG

S. 17 - 18

1.
a) la baignade; b) la calculatrice; c) l'agrandissement; d) la brûlure; e) la fin; f) l'alliance; g) la sonnerie/la sonnette; h) la trahison; i) le jeu; j) la rigolade

2.
Adjektive auf **-ien**: italien, algérien, canadien, irakien, iranien, égyptien, australien, autrichien; Adjektive auf **-ais**: français, irlandais, islandais, japonais, polonais, néerlandais/hollandais, thaïlandais, népalais

3.
aD; bA; cG; dC; eH; fB; gE; hF

4.
a) insecticides; b) apiculteurs; c) carnivore; d) viticole

5.
a) Après l'accident, il a été inconscient pendant vingt minutes. b) Je vous interdis de pénétrer sur ce terrain ! c) Elle travaille à mi-temps dans une grande entreprise textile. d) Je voudrais souligner le fait qu'il m'a soutenu formidablement durant tout le projet.

SUBSTANTIVE

S. 23 - 24

1.
b) une nièce; c) un roi; d) une institutrice; e) un camarade; f) un criminel; g) une peintre; h) un duc; i) une invitée; j) une victime

2.
b) der Kritiker, die Kritik; c) die Partei, der Teil; d) der Ofen, die Pfanne; e) die Rundfahrt, der Turm; f) die Stimmung, die Moral

3.
b) les détails; c) les maux; d) les bijoux; e) les cours; f) les yeux; g) les cous; h) les canaux; i) les bateaux; j) les gaz; k) les os

4.

maskuline Substantive		feminine Substantive	
Singular	Plural	Singular	Plural
le monsieur	les messieurs	l'Espagnole	les Espagnoles
l'ouvrier	les ouvriers	la chienne	les chiennes
le Belge	les Belges	l'adolescente	les adolescentes
le secrétaire	les secrétaires	l'actrice	les actrices
le médecin	les médecins	la Belge	les Belges
le romantisme	---	la secrétaire	les secrétaires
le mouchoir	les mouchoirs	la fusée	les fusées
l'ordinateur	les ordinateurs	la baguette	les baguettes
le détail	les détails	la maladie	les maladies
le cheval	les chevaux	la décision	les décisions
le prix	les prix	la perceuse	les perceuses
le nez	les nez	la révision	les révisions
l'œil	les yeux	la différence	les différences
le bal	les bals	la crise	les crises
le soleil	les soleils	la faiblesse	les faiblesses
le bois	les bois	l'image	les images
l'hôtel	les hôtels	la dent	les dents

ARTIKEL

S. 31 - 33

1.
b) une; c) un; d) des; e) un; f) des; g) des; h) un; i) une; j) un; k) des; l) un

2.
b) sont - les; c) est - la - la; d) sont - les - la; e) sont - les - la; f) est - l' - la; g) sont - les - (kein Artikel); *auch:* est - le (kein Artikel)

3.
b) un - (kein Artikel); c) de - de;
d) un - de - un - de; e) la; f) de; g) (kein Artikel);
h) du - la; i) une - de - une; j) la;
k) la - du - du - un - des; l) les - une - de; m) un

4.
a) du lait - de lait - de lait
b) du fromage - de gruyère - un peu de fromage - pas de fromage - du / un camembert
c) comme fruits - des pommes - des oranges - des kiwis - des ananas - les kiwis - pas les ananas - combien les oranges - un kilo de pommes - six kiwis
d) des fraises - pas de fraises - la plupart des gens - le supermarché - la plus grande partie des fruits
e) l'addition - un billet de 20 euros - la monnaie - à la prochaine

5.
a) du; b) le; c) une, de; d) un, de; e) de; f) de;
g) de la, aux, de; h) de l'; i) d'; j) d'; k) des, de, un

6.
a) Donne-moi du vin, s'il te plaît. b) Donne-moi un verre de vin, s'il te plaît. c) J'aime le chou.
d) Je suis venu sans argent. e) Je prends mon pain avec de la confiture mais sans beurre.
f) Il n'y a plus/ne reste plus de lait.

DEMONSTRATIVBEGLEITER

S. 36

1.
b) ce; c) cette; d) ce; e) ces; f) ce; g) ce; h) cette; i) cette; j) cette; k) ces; l) ce

2.
aB; bC; cA; dD

3.
a) Cet, cette; b) ces, ces; c) cette, cette;
d) cet, ce

POSSESSIVBEGLEITER

S. 40

1.
b) son frère; c) sa mère; d) son père;
e) ses enfants; f) leur fils; g) leur fille;
h) leurs enfants

2.
a) Son; b) ça; c) Ça, ça, sa; d) sont, son

INDEFINITE BEGLEITER

S. 44 - 45

1.
b) tous les kiwis;
c) elles ont mangé tout l'ananas;
d) elles ont mangé tous les spaghetti;
e) elles ont bu toute la limonade;
f) elles ont mangé toutes les bananes

2.
b) Un certain Monsieur Gilles dit que la musique est très importante.
c) Certains enfants ne disent pas la vérité.
d) Un certain nombre de personnes ont disparu.
e) Il restera un certain temps.
f) Dans certains pays, les gens n'ont pas assez à manger.

3.
a) Les gendarmes ont passé toute la journée à chercher les traces du cambrioleur b) D'après le médecin, il lui faudra un certain temps pour se remettre de sa maladie. c) Elle a passé un séjour de plusieurs semaines dans le sud de la Floride. d) À chaque fois qu'ils se retrouvent, ils se racontent leurs souvenirs d'enfance.

4.
a) toute; b) certain; c) chaque; d) Tout;
e) plusieurs; f) tout; g) Tous

INTERROGATIVBEGLEITER

S. 48

1.
b) Quelle; c) Quelles; d) Quel / Quels; e) Quelle; f) quel; g) quels; h) Quels

2.
a) Wie alt sind Sie? b) Welchen Tag haben wir heute? c) Was für eine Plaudertasche sie ist! d) Wie sind Ihre Personalien? e) An welchem Projekt arbeiten Sie zurzeit? f) Mit welchem Geschick die Eisläufer auf dem Eis gleiten!

PRONOMEN

S. 53 - 56

1.
b) Non, je ne l'ai pas vu; c) je ne les ai pas;
d) ne les ai pas vues; e) je ne l'ai pas vu;
f) ne l'ai pas vu; g) ne l'ai pas vue;

2.
b) Je ne l'aime plus. c) Il l'admire trop.
d) Il la trouve sympa.
e) Il lui téléphone tous les jours.
f) Elle les lui a demandées.
g) Il l'attend à la maison.
h) Elle nous appartient. i) Nous l'avons achetée.
j) Je ne l'accepte plus. k) Je vais le quitter.
l) Je vais les mettre à la porte.
m) Je vais la lui raconter.
n) Il ne l'a jamais comprise.

3.
a) Subjektpronomen; b) direktes Objektpronomen; c) indirektes Objektpronomen; d) Reflexivpronomen; e) Subjektpronomen, direktes Objektpronomen, indirektes Objektpronomen, Reflexivpronomen

4.
aA; bC; cB; dC

5.
a) J'aimerais que les voisins nous accompagnent à la soirée demain soir.; b) Je trouve qu'il leur faut beaucoup de temps pour achever ce travail.; c) Ils se sont rencontrés pendant les vacances de la Toussaint dans un camp d'équitation.

6.
a) t'; b) nous; c) lui; d) les; e) l'; f) leur

7.
a) Il ne l'a pas vu depuis longtemps.; b) Nous allons nous retrouver/rencontrer la semaine prochaine.; c) On dit que le français est une langue difficile.; d) Elle parle toujours/sans arrêt de lui.; e) Ils leur ont déclaré la guerre.; f) Il lui a demandé/demanda si elle avait également vu le film.; g) Vous vous êtes perdu(e)(s) ?

STELLUNG DER OBJEKT- UND ADVERBIALPRONOMEN

S. 61 - 62

1.
b) Nous y arriverons à 14 heures 25.
c) J'en ai déjà parlé au chef la semaine dernière.
d) J'y pense déjà.
e) Nous allons y monter.
f) Je peux en acheter deux.

2.
b) en; c) en; d) y; e) en; f) en

3.
b) Si, je l'ai vu.
c) Oui, on y va.
d) Oui, je lui dirai bonjour.
e) Oui, je vais lui téléphoner prochainement.
f) Non, je ne pense pas souvent à elle.
g) Non, elle n'y travaille plus.
h) Non, il ne s'y intéresse plus.
i) Non, il n'y travaille plus.
j) Oui, elle leur appartient toujours.
k) Non, ils n'en ont pas changé.
l) Non, ils n'ont pas besoin d'elle.
m) Si, elle l'a aidée.

UNVERBUNDENE PERSONALPRONOMEN

S. 64

1.
b) avec lui; c) avec vous; d) avec elle; e) avec elles; f) avec eux

2.
b) Il ne veut pas aller avec lui non plus.
c) Et Florence ne va pas avec eux non plus.
d) Et lui, il est d'accord avec elle.
e) Et elle ne voudrait pas se disputer avec lui.
f) Personne ne veut aller chez eux.

3.
a) que lui; b) elles; c) nous; d) eux

DEMONSTRATIVPRONOMEN

S. 67

1.
b) celui c) celle-là; d) Celle;
e) Celles-ci ou celles-là; f) celles; g) celle;
h) Celui-ci - celui-là; i) celui; j) celui-ci, celui-là;
k) Celui-ci

2.
a) Cela/Ça vous va très bien !; b) Non, malheureusement, cela/ça ne va pas mieux !;
c) Ce n'est pas mon problème !; d) Ce sont des nouvelles intéressantes, je dois noter cela/ça tout de suite !

POSSESSIVPRONOMEN

S. 69

1.
b) le mien; c) les miens; d) Ce sont les miennes;
e) ce sont les siens; f) Oui, ce sont les siens;
g) Oui, c'est la nôtre; h) Ce sont les nôtres;
i) ce sont les leurs; j) Ce sont les leurs;
k) c'est la sienne; l) c'est la sienne.

2.
vôtre, sien, leurs, tiennes, nôtres, sienne, sien, leur; nicht possessiv: celui

INDEFINITE PRONOMEN

S. 73 - 74

1.
b) toutes; c) Toutes; d) tout; e) Tout; f) tous

2.
a) Toutes ces cassettes sont à toi ? - Non, elles appartiennent toutes à ma sœur.
b) Tu as lavé les pantalons ? - Oui, je les ai tous lavés. Chaque pantalon doit être lavé séparément.
c) Pour la fête, je dois laver chaque assiette. Il faut qu'elles brillent toutes. Et chacune doit être rangée à sa place (bien) précise.
d) Tous les enfants sont rentrés ? - Non, pas tous. Mais chaque enfant doit être à la maison à huit heures.
e) Tu as tout mangé ? - Non, pas tout. Mais nous allons manger tous les restes demain.
f) Il a dormi toute la journée.
Il fait ça tous les jours.

3.
aB; bC; cA; dE; eF; fD

4.
a) Ces trois enfants sont bien les miens, en effet.; b) Au dortoir, chacun est chargé de faire son lit.; c) Il n'a rien mangé depuis ce matin, faute de temps.; d) Il ne faut faire confiance à personne dans cette affaire.

5.
a) Je voyage toujours seul(e).; b) Je suis venu(e) sans rien.; c) Je n'en veux aucun.; d) Personne ne m'a rien demandé.

RELATIVPRONOMEN

S. 78 - 79

1.
b) que; c) qui, qui, qui; d) que;
e) qui; f) que

2.
b) La fille dont Jean a parlé est Suisse.
c) La ville dont nous avons vu un film s'appelle Marseille.
d) Voilà Emma et Fanny dont la passion est la nourriture.
e) J'ai vu une fille dont les parents habitent au Portugal.

3.
b) dont / de qui; c) qui; d) auquel; e) dont;
f) dont; g) à qui; h) que; i) que; j) où; k) laquelle;
l) lesquelles; m) auxquels

4.
b) Est-ce qu'il y a une ville que tu aimes mieux ?
c) Non, Metz est la ville que j'aime le plus.
d) Ma femme qui a 38 ans vient de Nancy.
e) Nancy qui est plus célèbre que Metz est la ville qui plaît le plus à ma femme.
f) Le fils de ma femme que tout le monde appelle Dodo est né à Forbach.
g) La fille de mon amie qui a
25 ans fait ses études à Strasbourg.

PRÉSENT

S. 92 - 95

1.

b) épeler - tu épelles - nous épelons - elles épellent
c) geler- je gèle - vous gelez - ils gèlent
d) mener - elle mène - nous menons - ils mènent
e) préférer - je préfère - vous préférez - elles préfèrent
f) placer - je place - tu places - nous plaçons
g) nager - on nage - nous nageons - ils nagent
h) envoyer - j'envoie - nous envoyons - ils envoient
i) réussir - je réussis - vous réussissez - elles réussissent
j) vendre - tu vends - nous vendons - ils vendent
k) croire - tu crois - nous croyons - ils croient
l) être - tu es - nous sommes - ils sont
m) avoir - tu as - nous avons - ils ont

2.

b) sommes-nous, on est; c) ils vont, ils traversent; d) Asseyez-vous; e) Bats-moi / Battez-moi; f) est, boit; g) vous cuisez; h) disparaît; i) il parcourt; j) nous éteignons; k) ils ne croient pas; l) vous devez; m) nous dormons n) s'écrit; o) il satisfait, ils veulent; p) élit; q) elle ne sent plus; r) je ne permets pas; s) elle souffre; t) se tait

3.

b) Tous les jours, je reçois une lettre de mon oncle.
c) Le magasin vend tous les vêtements en solde.
d) Je me souviens de madame Dutour.
e) Nous vivons une époque difficile.

4.

me traduis - ne veux pas - ne me plaît pas - lis - vous interdis - rejoint - n'ai pas soif - meurs - veulent - ne crois pas - pleut - ne veulent pas - fait - descendons - allons - mangeons - as - accepte - ne résous pas

5.

b) Il a 25 ans.
c) Il fait ses études à Paris.
d) Il boit souvent du vin rouge.
e) Il habite seul. *oder:* Il vit seul.
f) Il est célibataire.

6.

a) rappelez; b) enlève, ai; c) répètent, est; d) tutoyons; e) saisit, a; f) faut; g) meurs, prends; h) résolvons

7.

a) Cela en vaut la peine.; b) Ils se taisent car ils savent qu'ils ont tort.; c) Le Président interrompt son voyage à cause des événements.; d) La police intervient régulièrement lors de manifestations.; e) Ils continuent leur conversation ailleurs.; f) Vous me décevez aujourd'hui !/Ils me déçoivent aujourd'hui !; g) Cette situation me déplait beaucoup.

PASSÉ COMPOSÉ

S. 101 - 104

1.

Infinitiv mit **avoir**	Passé composé	Infinitiv mit **être**	Passé composé
vendre	j'ai vendu	aller	je suis allé(e)
offrir	j'ai offert	venir	je suis venu(e)
être	j'ai été	se taire	je me suis tu(e)
courir	j'ai couru	tomber	je suis tombé(e)
pouvoir	j'ai pu	arriver	je suis arrivé(e)
pleuvoir	il a plu	se rendre	je me suis rendu(e)
rire	j'ai ri	s'offrir	je me suis offert
devoir	j'ai dû	rentrer	je suis rentré(e)
voyager	j'ai voyagé	se dire	je me suis dit

2.
b) Il s'est assis.
c) Il a pris le journal et il l'a lu.
d) Il a commencé à faire son ménage.
e) il est tombé par terre - il s'est mis debout.
f) Il a marché un peu - il a descendu sa valise.
g) Il a appelé un taxi - il est venu.
h) Le monsieur est monté dans le taxi - la voiture a roulé.
i) il a ouvert la porte.
j) Puis le monsieur est descendu du taxi et est allé à l'hôpital.
k) Un médecin est arrivé. Il a dit bonjour.
l) Il l'a examiné.
m) Puis le monsieur est parti. Mais devant l'hôpital, il est retombé.

3.
b) il s'est acheté - il les a mangés
c) il est allé - il a pris
d) se sont promenés
e) ils ont continué - il a conduit
f) il a eu faim - il a lu
g) ils sont entrés
h) elle est venue - elle leur a montré
i) ils ont pris
j) elle est arrivée - elle la leur a donnée
k) il a ouvert - rien ne lui a plu
l) il a jeté
n) ils ont descendu - ils ont quitté
o) elle s'est tue - elle a ri
p) ils sont montés - sont partis

4.
Elle a acquis de bonnes connaissances linguistique pendant/durant son séjour en Angleterre.; b) La police a poursuivi le cambrioleur et l'a arrêté.; c) Ils se sont tu longtemps.; d) Nous avons beaucoup voyagé cette année.

IMPARFAIT

S. 108 - 110

1.
a) chantaient;
b) luisait;
c) pleuvait / avaient / recroquevillaient
d) desséchait / était;
e) tiraient
f) se posait / revenait;
g) pouvaient / faisait;
h) entendait / jouaient;
i) aimais / me plaignais;
j) profitions / nous installions / se reposait

2.
a) elle s'est levée;
b) il faisait, on est allé;
c) a bu, a commandé, a mangé, a payé;
d) faisait des achats, il a vu;
e) s'est promenée, elle a vu;
f) avait, ils ont attendu;
g) il préparait, a frappé;
h) sont allés, ils ont pris;
i) j'étais, je faisais, sont venus;
j) elle se brossait, elle a oublié

3.
a) Sie aß jeden Sonntag in ihrem Lieblingsrestaurant zu Mittag.; b) Es hörte seit Stunden nicht auf zu regnen.; c) Diese Untersuchung betrachtete die Arbeitslosenzahlen bei Jugendlichen näher.; d) Diese Feier fand jedes Jahr am gleichen Datum auf dem Königsplatz statt.; e) Davon hatte ich noch nie etwas gehört.

4.
a) suis entré, faisait; b) aimais, énervait; c) regardait, est rentré; d) passions; e) cherchait; a décidé; f) étais, faisais/ai fait; g) ont augementé; h) obéissait; i) Avez pris; j) s'est produit; k) emmenait, allait

PLUS-QUE-PARFAIT

S. 112 - 113

1.
b) il avait vécu; c) nous avions ri;
d) elles avaient vu; e) tu avais mis;
f) j'avais voulu; g) elle était allée;
h) ils avaient pris; i) elles étaient venues;
j) vous aviez su; k) j'avais fait;
l) vous aviez dit; m) tu étais tombé(e);
n) j'avais vaincu; o) ils avaient dormi;
p) elle avait vécu; q) il était né;
r) j'avais reçu; s) tu avais pu;
t) ils étaient tombés; u) elle était arrivée;
v) elles avaient été; w) j'avais eu;
x) elle était restée

2.
b) avait pris; c) avait reçu; d) avait jeté

3.

b) avons fait;
c) étions, ont raconté;
d) avaient passé;
e) avaient visité;
f) avaient impressionnés;
g) étaient allés;
h) avaient fait;
i) tournait, avaient peur;
j) étaient partis;
k) avaient assisté;
l) n'ont pas arrêté;
m) avons dit, sommes installés;
n) avons trouvé;
o) ont retrouvés, ont continué

PASSÉ SIMPLE

S. 116 - 117

1.

b) a bu;
c) s'est mis, a fait;
d) a dit, ne lui a pas répondu;
e) s'est fâché, a eu;
f) ont lu;
g) se sont regardés, ont ri;
h) ont su; i) s'en sont allés, se sont installés;
j) est venu, a vu;
k) a voulu

2.

fus, rit, voulûmes, dit, prit, bus, allâtes, surent, chantèrent, écrivit, dut, firent, pûmes, dûtes, regardas, rendit, vint, virent, voulus

3.

a) plut; b) voulut, fit; c) regarda, vit;
d) crus, dirent; e) arriva; f) fut; g) sut

4.

a) L'avion ne put pas atterrir à cause du temps.; b) Elle regarda par la fenêtre pendant tout le trajet.; c) Ils mirent longtemps à se préparer.; d) Il lit le gros livre en moins d'une heure.; e) Ils sautèrent de joie quand leurs parents arrivèrent.; f) La pluie cessa soudain.; g) Ils arrêtèrent le voleur quand il sortit du magasin.; h) Ils terminèrent la conférence beaucoup plus tôt que prévu.

FUTUR

S. 123 - 125

1.

b) deviendrai; c) aurai; d) aurons; e) travaillerai;
f) nous occuperons; g) ferons construire;
h) joueront; i) verrai; j) posséderai; k) irons;
l) pratiquerai, apprendrai; m) pleuvra, lira;
n) prendra; o) enverrons

2.

b) Tu vas dire bonjour à ta mère.
c) À partir de demain, tu ne vas plus boire.
d) À la montage, nous allons bien dormir.
e) Vous allez revenir l'année prochaine ?
f) Demain soir, on va parler du nouveau film.
g) Est-ce que nous allons faire du ski pendant les vacances ?
h) J'espère qu'il ne va pas pleuvoir demain.
i) Ma fille va être une grande actrice.
j) Vous allez regarder un film samedi prochain ?

3.

b) Mais on n'ira plus à Chamonix.
c) Mais on ne prendra plus de chambre à l'hôtel.
d) Mais nous ne dormirons plus dans une petite chambre.
e) Mais je ne m'ennuierai plus sur la piste.
f) Mais je n'enverrai plus de cartes postales à nos amis. Je ne les tiendrai plus au courant.
g) Mais il ne boira plus au bar. Il ne s'installera plus au comptoir.
h) Mais je ne serai plus fatiguée. Je n'aurai plus sommeil.
i) Mais je ne verrai plus de photo de mon mari dans un journal.
j) Mais je ne ferai plus semblant de ne rien voir.
k) Mais il ne me trompera plus.
l) Mais on ne verra plus mon mari avec une autre femme.

4.

a) Je ne fumerai jamais de la vie !; b) Nous allons nous retrouver en ville tout à l'heure.; c) Où allez-vous passer la nuit demain ?; d) L'année prochaine, il y aura de nouveau des élections présidentielles.

FUTUR ANTÉRIEUR

S. 127 - 128

1.
c) aura mis; d) aura passé; e) aura repassé;
f) aura nettoyé; g) aura fait; h) sera allé;
i) aura sorti; j) aura fait; k) se sera promené;
l) sera rentré; m) se sera mis; n) serai revenue;
o) sera préparés; p) sera allés; q) aura dansé;
r) aura pris; s) sera rentrés

2.
aB; bC; cA; dE; eD

3.
a) seront finies; b) aurez livré; c) auras été;
d) seront arrivés; e) aurez eu; f) sera monté

CONDITIONNEL

S. 132 - 134

1.
b) elles mettraient; c) on ferait;
d) ils voudraient; e) tu devrais; f) il verrait;
g) nous voudrions; h) elle dirait; i) j'irais;
j) vous seriez; k) tu mangerais; l) ils suivraient;
m) on vivrait; o) je tiendrais

2.
b) Le président aurait menti.
c) Le premier ministre aurait démissionné.
d) Des rebelles auraient pris le pouvoir.
e) Le parlement aurait été en flammes.

3.
b) voudrais, aimerais;
c) Auriez-vous;
d) pourrais, raterais

4.
b) Je voudrais / voulais vous demander si vous pourriez me prêter de l'argent.
c) Nous pourrions aller au cinéma ce soir.
d) Demande-lui s'il serait d'accord.
e) Il m'a demandé si quelqu'un viendrait.
f) Des troupes étrangères auraient assassiné le président.
g) Au cas où / Dans le cas où / Pour le cas où ils viendraient, tu prépares un petit déjeuner.
h) J'aurais dû apprendre un autre métier.
i) L'ambassadeur allemand serait mort.
j) Je pourrais manger une énorme glace maintenant.

5.
aB; bC; cB; dB

6.
a) La police aurait arrêté le cambrioleur hier.; b) J'aurais préféré qu'il soit interrogé le premier par la professeur.; c) Si je voulais votre avis, je vous le dirais.

SUBJONCTIF

S. 143 - 146

1.
b) qu'il dorme; c) qu'elle puisse; d) qu'il pleuve;
e) que j'aille; f) que nous soyons;
g) que vous finissiez; h) que tu prennes;
i) qu'ils sachent; j) que j'écrive;
k) qu'elles veuillent; l) que j'aie;
m) que nous buvions; n) que vous preniez

2.
b) Je souhaite qu'elle ne soit pas partie.
c) J'exige qu'il travaille.
d) J'aimerais qu'il soit sage.
e) Je n'aime pas qu'elle lise au lit.
f) Je demande que la phrase soit correcte.
g) C'est surprenant qu'il ne pleure plus.
h) Il est indispensable qu'elle sache compter.
i) Il est normal qu'il veuille un téléviseur.
j) Il est nécessaire qu'elle aille en vacances.
k) Je trouve bien que tu n'achètes plus de viande.
l) Je suis fâché qu'elle ne me tienne plus au courant.
m) Je suis surprise qu'il ne boive plus.
n) Je ne crois pas que tu sois contente.

3.
a) allez; Verb der Wahrscheinlichkeit: Présent oder Futur
b) avez fait; in der indirekten Rede steht kein Subjonctif
c) apprennes; unpersönlicher Ausdruck
d) ait; unpersönlicher Ausdruck
e) est parti; nach bejahten Ausdrücken des Denkens und Meinens steht kein Subjonctif
f) passiez; Ausdruck der Gefühlsäußerung
g) fait; Tatsache
h) ayons passées; Superlativ durch eigene Einschätzung
i) aille; unpersönlicher Ausdruck
j) réussisses; Verb der Willensäußerung

4.
1d, 2e, 3i, 4a, 5g, 6h, 7f, 8b, 9c

5.
a) J'interdis que; b) Il vaut mieux que; c) Dieu soit loué ! (Ausrufe-Satz); d) Je ne trouve pas qu'; e) en supposant qu'; f) vous ne voulez pas que

6.
a) C'est bizarre qu'ils ne se soient pas manifestés.; b) Les employeurs critiquent qu'il n'y ait pas assez de personnes diplômées sur le marché du travail.; c) Pour que tu fasses des progrès, nous allons te payer des cours supplémentaires.; d) Je ne suis pas sûr(e) qu'il soit capable de venir.; e) Tu es la plus belle femme que je connaisse.; f) Je connais quelqu'un qui apprend le japonais à l'université populaire.; g) Je veux que tu apprennes la vérité.

IMPERATIV

S. 150 - 151

1.
b) Donne-moi encore une réponse.
c) Passe-moi l'éponge.
d) Ferme la fenêtre.
e) Lisez un texte.
f) Répondez-moi.
g) Sortez vos livres.
h) Sors ton livre.
i) Commence à lire.
j) Donnez-moi la réponse tout de suite.
k) Soyez de bons élèves.

2.
b) Ne vous asseyez pas.
c) Ne te lève pas.
d) Ne commence pas à le lire.
e) Ne le nettoie pas.
f) N'y va pas.
g) Ne la complète pas.
h) Ne me la dis pas.
i) Ne me les donnez pas.
j) N'y pensons pas.

3.
a) Écoute, sache; b) Veuillez; c) Prends; d) Vas; e) Soyez; f) aie

4.
a) N'y pensez pas !; b) Va-t-en !; c) Achètes-en trois !; d) Écoutez-moi !; e) Demande-le lui.; f) Parlez avec eux !/Dites-le leur !; g) Attends-moi !

PARTICIPE PRÉSENT UND GÉRONDIF

S. 154 - 155

1.
a) chantant; b) aller; c) quittant ; d) prendre ; e) sortant ; f) rire ; g) finissant ; h) donner ; i) choisissant ; j) venir ; k) lisant ; l) dire ; m) étant ; n) savoir ; o) ayant ; p) faire ; q) naissant ; r) boire ; s) achetant, t) écouter ; u) pouvant ; v) devoir ; w) écrivant ; x) vouloir ; y) mangeant ; z) voir

2.
a) Nous cherchons un vendeur connaissant bien le métier.
b) L'ordinateur marchant mal doit être réparé.
c) Les personnes se servant de la vaisselle doivent la laver.
d) Le jour suivant l'examen, il n'a rien fait.
e) Les gens fumant ne sont pas tolérés dans ce restaurant.
f) Il y a beaucoup de personnes ayant peur des araignées.
g) Sachant que tu viens, il va te faire la cuisine.

3.
a) Il prend sa douche en chantant.
b) Elle écrit une lettre en écoutant de la musique.
c) Il entre dans la pièce en faisant beaucoup de bruit.
d) Nous lisons le journal en buvant un verre de vin.
e) Il part en courant.
f) Elle parle en mangeant.
g) En arrivant, il téléphone à ses parents.

4.
a) Je suis tombé malade en ayant mangé des escargots.
b) En parlant bien l'anglais, elle a pu se débrouiller pendant son voyage.
c) Vous serez meilleurs en orthographe en lisant beaucoup.

d) Je gagnerai du temps en prenant le train.
e) Elle va gagner de l'argent en vendant sa maison.

SI-SATZ

S. 158 - 159

1.
b) Si seulement l'appartement était plus grand.
c) Si seulement je gagnais au loto.
d) Si seulement j'avais un ami.
e) Si seulement je travaillais moins.
f) Si seulement j'allais en vacances cette année.
g) Si seulement quelqu'un me rendait visite.
h) Si seulement je vivais à Paris.

2.
b) avait passé; c) venait; d) aimes; e) fait; f) ferais; g) aurais acheté; h) avais su

3.
b) Si je gagne au loto, je m'achèterai une maison.
c) Si je gagnais au loto, je m'achèterais une maison.
d) Si mon ami était plus jeune, je me marierais avec lui.
e) Si j'avais été riche, j'aurais acheté une maison.
f) Si j'avais su, je ne serais pas venu.
g) S'il pleut, je resterai chez moi.
h) S'il venait plus tôt, je devrais me dépêcher.
i) Si nous nous étions téléphoné, nous aurions pu nous retrouver/donner rendez-vous.

VERBEN MIT OBJEKT

S. 162

1.
a) sa femme; b) les; c) lui; d) lui; e) de venir; f) de la; g) aux

2.
a) Est-ce que tu as écrit à ta fille ?;
b) J'ai écrit la lettre.; c) Ne me reproche rien !;
d) Écoutez-moi !; e) Je ne m'en souviens plus.;
f) Appelle-moi !; g) Je la rappelle !

REFLEXIVVERBEN

S. 165

1.
a) me baigner; b) m'appelle; c) baigne; d) appeler; e) réveille; f) te réveilles; g) s'est tué; h) a tué

2.
a) Éteignez la lumière.; b) La lumière s'est éteinte.; c) Qui attends-tu ?; d) Je ne me suis pas attendu à cela !; e) Nous nous dépêchons pour ne pas arriver en retard.; f) Ne bouge pas !; g) Tournez à droite !

UNPERSÖNLICHE REDEWENDUNGEN

S. 168

1.
aB; bC; cA; dG; eF; fE; gD

2.
a) Il faut que je parte.; b) Il semble qu'il va pleuvoir.; c) Combien de représentations y a-t-il ?; d) Il s'agit d'une affaire très délicate.; e) Il neige depuis que nous sommes partis.; f) Il paraît qu'il n'y en a plus pour longtemps.; g) Il me faut du sucre et de la cannelle.; h) Il y a plus de chômeurs que jamais.

PASSIV

S. 171

1.
b) Le pays a été occupé par la France au XVIIe siècle.
c) Au XVIIIe siècle, des forteresses ont été construites par Vauban.
d) En 1871, la province d'Alsace a été annexée par l'Empire d'Allemagne.
e) En 1945, l'Alsace a été libérée des Allemands par les alliés.
f) Et prochainement, une nouvelle ligne de TGV sera ouverte par la SNCF.

VERNEINUNG

S. 176 - 178

1.
b) je ne veux pas de pomme.
c) je ne veux pas de glace.
d) je ne veux pas de nouveau T-shirt.
e) Non, je ne veux pas faire de voyage en Espagne.
f) Non, je ne veux pas de nouvelle amie.

2.
b) Non, je n'ai pas mangé de sandwich.
c) Non, je ne veux rien boire.
d) Non, je n'ai pas encore parlé à mon professeur.
e) Non, je ne vais inviter personne.
f) Non, je n'ai rien vu.
g) Non, je ne mange pas de viande (du tout).
h) Non, ce n'est pas mon ami.
i) Non, je n'adore pas la musique.
j) Non, il ne me manque rien.
k) Non, je ne ferai plus de voyage.
l) Non, je n'ai vu ni Barbara ni Michel.
m) Non, ce n'est pas du fromage.
n) Non, il n'a plus rien dit.
o) Non, il n'a toujours pas trouvé de femme. / Non, il n'a pas encore trouvé de femme.
p) Non, elle n'a toujours pas parlé à ses parents.
q) Non, elle n'a plus parlé à personne.
r) Non, nous ne regardons pas toujours la télé.
s) Non, je n'ai pas encore passé mon permis de conduire.
t) Non, je ne viendrai pas non plus.

3.
a) Non, je ne lui ai pas encore écrit.
b) Non, je n'y vais pas.
c) Non, je n'ai rien acheté.
d) Non, pas celui-ci.
e) Non, je n'ai vu personne.
f) Non, elle n'a plus rien dit.
g) Non, je n'en mange plus.
h) Non, elle n'a pas du tout changé.

INDIREKTE REDE

S. 182 - 184

1.
b) qu'... aimera;
c) si ... n'en ai pas;
d) que ... n'en ai pas vu;
e) s'... a fait;
f) qu'... ne me quittera jamais

2.
b) Elle dit qu'elle veut que je fasse mes devoirs.
c) Elle dit que je ne sortirai pas demain.
d) Elle dit qu'elle se sent mieux si je reste à la maison.
e) Elle demande si j'ai déjà rendu visite à mes grands-parents.
f) Elle demande ce que je vais offrir à mon père pour son anniversaire.
g) Elle demande si je pourrais l'aider à faire la vaisselle.

3.
b) avais; c) était mariée; d) avait fait;
e) quitterait; f) aimerait; g) pensais

4.
b) Il veut savoir si elle l'appellera de Paris.
c) Il veut savoir s'il peut lui téléphoner de temps en temps.
d) Il veut savoir si elle lui apportera un petit cadeau.
e) Il veut savoir si sa sœur va l'accompagner.
f) Il veut savoir si elle ne va pas s'ennuyer sans lui.
g) Il veut savoir ce qu'il va faire sans elle.

5.
b) Il m'a demandé quand je les avais faits.
c) Il voulait savoir si quelqu'un m'avait aidé à les faire.
d) Il m'a demandé si je pouvais lui répondre correctement.
e) Il a dit qu'il ne croyait pas que je puisse lui donner une traduction correcte.
f) Il a ajouté que pour cette traduction j'allais avoir une mauvaise note.
g) Il a dit qu'il appellerait mes parents le jour même.
h) Il a ajouté que je devrais lui rendre cette lettre le lendemain.
i) Il a précisé que la prochaine fois, j'irais voir le directeur.

j) Il m'a demandé ce que je faisais pendant tout l'après-midi.
k) Il voulait savoir si j'avais déjà pensé à mon avenir.
l) Il a dit qu'il y avait trente ans, un élève comme moi n'aurait pas travaillé comme ça.

ADJEKTIVE

S. 198 - 201

1.
b) rare; c) secret; d) européenne; e) fausse; f) aigüe g) publique; h) facile; i) réel; j) frais; k) turque; l) grecque; m) vif; n) amère; o) nette; p) grosse; q) blanche; r) jaloux; s) suisse; t) russe; u) bon marché; v) citron; w) complète; x) grasse

2.
a) mauvais - mauvais - mauvaise - mauvaises
b) fatal - fatals - fatale - fatales
c) gris - gris - grise - grises
d) long - longs - longue - longues
e) amical - amicaux - amicale - amicales
f) beau / bel - beaux - belle - belles
g) vieux / vieil - vieux - vieille - vieilles
h) dur - durs - dure - dures
i) gentil - gentils - gentille - gentilles
j) frais - frais - fraîche -fraîches
k) européen - européens - européenne - européennes
l) sec - secs - sèche - sèches

3.
a) une nouvelle maison
b) une grande salle de séjour - une salle de bains minuscule - quatre petites chambres
c) un travail fatigant - cette vieille maison
d) ma pauvre mère
e) ce sale travail - dernier moment
f) de longs travaux - une maison propre
g) le seul défaut - sa mauvaise isolation

4.
b) Il a des cheveux bruns.
c) Elle fait une sauce légère.
d) Ils font partie de l'église catholique.
e) Tu écris avec la main gauche.
f) Je lis un gros livre.
g) Vous racontez une brève histoire.
h) Elle arrive avec une jambe cassée.
i) Ils préfèrent la nourriture turque.
j) Je vois une pièce franco-allemande.
k) Elle contacte un certain Yves.
l) Elles portent des robes longues.
m) Il s'achète une nouvelle voiture.
n) Elle mène une vie simple.
o) Ils ont passé l'examen la semaine dernière.
p) Il est mon seul ami.
q) Mes parents ont un grand appartement.

5.
b) Monique est plus grande que Florence.
c) La voiture de M. Dutour est plus neuve que celle / la voiture de M. Floret.
d) Une chambre à l'Hôtel de Provence est plus chère qu'à l'Hôtel de Normandie.
e) Olivier est meilleur que Marc.
f) Michel est pire que Barbara.

ADVERBIEN

S. 209 - 210

1.
b) absolument - gentiment - généreusement - extrêmement
c) bien - vite
d) franchement - lentement
e) dur - français - vraiment - mal - profondément - précisément - mieux

2.
b) énormément; c) profondément; d) suffisamment; e) bien; f) gentiment; g) vraiment; h) poliment; i) complètement; j) rarement; k) brièvement; l) lentement; m) absolument; n) extrêmement; o) courageusement; p) conformément; q) précisément

3.
a) heureusement; b) récemment, récente; c) énorme, énormément; d) complète, complètement; e) mieux, meilleure; f) mal, mauvaise; g) bien, bien; h) bon, bien

ZAHLEN UND ZEITANGABEN

S. 218 - 220

1.

b) 1er septembre 1939;
c) 11 novembre 1918;
d) 1er janvier 2000

2.

b) quinze heures dix-huit
c) vingt heures quinze
d) zéro heure vingt
e) huit heures trente
f) douze heures quarante-cinq
g) seize heures
h) deux heures cinquante

3.

b) cinq heures et demie
c) sept heures moins le quart
d) dix heures vingt
e) midi
f) minuit
g) six heures moins dix
h) huit heures moins cinq
i) cinq heures et demie
j) six heures et demie
k) trois heures et quart
l) six heures moins le quart
m) deux heures cinq
n) huit heures (pile)
o) trois heures et demie

4.

b) vingt et un;
c) un demi, un quart;
d) un huitième;
e) une quinzaine;
f) un exercice sur cinq;
g) deux cents, deux cent cinquante;
h) cinquante mille;
i) quatre-vingts, quatre- vingt-deux;
j) huit mille cinq cent soixante

5.

a) demi; b) douzaine; c) trois huit; d) deux mots; e) quart; f) midi; g) en

6.

a) Ich möchte dreitausend fünfhundert Euro abheben.; b) Sie arbeitet jeden zweiten Tag.; c) Er nimmt mehrere Treppenstufen auf einmal.; d) Sie sind für vierzehn Tage gereist.

7.

a) Je voudrais un demi-litre de vin rouge, s'il vous plaît.; b) Aujourd'hui, nous sommes le 14 juillet.; c) Mes parents vont à la messe tous les dimanches.; d) Tu es né en 2000 ?

PRÄPOSITIONEN

S. 229 - 232

1.

à Paris - au Portugal - au / dans le sud de la France - à Grenoble - dans le Bas-Rhin - en Italie - à Cuba - aux Pays-Bas - à pied - au cinéma - en voiture - en Suisse - à la montagne - au Japon - en Bourgogne - dans le Var - en train - à moto

2.

a) de la gare; b) au sud de Paris;
c) chez le médecin; d) de Brest;
e) à la campagne; f) dans les Alpes;
g) à Washington aux États-Unis

3.

B. : au
M. : le - au - le
B. : En - en - au - en - À - l' - le - en - au - le
B. : au - le - au - le - en - à - le - Au - en - au - en - le - Dans les - en - en - à

4.

b) En juin et juillet / Aux mois de juin et juillet
c) à deux heures du matin
d) à trois heures / pour trois heures / en trois heures / vers trois heures
e) dans quinze jours
f) pour six mois / il y a six mois / depuis six mois
g) il y a trois mois
h) jusqu'à deux heures / pendant deux heures / à partir de deux heures

5.

a) à Annick mais à Pascal;
b) Dans quinze jours, en avion;
c) par avion; d) à café, à thé;
e) de café; f) en cristal/de cristal, pour 200 euros
g) À midi, dans la rue; h) de A à Z; i) de; j) sur;
k) Grâce; l) Selon/D'après; m) sauf; n) Sans

6.
a) dès; b) pour; c) par; d) Selon; e) avec; f) chez

7.
a) Malgré sa fatigue, elle m'a aidé(e).; b) En hiver, nous partons toujours en vacances.; c) Ils sont arrivés chez nous vers midi.; d) Les voyageurs en direction de/pour Paris sont priés de monter dans le train.; e) Sans aucun doute, vous avez raison.; f) Qu'est-ce que vous faites/Que faites-vous en juillet ?; g) Il y eut malheureusement des hommes violents parmi les manifestants.; h) Ne t'appuie pas contre le mur !

KONJUNKTIONEN

S. 236 - 237

1.
b) choisisses; c) aura payé; d) aura quitté; e) vienne; f) habite; g) faisait; h) ai voulu – a répondu

2.
b) serait fermée; c) ait; d) serait; e) livre

3.
b) Dès que tu seras arrivé, nous irons manger.
c) Puisque tu es végétarien, nous ne mangerons pas de viande.
d) Pendant que je t'écris, je regarde un film.
e) J'ai économisé beaucoup d'argent pour que nous puissions aller dans un bon restaurant.

4.
a) Je me dépêche car je ne sais pas quand il va passer/passera.; b) Le chômage diminue mais il touche de plus en plus de jeunes.; c) Désirez-vous un menu ou bien manger à la carte ?; d) Il était déjà parti donc nous n'avons pas pu le voir.

DER FRAGESATZ

S. 246 - 248

1.
b) D'où; c) Quand; d) De qui; e) À quoi; f) À qui

2.
b) Qui est-ce qui;
c) Qu'est-ce qu';
d) Qui est-ce qu';
e) Qu'est-ce qui;
f) Qu'est-ce que;
g) Qui est-ce qui;
h) Qu'est-ce qui

3.
b) Va-t-il en France pour faire des études ?
c) Avez-vous beaucoup voyagé ?
d) Prenez-vous souvent l'avion ?
e) N'a-t-elle pas pris la voiture ?
f) Votre femme connaît-elle déjà la nouvelle collection ?
g) Votre mari va-t-il en ville demain ?
h) Le président n'a-t-il pas donné une interview ?

4.
b) Lesquelles ?; c) Duquel ?; d) Chez lequel ?; e) Lesquelles ?; f) Desquels ?; g) Auquel ?; h) À laquelle ?; i) De laquelle ?

5.
a) Pourquoi est-ce qu'ils ne mangent presque rien ?/ Pourquoi ne mangent-ils presque rien ?
b) À quelle heure est-ce que le train arrive ?/ À quelle heure arrive le train ?
c) Où est-ce que tu passes toujours tes vacances d'été ?/ Où passes-tu toujours tes vacances d'été ?/
d) À quoi est-ce que tu penses quand tu fais ton jogging ?/ À quoi penses-tu quand tu fais ton jogging ?
e) Combien est-ce que le loyer coûte ?/ Combien coûte le loyer?

6.
a) Qui sont ces gens ?
b) De quoi est-ce que vous parlez ?/ De quoi parlez-vous ?
c) Où va ce bus ?/ Quelle est la destination de ce bus ?
d) À qui est-ce qu'il écrit ?/ À qui écrit-il ?
e) De quoi est-ce qu'il s'agit ?/ Il s'agit de quoi ?

A

à	*in, nach; um, im; mit*
à col roulé	*mit Rollkragen*
à condition que	*nur wenn*
à côté de	*neben*
à droite de	*rechts von*
à gauche de	*links von*
À la prochaine.	*Bis zum nächsten Mal.*
à mi-chemin	*auf halbem Weg*
à mi-temps	*halbtags*
à moins que	*es sei denn*
à partir de	*ab, von … an*
à supposer que	*in der Annahme, dass; wenn*
à travers	*quer durch*
abattre	*erschlagen*
abîmé/e	*verdorben*
l'abreuvoir (m)	*Tränke*
l'abricot (m)	*Aprikose*
absent/e	*abwesend*
s'abstenir	*verzichten*
accepter	*akzeptieren*
l'accident (m)	*Unfall*
accompagner	*begleiten*
l'accusation (f)	*Beschuldigung*
acheter	*kaufen*
s'acheter	*sich kaufen*
acquérir	*erwerben*
l'acteur/-trice	*Schauspieler/in*
actif/-ive	*aktiv*
l'action (f)	*Aktion, Handlung*
l'actionnaire (m/f)	*Aktionär/in*
l'activité (f)	*Aktivität*
actuel/le	*aktuell*
l'addition (f)	*Rechnung*
adjoindre	*hinzufügen*
admettre	*annehmen*
admirer	*bewundern*
l'adolescent (m/f)	*Teenager*
adorer	*lieben*
l'adresse (f)	*Adresse*
s'adresser à	*sich an jdn. wenden*
l'aérodrome (m)	*Flugplatz*
l'aéroport (m)	*Flughafen*
les affaires (fpl)	*Geschäfte*
afin que	*um …, damit …*
africain/e	*afrikanisch*
l'Afrique (f)	*Afrika*
l'âge (m)	*Alter*
agir	*handeln*
agrandir	*vergrößern*
l'agrandissement (m)	*Vergrößerung*
l'agriculteur/-trice	*Landwirt/in*
aider	*helfen*
aigre-doux (aigre-douce)	*süßsauer*
aigu/aigüe	*scharf; hoch; spitz*
l'ail (m)	*Knoblauch*
aimable	*freundlich*
aimer	*mögen*
aimer mieux	*lieber haben*
ajouter	*hinzufügen*
l'album (m)	*Album*
l'alcool (m)	*Alkohol*
l'Algérie (f)	*Algerien*
allemand/e	*deutsch*
l'allemand (m)	*deutsche Sprache*
l'Allemand/e	*Deutsche/r*
aller	*gehen*
aller voir	*besuchen*
s'en aller	*weggehen*
l'alliance (f)	*Verbindung; Ehering*
allier	*verbinden*
les Alliés (mpl)	*Alliierte*
allonger	*verlängern, länger machen*
s'allonger	*sich hinlegen*
l'allumette (f)	*Streichholz*
alors	*also*
les Alpes (fpl)	*Alpen*
alpin/e	*alpin*
l'Alsace (f)	*Elsass*
l'amant/e	*Liebhaber/in, Geliebte/r*
l'ambassadeur/-drice	*Botschafter/in*
améliorer	*verbessern*
amener	*mitbringen*
américain/e	*amerikanisch*
américaniser	*amerikanisieren*
l'Amérique (f)	*Amerika*
l'ami	*Freund*
amical/e	*freundschaftlich*
l'amitié (f)	*Freundschaft*
amoral/e	*unmoralisch*
l'an (m)	*Jahr*
l'ananas (m)	*Ananas*
ancien/ne	*alt, ehemalig*
anglais/e	*englisch*
anglophone	*englischsprachig*
l'animal (m)	*Tier*

l'année (f)	*Jahr*
annexer	*annektieren*
l'anniversaire (m)	*Geburtstag*
annoncer	*ankündigen*
annuel/le	*jährlich*
l'anorak (m)	*Anorak*
anormal/e	*unnormal*
l'antécédent (m)	*Vorgänger*
antéposer	*vorlegen*
antérieur	*vor-*
apercevoir	*erblicken*
l'apéritif (m)	*Aperitif*
l'apiculteur/-trice	*Imker/in*
apparaître	*erscheinen*
l'apparence (m)	*Erscheinung*
l'appartement (m)	*Wohnung*
appartenir	*gehören*
appeler	*rufen, anrufen*
s'appeler	*heißen*
l'appétit (m)	*Appetit*
apporter	*bringen, mitbringen*
apprécier	*mögen*
apprendre	*lernen*
après	*nach*
l'après-midi (m)	*Nachmittag*
l'arc-en-ciel (m)	*Regenbogen*
l'arène (f)	*Arena*
l'argent (m)	*Geld*
l'arrêt (m)	*Halt, Stopp*
arrêter	*aufhören*
arriver	*ankommen*
arriver à faire quelque chose	*es schaffen, etw. zu tun*
arroser	*gießen*
l'arrosoir (m)	*Gießkanne*
l'article (m)	*Artikel*
l'aspect (m)	*Erscheinung*
l'aspirateur (m)	*Staubsauger*
s'asseoir	*sich setzen*
assez	*genug; ziemlich*
assiéger	*belagern*
l'assiette (f)	*Teller*
assister à	*etwas beiwohnen*
atteindre	*erreichen*
attendre	*warten*
s'attendre à	*gefasst sein auf*
l'attention (f)	*Aufmerksamkeit*
attribuer	*gewähren*
l'attribution (f)	*Gewährleistung*
au cas où	*im Falle dass; falls*
au milieu de	*inmitten*
au moins	*mindestens, zumindest*
au mois de	*im (Monat) ...*
Au revoir.	*Auf Wiedersehen.*
l'aubergine (f)	*Aubergine*
aucun/e	*keine/r/s*
au-dessous de	*unter*
au-dessus de	*über, oberhalb von*
augmenter	*steigen*
aujourd'hui	*heute*
aussi	*auch*
aussitôt que	*sobald*
l'Australie (f)	*Australien*
autant que	*genauso viel wie*
l'auteur (m/f)	*Autor/in*
autoriser	*erlauben*
autour de	*um ... herum*
autre	*anderer*
autrefois	*damals, früher*
les autres (m)	*die anderen*
l'Autriche (f)	*Österreich*
autrichien/ne	*österreichisch*
avancer	*vorangehen*
avant	*vor*
avant que	*bevor*
avant-dernier	*vorletzter*
avec	*mit*
l'avenir (m)	*Zukunft*
l'avion (m)	*Flugzeug*
l'avocat/e	*Rechtsanwalt/-anwältin*
avoir	*haben*
avoir besoin de	*brauchen*
avoir envie de	*Lust haben*
avoir faim	*Hunger haben*
avoir honte	*sich schämen*
avoir le téléphone	*einen Telefonanschluss haben*
avoir peur	*Angst haben*
avoir raison	*recht haben*
avoir soif	*Durst haben*
avoir sommeil	*müde sein*
avoir tort	*unrecht haben*
avril	*April*
azur	*himmelblau*

B

le bac	*Abi*
les bagages (mpl)	*Gepäck*
la baguette	*Baguette*
la baignade	*Bad*
baigner	*baden*

se baigner — *baden, schwimmen*
la baignoire — *Badewanne*
le bal — *Ball*
se balader — *spazierengehen, flanieren*
banal/e — *banal*
la banane — *Banane*
la banque — *Bank*
le bar — *Bar*
barré/e — *gestrichen; gesperrt*
bas/se — *niedrig*
la basilique — *Basilika*
le bateau — *Schiff, Boot*
battre — *schlagen*
battre des œufs en neige — *Eischnee schlagen*
bavard/e — *geschwätzig, redselig*
bavarder — *schwätzen*
beau, belle, bel — *schön*
beaucoup (de) — *viel*
le beau-frère — *Schwager*
la beauté — *Schönheit*
le bébé — *Baby*
le/la Belge — *Belgier/in*
la Belgique — *Belgien*
bête — *dumm*
la bêtise — *Dummheit*
le beurre — *Butter*
la bibliothèque — *Bibliothek*
la bicyclette — *Fahrrad*
bien — *gut, wohl*
bien que — *obwohl*
bien sûr — *natürlich*
bientôt — *bald*
la bière — *Bier*
le bijou — *Schmuckstück*
le billet — *Karte; Geldschein*
la biologie — *Biologie*
le biscuit — *Keks*
la bise — *Kuss*
le bisou — *Kuss, Küsschen*
bizarre — *komisch, merkwürdig*
blâmable — *tadelnswert*
blâmer — *tadeln*
le blanc d'œuf — *Eiweiß*
blanc/blanche — *weiß*
bleu ciel — *hellblau*
bleu clair — *hellblau*
bleu foncé — *dunkelblau*
bleu marine — *dunkelblau*
blond/e — *blond*
le blouson — *Jacke*
le bœuf — *Ochse*
boire — *trinken*
boire un coup — *einen trinken*
le bois — *Holz, Wald*
la boisson — *Getränk*
la boîte — *Disko*
boîter — *hinken*
boîteux — *hinkend*
la bolée — *Krug*
Bon appétit ! — *Guten Appetit!*
bon marché — *günstig; billig*
bon, bonne — *gut*
Bonjour ! — *Guten Tag!*
Bonsoir — *Guten Abend!*
la bosse — *Beule, Buckel*
bossu/e — *buckelig*
le/la boucher/-ère — *Metzger/in*
la boucherie — *Metzgerei*
bouger — *sich bewegen*
bouillir — *kochen*
le/la boulanger/-ère — *Bäcker/in*
la boulangerie — *Bäckerei*
bouquiner — *lesen, schmökern (ugs.)*
la bouteille — *Flasche*
brave — *anständig; mutig*
bref/brève — *kurz*
la Bretagne — *Bretagne*
breton/ne — *bretonisch*
briller — *glänzen*
se brosser les dents — *Zähne putzen*
le brouillard — *Nebel*
le bruit — *Lärm, Krach*
brûler — *brennen, verbrennen*
la brûlure — *Verbrennung*
le bureau — *Büro, Schreibtisch*
le bureau de tabac — *Tabakladen*
le bus — *Bus*
le but — *Ziel*

C

Ça ne fait rien. — *Es macht nichts.*
Ça sera tout. — *Es ist alles.*
Ça va ? — *Wie geht's?*
Ça y est. — *Es ist so weit.*
le cadeau — *Geschenk*
le café — *Kneipe; Kaffee*
le cahier — *Heft*
la calculatrice — *Taschenrechner*

calculer	*berechnen*
le calme	*Ruhe*
le/la camarade	*Kamerad/in*
le camembert	*Camembert*
le camion	*Lastwagen*
la campagne	*Land*
le Canada	*Kanada*
le canal	*Kanal*
la capitale	*Hauptstadt*
le car	*Reisebus*
la carafe	*Karaffe*
carnivore	*fleischfressend*
le carrelage	*Fliesen*
la carte	*Speisekarte*
la carte postale	*Postkarte*
les cartes (fpl)	*Karten*
le cas	*Fall*
casser	*kaputt machen, zerstören*
catholique	*katholisch*
le CD	*CD*
ce matin	*heute Morgen*
ce qui, ce que	*was*
ce soir	*heute Abend*
ce/cette, ces/cettes	*dieser/diese, diese*
céder	*nachgeben*
la ceinture	*Gürtel*
célèbre	*berühmt*
cent	*hundert*
la centaine	*ca. hundert*
le centilitre	*Zentiliter*
le centre	*Mitte*
le centre commercial	*Einkaufszentrum*
la cerise	*Kirsche*
certain/e	*gewiss; sicher*
certains	*einige*
cet après-midi	*heute Nachmittag*
cette nuit	*heute Nacht*
la chaise	*Stuhl*
la chambre	*Schlafzimmer*
le champ	*Feld*
la chance	*Chance, Glück*
le/la chancelier/-ière	*Kanzler/in*
changer	*wechseln*
chanter	*singen*
le chapitre	*Kapitel*
chaque	*jede/r/s*
la charcuterie	*Aufschnitt, Wursttheke*
charmant/e	*reizend*
le chat	*Katze*
chaud/e	*warm*
le/la chauffeur/-euse	*Fahrer/in*
les chaussettes (fpl)	*Socken, Strümpfe*
les chaussures (fpl)	*Schuhe*
le/la chef	*Chef/in*
le chemin	*Weg*
la chemise	*Hemd*
cher/chère	*teuer; lieber ...*
chercher	*suchen*
le/la chercheur/-euse	*Forscher/in*
le cheval/-aux	*Pferd*
le cheveu	*Haar*
chez	*bei, zu*
chic	*schick*
le chien	*Hund*
la Chine	*China*
chinois/e	*chinesisch*
choisir	*wählen*
le choix	*Wahl*
le chômage	*Arbeitslosigkeit*
le chou	*Kohl*
le chou-fleur	*Blumenkohl*
chrétien-démocrate	*christlichdemokratisch*
le cidre	*Cidre*
la cigarette	*Zigarette*
le cinéma	*Kino*
le ciseau	*Meißel*
les ciseaux (mpl)	*Schere*
le citron	*Zitrone*
clair/e	*hell*
la clé	*Schlüssel*
la clémentine	*Klementine*
le climat	*Klima*
climatisé/e	*klimatisiert*
le clou	*Nagel*
le cognac	*Cognac*
coiffer	*frisieren*
le/la coiffeur/-euse	*Friseur/in*
le coin	*Ecke*
le col	*Kragen*
le collège	*Gymnasium (Unter- und Mittelstufe)*
le/la collègue	*Kollege/-gin*
coller	*kleben, einkleben*
la colline	*Hügel*
le combat	*Kampf*
combatif/-ive	*kämpferisch*

combattre	*kämpfen*
combien ?	*wie viel?*
le comité	*Komitee*
commander	*bestellen*
comme	*als; wie*
commencer	*beginnen*
commenter	*kommentieren*
le/la commerçant/e	*Händler/in*
commun/e	*gemeinsam, allgemein*
communal/e	*kommunal, städtisch*
la commune	*Gemeinde*
le compartiment	*Abteil*
complet/-ète	*vollständig, besetzt*
compléter	*ergänzen*
comprendre	*verstehen*
compter	*zählen, rechnen*
le comptoir	*Theke*
concevoir	*erfassen*
conclure	*abschließen*
concourir	*wetteifern*
la condition	*Bedingung*
conduire	*fahren*
la conduite	*Verhalten*
la Confédération	*Konföderation*
confirmer	*bestätigen*
confondre	*verwechseln*
conforme	*konform*
confortable	*bequem*
le conifère	*Nadelbaum*
connaître	*kennen*
conquérir	*erobern*
le/la conseiller/-ère municipal/le	*Stadtrat /-rätin*
constant/e	*stetig*
construire	*bauen*
consulter	*besuchen*
contenir	*beinhalten*
content	*zufrieden*
continuer	*fortsetzen*
contraindre	*zwingen*
contre	*gegen*
contredire	*widersprechen*
convaincre	*überzeugen*
convenir	*vereinbaren*
le/la copain/la copine	*Freund/in*
le coq	*Hahn*
coquet/te	*eitel*
correct/e	*korrekt*
la correspondance	*Korrespondenz; Verbindung*
le correspondant	*Außenkorrespondent*
correspondre	*entsprechen; kommunizieren*
corriger	*korrigieren*
corrigible	*korrigierbar*
corrompre	*zum Schlechten verleiten*
la Corse	*Korsika*
le costume	*Anzug*
le côté	*Seite*
le cou	*Hals, Nacken*
la couche	*Schicht*
coudre	*nähen*
le coup	*Schlag*
couper	*schneiden*
le couple	*Paar, Pärchen, Ehepaar*
la cour	*Hof*
courir	*laufen, rennen*
le courrier	*Post*
le cours	*Kurs*
court/e	*kurz*
coûter	*kosten*
couvrir	*bedecken*
craindre	*befürchten*
la cravate	*Krawatte*
le crayon	*Stift*
la crêpe	*Crêpe*
le cri	*Schrei*
crier	*schreien*
criminel/le	*kriminell*
la crise	*Krise*
le cristal	*Kristall*
la critique	*Kritik*
le critique	*Kritiker*
critiquer	*kritisieren*
croire	*glauben*
croûte	*Kruste*
le croûton	*Crouton*
cruel/le	*grausam*
la cueillaison	*Ernte*
cueillir	*pflücken*
cuire	*kochen, erhitzen, braten*
la cuisine	*Küche*
cuisiner	*kochen*
curieux/-euse	*neugierig*
le cygne	*Schwan*

D

d'abord	*zuerst*
d'accord	*einverstanden*
le dactylogramme	*getippter Text*
la dactylographie	*Maschinenschreiben*
la dame	*Dame, Frau*
le Danemark	*Dänemark*
dangereux/-euse	*gefährlich*
danois/e	*dänisch*
dans	*in, nach, auf, innerhalb von*
dans le cas où	*falls*
dans l'hypothèse où	*falls*
danser	*tanzen*
le/la danseur/-euse	*Tänzer/in*
dater de	*stammen aus*
davantage	*mehr*
de	*von, aus; mit; vor; aus*
de crainte que	*in der Angst, dass*
de façon que	*sodass*
de manière que	*sodass*
de peur que	*in der Angst, dass*
de plus	*mehr*
de sorte que	*so, dass*
de temps en temps	*ab und zu*
de toute façon	*so oder so*
de... à	*von ... bis*
débarrasser	*befreien*
décembre	*Dezember*
décevoir	*enttäuschen*
décharger	*entlasten*
la décision	*Entscheidung*
découvrir	*entdecken*
décrire	*beschreiben*
déduire de quelque chose	*aus etwas schließen, dass*
défaire	*abmachen*
le défaut	*Fehler, Makel*
défendre	*verteidigen*
défendre de/que	*verbieten*
se défendre	*sich verteidigen*
dehors	*draußen*
déjà	*schon*
déjeuner	*zu Mittag essen*
demain	*morgen*
déménager	*umziehen*
demeurer	*bleiben*
demi	*halb*
démissionner	*zurücktreten*
la démocratie	*Demokratie*
la dent	*Zahn*
le/la dentiste	*Zahnarzt/-ärztin*
le département	*Departement*
se dépêcher	*sich beeilen*
dépendre	*abhängen*
dépenser	*ausgeben*
déplorer	*bedauern*
depuis	*seit*
depuis que	*seit*
le/la député/e	*Abgeordnete/r*
déranger	*stören*
dernier/ère	*letzte/r; vorige/r*
derrière	*hinter*
dès	*seit, schon von ... an*
dès que	*sobald*
désavouer	*missbilligen, abstreiten*
descendre	*hinuntergehen*
désirer	*wünschen*
dessécher	*vertrocknen, austrocknen*
le dessert	*Nachtisch*
le desservir	*abräumen; bedienen; halten*
le détail	*Detail*
détendre	*entspannen*
détester	*hassen*
détruire	*zerstören*
devant	*vor*
devenir	*werden*
le devoir	*Pflicht; Aufgabe*
le dictionnaire	*Wörterbuch*
Dieu	*Gott*
Dieu soit loué !	*Gott sei Dank!*
la différence	*Unterschied*
différent/e	*unterschiedlich, anders*
difficile	*schwer*
dimanche	*Sonntag*
diminuer	*sich verringern*
le dîner	*Abendessen*
dîner	*zu Abend essen*
dire	*sagen*
dire bonjour	*begrüßen*
direct/e	*direkt*
le/la directeur/-trice	*Schulleiter/in, Vorsitzende/r*
la direction	*Richtung*
diriger	*leiten*
discret/-ète	*diskret*
discuter	*diskutieren*
la disgrâce	*Missgunst*
disparaître	*verschwinden*

se disputer | *streiten*
la dissonnance | *Dissonanz*
dissoudre | *auflösen*
la dixaine | *ca. zehn*
le docteur | *Arzt/Ärztin*
dommage | *schade*
donner | *geben*
dormir | *schlafen*
doubler | *verdoppeln*
doux/douce | *mild, niedrig*
le drap | *Betttuch*
le drapeau | *Fahne*
droit/e | *gerade*
drôle | *lustig, komisch*
du fait que | *da, weil*
le/la duc/duchesse | *Herzog/in*
dynamique | *dynamisch*

E

l'eau (f) | *Wasser*
économe | *sparsam*
l'économie (f) | *Sparsamkeit; Wirtschaft*
économiste (m) | *Wirtschaftswissen-schaftler, Ökonom*
écouter | *zuhören, anhören*
écrire | *schreiben*
s'écrire | *sich schreiben*
l'écrivain (m/f) | *Schriftsteller/in*
égal/e | *gleich*
l'église (f) | *Kirche*
égoïste | *egoistisch*
les élections (fpl) | *Wahlen*
l'élève (m/f) | *Schüler/in*
élire | *wählen*
embrasser | *küssen*
émettre | *senden*
l'émigration (f) | *Auswanderung*
emmener | *mitnehmen*
émouvoir | *bewegen, rühren*
l'empire (m) | *Reich*
employer | *anwenden*
emprisonner | *ins Gefängnis bringen*
en | *in, im, im Jahr ..., innerhalb von; mit; aus*
en attendant que | *solange bis*
en avoir assez | *genug haben*
en avoir pour | *kosten*
en ce moment | *zur Zeit, im Moment*
en face de | *gegenüber*
en même temps que | *gleichzeitig als*
en rester à | *stehen bleiben bei*
en solde | *reduziert*
encore | *noch, immer noch*
endommager | *beschädigen*
endormir | *einschlafen*
l'enfant (m) | *Kind*
enfantin/e | *kindisch*
enfin | *endlich*
s'enfuir | *flüchten*
enlever | *wegnehmen*
s'ennuyer | *sich langweilen*
énorme | *riesig*
l'enseigne (f) | *Schild*
l'enseignement (m) | *Unterricht; Lehre*
ensuite | *dann*
entendre | *hören*
enterrer | *beerdigen*
entièrement | *vollständig*
entre | *zwischen*
entreprendre | *unternehmen*
l'entreprise | *Unternehmen, Firma*
entrer | *hineingehen, betreten*
entretenir | *unterhalten*
environ | *circa, ungefähr*
les environs (mpl) | *Umgebung*
envoyer | *senden, schicken*
épais/se | *dick, dickflüssig*
épeler | *buchstabieren*
l'épicerie (f) | *Lebensmittelgeschäft*
les épinards (mpl) | *Spinat*
l'éponge (f) | *Schwamm*
l'époque (f) | *Epoche, Zeit*
épuisé/e | *erschöpft*
l'équipe (f) | *Mannschaft*
équiper | *ausrüsten*
équivaloir | *entsprechen*
l'escalier (m) | *Treppe*
l'escalope (f) | *Schnitzel*
l'escargot (m) | *Schnecke*
espérer | *hoffen*
essayer | *versuchen*
l'essence (f) | *Benzin*
essuyer | *wischen*
s'estimer | *sich schätzen*
estival/e | *sommerlich*
et | *und*
l'étable (f) | *Stall*
étant donné que | *da, weil*
l'été (m) | *Sommer*
éteindre | *ausmachen, ausschalten*
s'éteindre | *ausgehen, erlöschen*

étendre *hinlegen*
étiqueter *etikettieren*
étonnant/e *erstaunlich*
s'étonner *sich wundern*
étrange *seltsam*
l'étranger/-ère *Fremde/r, Ausländer/in*
être *sein*
être à quelqu'un *jemandem gehören*
être désolé *leid tun*
être en flammes *brennen*
être en panne *eine Panne haben*
être en train de *dabei sein zu*
être né à *geboren sein in*
les études (fpl) *Studium*
l'étudiant/e *Student/in*
étudier *studieren*
l'Europe (f) *Europa*
européen/ne *europäisch*
s'évanouir *in Ohnmacht fallen*
s'éveiller *aufwachen*
l'événement (m) *Ereignis*
évident/e *selbstverständlich, augenscheinlich*
évoluer *sich entwickeln*
exagérer *übertreiben*
l'examen (m) *Prüfung*
examiner *untersuchen*
exclure *ausschließen*
s'excuser *sich entschuldigen*
exiger *fordern*
expliquer *erklären*
extérieur *äußerlich*
extraire *extrahieren, fördern*
extrêmement *extrem*

F

se fâcher *böse werden*
facile *leicht*
facilement *leicht*
la façon *Art, Weise*
le/la facteur/-trice *Briefträger/in*
la faiblesse *Schwäche*
faire *machen, tun*
faire attention *aufpassen*
faire chaud *warm sein*
faire construire *bauen (lassen)*
faire cuire *kochen, braten*
faire des achats *einkaufen*
faire du bruit *laut sein*
faire du mal à qn. *jdm. etwas antun*
faire jour *Tag sein*
faire la connaissance de *kennenlernen*
faire la grève *streiken*
faire la vaisselle *spülen*
faire le ménage *putzen*
faire les vitres *Fenster putzen*
faire partie de *zu etw. gehören*
faire semblant de *tun als ob*
faire son choix *wählen*
faire un footing *joggen gehen*
faire un tour *eine Runde drehen*
faire une bise *küssen*
s'en faire *sich Sorgen machen*
la famille *Familie*
la farine *Mehl*
fatal/e *fatal*
fatigant/e *anstrengend*
fatigué/e *müde*
la faute *Fehler, Schuld*
faux/fausse *falsch*
favori/te *bevorzugt*
la femme *Frau, Ehefrau*
la fenêtre *Fenster*
fermé/e *geschlossen, zu*
fêter *feiern*
le feu *Feuer*
le feu d'artifice *Feuerwerk*
la feuille *Blatt*
fier/fière *stolz*
le fierté *Stolz*
la fille *Mädchen; Tochter*
le film *Film*
le fils *Sohn*
fin/e *fein*
final/e *final*
la finesse *Feinheit, Feingefühl*
finir *beenden*
la finition *Kleinarbeit*
la flamme *Flamme*
la fleur *Blume*
le foie *Leber*
la fois *Mal*
la fonction *Funktion, Rolle*
le/la fonctionnaire *Beamter/Beamtin*
fonctionnel/le *funktionell*
fondre *schmelzen*
le foot *Fußball*
le footing *Jogging*
la forme *Form*
formel/le *formell, förmlich*

fort/e	*stark; laut*
la forteresse	*Festung*
fortifier	*verstärken*
le fou	*Verrückte/r*
frais/fraîche	*frisch*
la fraise	*Erdbeere*
le Franc	*Franc*
franc/franche	*ehrlich*
français/e	*französisch*
le/la Français/e	*Franzose/Französin*
la France	*Frankreich*
la franchise	*Ehrlichkeit*
franco-allemand/e	*französisch-deutsch*
le/la francophile	*Frankreich-Liebhaber/in*
frapper	*klopfen*
le frère	*Bruder*
la friteuse	*Fritteuse*
froid/e	*kalt*
le fromage	*Käse*
les fruits (mpl)	*Obst, Früchte*
fuir	*fliehen*
fumer	*rauchen*
la fusée	*Rakete*

G

gagner	*gewinnen; verdienen*
gai	*fröhlich*
le garage	*Garage*
le garçon	*Junge*
la gare	*Bahnhof*
le gaspillage	*Verschwendung*
la gastralgie	*Magenschmerzen*
le gaz	*Gas*
geler	*frieren*
génial/e	*genial*
les gens (fpl)	*Leute*
gentil/le	*lieb*
la gentillesse	*Freundlichkeit*
géométrique	*geometrisch*
la gérance	*Verwaltung, Leitung*
gérer	*verwalten, leiten*
germano-français/e	*deutsch-französisch*
la gifle	*Ohrfeige*
le gilet	*Weste, Strickjacke*
la glace	*Eis*
le glaçon	*Eiswürfel*
la gondole	*Gondel*
le/la gondolier/-ière	*Gondoliere*
graissé/e	*eingefettet*
la grammaire	*Grammatik*
gramme	*Gramm*
grand/e	*groß; bedeutend*
le grand magasin	*Kaufhaus*
la grand-mère	*Großmutter*
le grand-père	*Großvater*
gras/se	*fett*
grave	*schlimm*
grec/grecque	*griechisch*
grêler	*hageln*
le grenier	*Dachboden, Speicher*
la grève	*Streik*
gris/e	*grau*
se griser	*einen Schwips bekommen*
le gros lot	*Hauptpreis*
gros/se	*dick*
le groupe	*Gruppe*
le gruyère	*Greyerzer (Käse)*
la guerre	*Krieg*
le guichet	*Schalter*

H

habitable	*bewohnbar*
habiter	*wohnen*
la halte	*Pause, Stopp*
le handicap	*Behinderung*
le hareng	*Hering*
le haricot	*Bohne*
hébreu/hébraïque	*hebräisch*
l'héliothérapie (f)	*Sonnentherapie*
hennir	*wiehern*
le/la héros/héroïne	*Held/in*
l'heure (f)	*Uhr, Stunde*
heureux/-euse	*glücklich*
hier	*gestern*
l'hippodrome (m)	*Pferderennbahn*
l'histoire (f)	*Geschichte*
le hold-up	*Banküberfall*
le/la Hollandais/e	*Holländer/in*
l'homicide (m)	*Mord*
l'homme (m)	*Mann*
honteux/-euse	*beschämend*
l'hôpital (m)	*Krankenhaus*
horticole	*Garten-*
l'hôtel (m)	*Hotel*

I

ici	*hier*
l'idée (f)	*Idee*
l'identité (f)	*Identität*
l'idiot/e	*Idiot/in*
il faut	*man braucht*
il paraît que	*man sagt, dass*
il vaut mieux que	*es ist besser, wenn*
il y a	*es gibt; vor ...*
l'illettré/e	*Analphabet/in*
illisible	*unleserlich*
l'image (f)	*Bild*
l'immeuble (m)	*Wohnhaus*
important/e	*wichtig*
les impôts (mpl)	*Steuern*
impressionner	*beeindrucken*
imprudent/e	*unvorsichtig*
l'incendie (m)	*Brand*
inclure	*einschließen*
inconscient/e	*unbewusst*
indiquer	*geben, sagen*
indispensable	*notwendig*
individuel/le	*individuell*
l'influence (f)	*Einfluss*
l'information (f)	*Information*
injuste	*ungerecht*
inquiet/-ète	*besorgt, beunruhigt*
s'inquiéter	*sich Sorgen machen*
inscrire	*einschreiben, anmelden*
insecticide (m)	*Insektenvernichtungsspray*
s'installer	*es sich bequem machen*
l'instinct (m)	*Instinkt*
instinctif/-ive	*instinktiv*
l'instituteur/-trice	*Lehrer/in*
instruire	*belehren*
intelligent/e	*intelligent, klug*
l'intention (f)	*Absicht*
interdire	*verbieten*
intéressant/e	*interessant*
intéresser	*interessieren*
s'intéresser à	*sich für etw. interessieren*
intérieur	*innerlich*
l'intermédiaire (m)	*Mittelweg*
interroger	*befragen*
interrompre	*unterbrechen*
intervenir	*intervenieren*
inutile	*unnötig*
l'invité/e	*Gast*
inviter	*einladen*
irréalisable	*unrealisierbar*
l'isolation (f)	*Isolierung*
l'Italie (f)	*Italien*
l'italien	*italienische Sprache*
l'Italien/ne	*Italiener/in*
italien/ne	*italienisch*

J

jaloux/-ouse	*eifersüchtig; neidisch*
jamais	*nie*
la jambe	*Bein*
le jambon	*Schinken*
janvier	*Januar*
le/la Japonais/e	*Japaner/in*
le jardin	*Garten*
jaune	*gelb*
le jean	*Jeans*
jeter	*werfen*
jeter dehors	*hinauswerfen*
jeudi	*Donnerstag*
le/la jeune	*Jugendliche*
la jeunesse	*Jugend*
joindre	*beitreten*
joli	*hübsch*
jouer	*spielen*
jouer d'un instrument de musique	*ein Musikinstrument spielen*
le jouet	*Spielzeug*
le/la joueur/-euse	*Spieler/in*
le jour	*Tag*
le journal	*Zeitung*
journalier/-ère	*täglich*
le/la journaliste	*Journalist/in*
la journée	*Tag*
juif/juive	*jüdisch*
juillet	*Juli*
juin	*Juni*
les jumelles (fpl)	*Fernglas*
la jument	*Stute*
la jupe	*Rock*
le jury	*Jury*
le jus	*Saft*
jusqu'à ce que	*bis*
jusque, jusqu'	*bis*
juste	*gerecht*

K

kaki	*khaki*
le kilo	*Kilo*
la kinésithérapie	*Heilgymnastik*
le kiwi	*Kiwi*

L

laid/e	*hässlich*
laisser	*lassen*
le lait	*Milch*
lancer	*werfen*
les Landes	*die Landes*
la langue officielle	*Landessprache*
la laryngite	*Kehlkopfentzündung*
laver	*waschen, spülen*
le long de	*entlang*
le plus	*am meisten*
la leçon	*Lektion*
légal/e	*legal, gesetzlich*
légaliser	*legalisieren*
léger/-ère	*leicht*
les légumes (mpl)	*Gemüse*
le lendemain	*der nächste Tag*
la lettre	*Brief*
leur/s	*ihr/e*
lever	*heben*
le Liban	*Libanon*
libéral-démocrate	*liberaldemokratisch*
libérer	*befreien*
la librairie	*Buchhandlung*
libre	*frei*
la limonade	*Limonade*
le linge	*Wäsche*
le lion	*Löwe*
lire	*lesen*
lisible	*leserlich*
le lit	*Bett*
le litre	*Liter*
la livre	*Pfund*
le livre	*Buch*
la livret	*Büchlein*
la loge	*Loge*
le logement	*Wohnung*
loger	*wohnen*
logiquement	*logisch*
loin de	*weit von … entfernt*
lointain	*weit, entfernt*
long/longue	*lang*
longtemps	*lange*
lorsque	*während*
le loto	*Lotto*
lourd/e	*schwer*
luire	*scheinen; glänzen*
la lumière	*Licht*
lundi	*Montag*
la lune	*Mond*
la lunette	*Fernglas*
les lunettes (fpl)	*Brille*
le Luxembourg	*Luxemburg*
luxembourgeois	*luxemburgisch*
le lycée	*Gymnasium (Oberstufe)*
lyonnais	*aus Lyon*

M

la machine	*Maschine*
le Madagascar	*Madagaskar*
madame/mesdames	*Frau/meine Damen*
mademoiselle/mesdemoiselles	*Fräulein/meine Damen*
magnifique	*wundervoll*
mai	*Mai*
maigre	*dünn*
maigrir	*abnehmen*
la main	*Hand*
maintenant	*jetzt*
maintenir	*bewahren, aufrecht erhalten*
mais	*aber*
le maïs	*Mais*
la maison	*Haus*
la maison de campagne	*Landhaus*
la maisonnette	*Häuschen*
le mal	*Übel, Böse, Krankheit*
malade	*krank*
la maladie	*Krankheit*
le malaise	*Übelkeit, Schwindel*
malgré que	*obwohl*
malheureux/-euse	*unglücklich*
malhonnête	*skrupellos*
la manche	*Ärmel*
le manège	*Karussell*
manger	*essen*
le/la manifestant(e)	*Demonstrant(in)*
manquer de	*fehlen an*
le manteau	*Mantel*
marcher	*laufen*
mardi	*Dienstag*

le mari	*Ehemann*
se marier	*heiraten*
le Maroc	*Marokko*
la marraine	*Patin*
marron	*braun*
mars	*März*
le match	*Spiel*
les mathématiques (fpl)	*Mathematik*
la matière	*Stoff*
le matin	*Morgen*
mauvais/e	*schlecht*
méchant/e	*böse, gemein*
le médecin	*Arzt/Ärztin*
meilleur	*besser*
mélanger	*mischen, umrühren*
le melon	*Melone*
même	*gleich*
mener	*führen*
le/la menteur/-euse	*Lügner/in*
mentir	*lügen*
le menu	*Menü*
merci	*danke*
la mère	*Mutter*
le message	*Nachricht*
la météo	*Wettervorhersage*
le métier	*Beruf*
le métro	*U-Bahn*
le/la metteur/-euse en scène	*Regisseur/in*
mettre	*hinzufügen*
se mettre à	*anfangen zu*
se mettre debout	*aufstehen*
le meuble	*Möbelstück*
midi	*Mittag*
mieux	*besser*
le milliard	*Milliarde*
le millier	*ca. tausend*
le million	*Million*
mince	*schlank; dünn; gering*
minéral	*Mineral*
le/la ministre	*Minister/in*
le/la ministre des Affaires étrangères	*Außenminister/in*
minuscule	*winzig*
la minute	*Minute*
modeler	*modellieren*
moi non plus	*ich auch nicht*
moindre	*geringster*
moins que	*weniger als*
le mois	*Monat*
la moitié	*Hälfte*
le moment	*Moment*
Mon Dieu !	*Mein Gott!*
mon/ma, mes	*meine/r*
le monde	*Welt*
la monnaie	*Kleingeld; Währung*
le monopole	*Monopol*
monopoliser	*Monopolstellung einnehmen*
monotone	*eintönig*
monsieur/messieurs	*Herr/meine Herren*
la montagne	*Berg*
monter	*einsteigen*
montrer	*zeigen*
se moquer	*sich lustig machen*
le moral	*Stimmung, Laune*
la morale	*Moral*
le morceau	*Stück*
mordre	*beißen*
mort/e	*tot*
le moteur	*Motor*
la moto	*Motorrad*
la mouche	*Fliege*
le mouchoir	*Taschentuch*
mourir	*sterben*
mouvoir	*bewegen*
moyen/ne	*mittelmäßig*
muet/te	*stumm*
le musée	*Museum*
la musique	*Musik*

N

nager	*schwimmen*
naïf/naïve	*naiv*
naître	*geboren werden*
naturel/le	*natürlich*
naval	*See-*
ne plus de	*kein ... mehr*
ne plus en pouvoir	*nicht mehr können*
ne rien y pouvoir	*nichts dafür können*
ne... ni.... ni...	*weder ... noch ...*
ne... pas grand-chose	*nicht viel*
ne... que	*nur*
nécessaire	*notwendig*
neiger	*schneien*
net/te	*klar, rein*

nettoyer	*reinigen*
neuf/neuve	*neu*
le neveu	*Neffe*
le nez	*Nase*
la nièce	*Nichte*
noir/e	*schwarz*
la noix de coco	*Kokosnuss*
le nombre	*Zahl*
nord-américain	*nordamerikanisch*
nordique	*nordisch*
normal/e	*normal*
normalement	*normalerweise*
normand/e	*normannisch*
la Normandie	*Normandie*
la Norvège	*Norwegen*
norvégien/ne	*norwegisch*
notre, nos	*unser/e*
nourrir	*ernähren*
la nourriture	*Ernährung; Lebensmittel*
nouveau/-velle	*neu*
la nouvelle	*Nachricht*
novembre	*November*
se noyer	*ertrinken*
nu/e	*nackt*
nuire	*schaden*
la nuit	*Nacht*
le numéro	*Nummer*
numéroter	*nummerieren*

O

l'objet (m)	*Gegenstand*
obtenir	*bekommen, erhalten*
occuper	*besetzen*
s'occuper de	*sich kümmern um*
l'odeur (f)	*Geruch*
l'odontalgie (f)	*Zahnschmerzen*
l'œil/les yeux (mpl)	*Auge*
l'œuf (m)	*Ei*
l'œuvre (f)	*Kunstwerk*
officiel/le	*offiziell*
offrir	*schenken*
l'oiseau (m)	*Vogel*
l'olive (f)	*Olive*
l'ombre (f)	*Schatten*
omniprésent/e	*allgegenwärtig*
l'oncle (m)	*Onkel*
l'opéra (m)	*Oper*
l'opération (f)	*Operation*
l'opinion (f)	*Meinung*
l'or (m)	*Gold*
orange	*orange*
l'orange (f)	*Orange*
ordinaire	*gewöhnlich*
ordinateur (m)	*Computer*
original/e	*original*
l'origine (f)	*Herkunft*
l'os (m)	*Knochen*
l'oto-rhino-laryngo-logiste	*Hals-Nasen-Ohren-Arzt/-Ärztin*
où	*wo*
oublier	*vergessen*
oui	*ja*
ouvert/e	*geöffnet, auf*
l'ouvrier/-ère	*Arbeiter/in*
ouvrir	*öffnen, anmachen*

P

la page	*Seite*
le paillasson	*Fußmatte*
la paille	*Stroh*
le pain	*Brot*
la panne	*Panne*
le panneau	*Schild*
le pantalon	*Hose*
les papiers (mpl)	*Papiere*
le papillon	*Schmetterling*
le paquet	*Tüte, Paket*
par	*über; durch; aus; pro*
par terre	*auf dem Boden*
paraître	*scheinen*
le parc	*Park*
parce que	*weil*
parcourir	*durchlaufen, überfliegen*
pardonner	*verzeihen*
les parents (mpl)	*Eltern*
paresseux/-euse	*faul*
le/la Parisien/ne	*Pariser/in*
le parking	*Parkplatz*
le parlement	*Parlament*
parler	*sprechen*
se parler	*miteinander sprechen*
le parmesan	*Parmesan*
parmi	*unter, zwischen*
le parrain	*Pate*
le parti	*Partei*
la partie	*Teil, Spiel*
partir	*weggehen*
parvenir	*erreichen*
pas du tout	*überhaupt nicht*
le/la passant/e	*Passant/in*

passer	*ablegen; reichen*
se passer	*passieren, sich ereignen*
passer l'aspirateur	*staubsaugen*
la passion	*Leidenschaft*
le pastis	*Pastis (Anis-Aperitif)*
la pâte	*Teig*
le/la patron/ne	*Chef/in*
pauvre	*arm; bedauernswert*
payer	*zahlen, bezahlen*
la pays	*Land*
le/la paysan/ne	*Bauer/Bäuerin*
paysan/ne	*ländlich*
les Pays-Bas	*Niederlande*
la peau	*Haut*
peindre	*malen*
le peintre	*Maler/in*
peler	*schälen*
pendant (que)	*während*
pendre	*hängen*
pénétrer	*eindringen*
penser	*denken*
la perceuse	*Bohrmaschine*
percevoir	*erblicken, erfassen*
perdre	*verlieren*
le père	*Vater*
la période	*Periode, Zeitintervall*
la permanente	*Dauerwelle*
permettre	*erlauben*
le permis de conduire	*Führerschein*
la personne	*Person*
personne	*niemand*
personnel/le	*persönlich*
peser	*wiegen*
petit/e	*klein*
le petit ami	*fester Freund*
le petit-déjeuner	*Frühstück*
pétrolifère	*Erdöl-*
la philosophie	*Philosophie*
la photo	*Foto*
le photographe	*Fotograf*
la phrase	*Satz*
la pièce	*Zimmer*
le pied	*Fuß*
le piéton	*Fußgänger*
piquer	*stechen*
la piqûre	*Stich, Spritze*
pire	*schlechter; schlimmer*
la piscine	*Schwimmbad*
la piste	*Piste*
pittoresque	*malerisch*
le placard	*Schrank*
la place	*Platz*
placer	*legen, stellen, setzen*
la plage	*Strand*
plaindre	*bemitleiden*
se plaindre	*sich beschweren*
plaire	*gefallen*
le plan	*Plan*
le plan de la ville	*Stadtplan*
la planche à voile	*Surfbrett, Surfen*
la planète	*Planet*
le plateau	*Tablett, Bild*
pleuvoir	*regnen*
le plomb	*Blei*
la pluie	*Regen*
la plupart de	*Mehrheit*
plus que	*mehr als*
plusieurs	*mehrere*
le plus-que-parfait	*Plusquamperfekt*
plutôt	*eher*
le pneu	*Reifen*
la poêle	*Pfanne*
le poêle	*Ofen*
le poème	*Gedicht*
le poil	*(Körper-)Haar*
poilu/e	*behaart*
poli/e	*höflich*
la police	*Polizei*
la Polynésie	*Polynesien*
la pomme	*Apfel*
le pommier	*Apfelbaum*
le/la pompier/-ière	*Feuerwehrmann/-frau*
la porte	*Tür*
le porte-monnaie	*Geldbeutel*
le Portugal	*Portugal*
posséder	*besitzen*
possible	*möglich*
la poule	*Huhn, Henne*
pour	*für, nach, in Richtung; für die Dauer*
pour le cas où	*falls*
pour une fois	*ausnahmsweise*
pourcent	*Prozent*
pourquoi ?	*warum?*
poursuivre	*verfolgen*
pourvu que	*hoffentlich*
le pouvoir	*Macht*
pouvoir	*können, dürfen*
pratiquer	*ausüben*
le pré	*Wiese*
précis/e	*genau*

préciser	*erläutern*
préférer	*bevorzugen*
prendre	*nehmen*
prendre le pouvoir	*die Macht ergreifen*
prendre place	*Platz nehmen*
le prénom	*Vorname*
préparer	*vorbereiten*
près de	*nahe bei*
prescrire	*verschreiben*
présenter	*vorstellen*
le/la président/e	*Präsident/in*
le président de la République	*Staatsoberhaupt (in Frankreich)*
presque	*fast, beinahe*
prétendre	*vorgeben*
se prétendre	*vorgeben*
prêter	*leihen*
le prétexte	*Vorwand*
prévenir	*warnen*
prévoir	*vorhersehen*
priver	*bestrafen, strafen*
le prix	*Preis*
le problème	*Problem*
prochain/e	*nächster*
prochainement	*demnächst*
le produit	*Produkt*
le/la professeur	*Lehrer/in*
profond/e	*tief*
le progrès	*Fortschritt*
le projet	*Plan, Projekt, Vorhaben*
la promenade	*Spaziergang*
promener	*spazieren führen*
se promener	*spazieren gehen*
promettre	*versprechen*
prononcer	*aussprechen*
propre	*sauber; eigener*
le propriétaire	*Besitzer/in*
protéger	*schützen, beschützen*
la province	*Provinz*
prudent/e	*vorsichtig*
la psychologie	*Psychologie*
public/publique	*öffentlich*
puis	*dann*
puisque	*da*
le puits	*Brunnen*
le pull	*Pullover*
punir	*bestrafen*

Q

quand	*wenn; wann*
le quart	*Viertel*
quel/le	*welcher/e/es*
quelque chose	*etwas*
quelques	*einige*
quelqu'un	*jemand*
qu'est-ce que...?	*was ...?*
la question	*Frage*
qui	*wer*
quinze jours	*vierzehn Tage*
quitter	*verlassen*
quoique	*obwohl*

R

raconter	*erzählen*
la raison	*Grund*
ralentir	*langsamer werden, bremsen*
ranger	*aufräumen, sortieren*
râpé/e	*geraspelt*
rapide	*schnell*
rappeler	*zurückrufen*
se rappeler	*sich erinnern*
le rapport	*Bericht*
rare	*selten; außergewöhnlich*
ravi/e	*erfreut*
réagir	*reagieren*
réalisable	*realisierbar*
le/la rebelle	*Rebell/in*
recevoir	*bekommen, erhalten*
recommander	*empfehlen*
reconnaissant/e	*dankbar*
reconnaître	*erkennen*
se recroqueviller	*sich zusammenziehen*
reculer	*zurückfahren*
redevenir	*sich zurückverwandeln*
la réduction	*Rabatt, Ermäßigung*
réduire	*reduzieren*
réélire	*wiederwählen*
réfléchir	*überlegen, nachdenken*
le réfrigérateur	*Kühlschrank*
refuser	*ablehnen*
regarder	*ansehen*
regarder la télévision	*fernsehen*
la région	*Region*
regretter	*bedauern*
la reine	*Königin*

rejoindre *sich anschließen*
la relation *Beziehung*
relire *erneut lesen*
remarquer *bemerken*
remercier *sich bedanken, danken*
remettre *erneut legen, setzen, stellen*
remplacer *ersetzen*
rencontrer *begegnen*
le rendez-vous *Termin*
rendre *wiedergeben, zurückgeben*
se rendre à *gehen; fahren*
renouveler *erneuern*
la rentrée *Schulanfang*
répandre *verteilen*
repartir *wieder losfahren, zurückfahren*
le repas *Mahlzeit*
répéter *wiederholen*
répondre *antworten*
la réponse *Antwort*
reposer *ruhen*
se reposer *sich ausruhen*
reprendre *noch einmal nehmen*
reprocher *vorwerfen*
réputé *bekannt, berühmt*
requérir *erbitten*
la réservation *Reservierung*
résister *widerstehen*
résoudre *lösen*
le/la responsable *Verantwortliche/r*
ressentir *spüren, empfinden*
le restaurant *Restaurant*
restaurer *restaurieren*
le reste *Rest*
rester *bleiben*
le résultat *Ergebnis*
retenir *zurückhalten*
retirer *abheben*
retourner *wenden*
retrouver *wiederfinden*
se réunir *sich versammeln*
réussir *etw. bestehen*
réveiller *wecken*
se réveiller *aufwachen*
revenir *wiederkommen*
rêver *träumen*
la révision *Wiederholung*
revoir *wiedersehen*
la rhinoscopie *Rhinoskopie*
les rhumatismes (mpl) *Rheuma*
riche *reich*
la richesse *Reichtum*
rien *nichts*
rien de pareil *nichts dergleichen*
la rigolade *Lachanfall, Witz*
rigoler *lachen (ugs.)*
rire *lachen*
la robe *Kleid*
le roi *König*
le rôle *Rolle*
le roman *Roman*
le romantisme *Romantik*
rompre *brechen*
rond/e *rund*
rose *rosa*
rouge *rot*
rougeâtre *rötlich*
rougir *erröten*
roulé/e *gerollt*
rouler *fahren*
la rue *Straße*
la ruelle *Gasse*
russe *russisch*

S

la S.N.C.F. = Société nationale des chemins de fer français *französische Eisenbahngesellschaft*
s.v.p. = s'il vous plaît *bitte*
le sac *Tasche*
le sac à dos *Rucksack*
sacré *verflucht; heilig*
sage *brav*
saisir *greifen, ergreifen*
la salade *Salat*
sale *schmutzig; übel*
la salle de bains *Badezimmer*
la salle de séjour *Wohnzimmer*
samedi *Samstag*
le sandwich *Sandwich*
sans arrêt *ununterbrochen*
sans plomb *bleifrei*
sans que *ohne, dass*
satisfaire *befriedigen, zufriedenstellen*
la sauce *Soße*
le saut *Sprung*

S

savoir	*wissen*
se sauver	*fliehen*
sec/sèche	*trocken*
le sèche-linge	*Wäschetrockner*
la seconde	*Sekunde*
le/la secrétaire	*Sekretär/in*
la sécurité	*Sicherheit*
séjourner	*sich aufhalten*
le sel	*Salz*
selon	*gemäß, nach*
la semaine	*Woche*
semer	*säen*
sensationnel/le	*außergewöhnlich*
sentir	*fühlen; riechen*
se sentir	*sich fühlen*
s'envoler	*wegfliegen*
séparément	*separat*
septembre	*September*
sérieusement	*ernsthaft*
la serrure	*Schloss*
la serviette	*Serviette*
servir	*bedienen; nützen*
se servir de	*benutzen*
seul	*allein, einsam; einziger*
seulement	*nur*
sévère	*streng*
sexy	*sexy*
si	*wenn; falls*
s'il te plaît, s'il vous plaît	*bitte*
simple	*einfach*
simplifier	*vereinfachen*
la situation	*Lage*
le ski	*Ski*
le slip	*Slip*
snob	*abgehoben, hochnäsig*
social-démocrate	*sozialdemokratisch*
la sœur	*Schwester*
la soif	*Durst*
le soir	*Abend*
les soldes	*Schlussverkauf*
le soleil	*Sonne*
le sommeil	*Schlaf*
son/sa, ses	*sein/e*
sonner	*klingeln, läuten*
la sonnette	*Klingel*
sortir	*ausgehen*
sortir le chien	*mit dem Hund herausgehen*
se soucier de	*sich sorgen um*
souffrir	*leiden*
souhaiter	*wünschen*
souligner	*unterstreichen*
la soupe	*Suppe*
la soupière	*Suppentopf*
sourire	*lächeln*
la souris	*Maus*
sous	*unter*
souscrire	*abonnieren*
sous-développé	*unterentwickelt*
le sous-sol	*Untergeschoss*
soutenir	*unterstützen*
se souvenir	*sich erinnern*
souvent	*oft*
les spaghetti (mpl)	*Spaghetti*
spécial/e	*speziell*
le spectacle	*Spektakel, Vorführung, Auftritt*
splendide	*wundervoll*
le sport	*Sport, Sportart*
sportif/-ive	*sportlich*
le stade	*Stadion*
la station service	*Tankstelle*
le studio	*Studio*
le sud	*Süden*
sud-africain/e	*südafrikanisch*
suffisant/e	*ausreichend*
la Suisse	*Schweiz*
suivre	*folgen*
le super	*Super*
le supermarché	*Supermarkt*
sur	*auf*
sûr/e	*sicher (Adj.)*
sûrement	*sicher (Adv.)*
le surlendemain	*der übernächste Tag*
surprenant	*erstaunlich*
surprendre	*überraschen*
survenir	*auftauchen, passieren*
survivre	*überleben*
le survol	*Flug über einem Ort*
suspect	*verdächtig*
suspendre	*aufhängen*
le sweat	*Sweatshirt*
sympa	*sympathisch*

T

le T.G.V.	*Hochgeschwindigkeitszug*
la T.V.A.	*Mehrwertsteuer*
la table	*Tisch*

le tableau	*Tafel; Bild*
la taille	*Größe*
le tailleur	*Kostüm*
se taire	*schweigen*
le talent	*Talent*
tandis que	*während*
tant que	*solange, dass*
la tante	*Tante*
la tarte	*Tarte (flacher Mürbekuchen)*
la tartelette	*Törtchen*
la tasse	*Tasse*
le taux	*Rate*
le taxi	*Taxi*
le teint	*Teint*
tel/le	*solch*
le télégraphe	*Telegrafie*
téléphoner	*anrufen, telefonieren*
le téléviseur	*Fernseher*
la télévision	*Fernsehen*
tellement	*so sehr*
le temps	*Zeit*
tenir	*halten*
tenir au courant	*auf dem Laufenden halten*
terminer	*beenden*
le terrain	*Grundstück*
la terre	*Erde*
terrible	*schrecklich, super*
le terrorisme	*Terrorismus*
le texte	*Text*
le thé	*schwarzer Tee*
le théâtre	*Theater*
tirer	*ziehen; schießen*
la toilette	*Körperwäsche*
les toilettes (fpl)	*Toiletten, WC*
tomber	*fallen*
ton/ta, tes	*dein/e*
tordre	*verbiegen*
tôt	*früh*
la tour	*Turm*
le tour	*Reihe, Rang*
la Tour Eiffel	*Eiffelturm*
le tourisme	*Tourismus*
le/la touriste	*Tourist/in*
tourner	*(sich) drehen, wenden*
tous	*alle*
tous les jours	*jeden Tag*
tous/toutes	*alle*
tout à coup	*plötzlich*
tout de suite	*sofort*
tout droit	*geradeaus*
tout le temps	*ständig*
tout/e	*der/die ganze*
le/la toxicomane	*Drogenabhängige/r*
la traduction	*Übersetzung*
traduire	*übersetzen*
trahir	*betrügen, verraten*
la trahison	*Betrug, Verrat*
le train	*Zug*
la tranche	*Scheibe*
tranquille	*ruhig*
transcrire	*übertragen*
transmettre	*übertragen*
le travail	*Arbeit*
travailler	*arbeiten*
très	*sehr*
triste	*traurig; kümmerlich*
tromper	*betrügen*
se tromper	*sich irren*
trompeur/-euse	*irreführend*
trop	*zu sehr, zu viel*
le trou	*Loch*
les troupes (fpl)	*Truppen*
trouver	*finden*
se trouver	*sich befinden*
le t-shirt	*T-Shirt*
tuer	*töten*
se tuer	*sich töten*
la Tunisie	*Tunesien*
turc/turque	*türkisch*
tutoyer	*duzen*

U

un peu de	*ein wenig*
unique	*einzigartig, einzeln, einmalig*
l'université (f)	*Universität*
l'usine (f)	*Fabrik*
utile	*nützlich*

V

les vacances (fpl)	*Ferien*
la vache	*Kuh*
vaincre	*besiegen*
la vaisselle	*Geschirr*
la valise	*Koffer*
valoir	*wert sein*
le vase	*Vase*
Vas-y !	*Los/Mach schon!*

le/la végétarien/ne	*Vegetarier/in*
la végétation	*Vegetation*
la veille	*Vortag*
le vélo	*Fahrrad*
le/la vendeur/-euse	*Verkäufer/in*
vendre	*verkaufen*
venir	*kommen*
venir de	*kommen aus, stammen aus*
Venise	*Venedig*
le vent	*Wind*
venter	*windig sein*
le ventilateur	*Ventilator*
ventiler	*lüften*
la verdure	*Grünzeug*
la vérité	*Wahrheit*
le verre	*Glas*
vers	*in Richtung; gegen (zeitlich)*
verser	*eingießen, einschenken, hinzufügen*
la veste	*Jacke*
le veston	*Herrenjacke*
les vêtements (mpl)	*Kleidungsstücke*
la viande	*Fleisch*
la victime	*Opfer*
la vie	*Leben*
vieux/vieille	*alt*
vif/vive	*lebhaft*
la ville	*Stadt*
le vin	*Wein*
violent/e	*gewalttätig, heftig*
visiter	*besichtigen*
la vitamine	*Vitamin*
viticole	*Wein-*
la vitre	*Fenster, Fensterscheibe*
la vitrine	*Schaufenster; Vitrine*
Vive... !	*Es lebe ...!*
vivre	*leben*
les vœux (mpl)	*Glückwünsche*
voilà	*hier ist*
voir	*sehen*
le/la voisin/e	*Nachbar/in*
la voiture	*Wagen*
la voix	*Stimme*
voler	*stehlen*
votre, vos	*euer/eure*
vouloir	*wollen*
vouloir bien	*gerne wollen*
le voyage	*Reise*
le voyage d'affaires	*Geschäftsreise, Dienstreise*
vrai/e	*wahr, richtig*
vu que	*da, weil*

W

le week-end	*Wochenende*

X

xénophobe	*ausländerfeindlich*

Y

y être pour quelque chose	*etwas dafür können*

Z

la zone	*Zone*

4

SACH- UND STICHWORTVERZEICHNIS

Bildnachweis

U1 Getty Images (7000), München; **11** iStockphoto (Turnervisual), Calgary, Alberta; **19.10** iStockphoto (Antonio Nunes), Calgary, Alberta; **19.1** Shutterstock (Minerva Studio), New York; **19.2** Fotolia (andreas reimann), New York; **19.3** Fotolia (spuno), New York; **19.4** Fotolia (photo25th), New York; **19.5** Fotolia (April), New York; **19.6** iStockphoto (Vladimirs Prusakovs), Calgary, Alberta; **19.7** Fotolia (leprechaun), New York; **19.8** Fotolia (Birgit Reitz-Hofmann), New York; **19.9** iStockphoto (Olga Kolos), Calgary, Alberta; **25** iStockphoto (Doug Cannell), Calgary, Alberta; **37** iStockphoto (killerb10), Calgary, Alberta; **46** iStockphoto (Tramino), Calgary, Alberta; **49** Thinkstock (Wavebreakmedia Ltd), München; **57** iStockphoto (Sergey Tumanov), Calgary, Alberta; **66** Shutterstock (g-stockstudio), New York; **70** iStockphoto (Alija), Calgary, Alberta; **75** Fotolia (Martine Coquilleau), New York; **80** Shutterstock (B Calkins), New York; **83** iStockphoto (FRANCO DI MEO), Calgary, Alberta; **96** iStockphoto (mihaicalin), Calgary, Alberta; **105** iStockphoto (Phooey), Calgary, Alberta; **111** Getty Images (Pheelings Media), München; **114** Shutterstock (Syda Productions), New York; **118** Fotolia (Ferianda Cakrajaya), New York; **121** Fotolia (Tan Kian Khoon), New York; **126** Fotolia (Bananastock RF), New York; **129** Shutterstock (Goodluz), New York; **131** Fotolia (Rahul Sengupta), New York; **135** Shutterstock (Davizro Photography), New York; **138** iStockphoto (Frances Twitty), Calgary, Alberta; **147** Fotolia (pst), New York; **152** Fotolia (vgstudio), New York; **156** Fotolia (Ploum1), New York; **169** Shutterstock (sevenMaps7), New York; **172** Shutterstock (Pressmaster), New York; **179** iStockphoto (Wojciech Kopczynski), Calgary, Alberta; **185** Fotolia (Freefly), New York; **196** iStockphoto (MARIA TOUTOUDAKI), Calgary, Alberta; **202** Shutterstock (Edw), New York; **211** Fotolia (tobago77), New York; **221** Fotolia (Marco Bonan), New York; **226** Fotolia (LoloStock), New York; **233** Fotolia (hatmuth), New York; **238** Getty Images (AzmanJaka), München